[리부트]

Reboot

[리부트]

LEADERSHIP AND THE ART OF GROWING UP - JERRY COLONNA

리더를 위한
회복력 수업

제리 콜로나 지음
이수인 · 엄윤미 옮김

어크로스

샘, 에마, 마이클에게
언제나 사랑받고 있다고, 안전하다고, 소속되어 있다고
느낄 수 있기를. 이 책은 너희들을 위한 책이란다.

아비바 세이레스 박사님께
당신이 옳았습니다. 제 안에 이미 가지고 있었어요.

"하느님이 제리 콜로나를 만드실 때, 원래 쓰던 틀은 던져버리셨다. 삶과 일을 대하는 태도에서 제리는 열정과 부드러움, 진지함과 유머, 레이저처럼 날카로운 지성과 장난기 어린 상상력을 모두 보여준 놀라운 사람이다. 그는 반성하지 않는 삶은 살아갈 가치가 없다는 것을 알고 있다. 만약 반성 없는 삶을 살기로 했다면 다른 사람들에게 영향을 미치는 일을 해선 안 된다는 것도 알고 있다. 제리는 '성공을 위한 일곱 단계'를 가르치거나 리더십의 구성 요소 따위를 내세우지 않았다. 대신 우리가 스스로, 동료들, 일, 그리고 세상에 묶어놓은 마음속의 매듭들을 차례차례 풀어준다. 마음에 와 닿는 이야기들과, 흔들림 없는 진실과, 실용적인 도구로 가득한 이 아름다운 책은 제리의 방식에 대해, 제리라는 사람에 대해, 그리고 당신에 대해 알려줄 것이다. 우리 삶에 아무것도 보장된 것은 없다지만, 이 책이 독자 여러분을 치유해주고 일하는 방법을 모두에게 이로운 방식으로 바꾸어놓을 것이라는 점만은 보장할 수 있다."

· **파커 J. 파머**, 《모든 것의 가장자리에서》, 《삶이 내게 말을 걸어올 때》의 저자

"애크메 파트너십(나중에 플랫아이언으로 이름을 바꿨다)을 시작한 지 몇 달 되지 않았을 무렵, 제리와 나는 악천후로 보스턴에 발이 묶였다. 우리는 직접 차를 운전해 가면 그날 밤에 집에서 잘 수 있겠다고 판단하고는 차를 빌려서 뉴욕까지 가기로 했다. 깊은 밤 차 안에서 으레 그렇듯 대화가 깊어지면서 제리는 젊은 시절 스스로 목숨을 끊으려고 했던 일을 이야기해주었다. 제리를 완전히 다른 시선으로 바라보게 되었을 뿐만 아니라 더욱 존경하게 된 순간이었다. 나는 제리가 자신을 괴롭히는 악마를 힘겹게 이겨내는 과정을 지켜보았

다. 그 과정에서 제리는 많은 사람들이 가장 함께하길 바라는 CEO 전문 코치가 되었다. 제리는 자신의 앞길을 막는 것들을 강점으로 변화시키려는 사람들에게 롤모델이 되었다. 이 책은 당신도 그렇게 할 수 있도록 도와줄 것이다."

• **프레드 윌슨**, 유니언스퀘어벤처스의 공동 창업자이자 파트너

"주저 없이 솔직하고 약한 모습을 드러내며, 풍부한 인사이트까지 담고 있는 이 책은 우리가 용기를 내어 스스로를 알아가도록 자아 성찰의 방법을 알려준다. 한마디로 우리가 스스로에게 진실해지고 스스로를 사랑하는 법을 알려주는 것이다. 제리는 리더가 된다는 것이 어떤 의미인지를 건강하게 정의해준다. 수많은 책들이 보다 훌륭한 리더가 되는 방법들을 제안해주지만, 더 나은 리더가 되려면 우선 더 나은 사람이 되어야 한다는 독특한 시각을 더해주는 것은 이 책뿐이다."

• **비잔 사벳**, 스파크캐피털 공동 창업자이자 파트너

《리부트》는 모든 것을 뒤집어버린다. 약한 부분을 드러내기 위해서는 끈기와 강인함이 필요하다는 것을 보여주기 때문이다. 콜로나는 풍부한 인사이트와 감정이 담긴 이야기들을 통해 우리의 고통에 진심으로 맞닥뜨리는 일이 어떻게 우리를 목적지까지 데려다주는지를 보여준다. 희망을 가득 품은, 온전한 존재로서 말이다. 아, 세상은 정말 이 책을 필요로 한다. 이 책은 내가 좀 더 열린 자세로 세상을 대하도록, 그래서 좀 더 열린 사람이 되도록 영감을 주었다."

• **팀 라이언**, 미국 오하이오주 하원의원, 《미국을 치유하는 법(Healing America)》의 저자

"《리부트》에는 롤러코스터와 운석들, 그리고 레몬 사탕이 가득하다. 내 책은 잔뜩 접혀 있고, 밑줄이 그어져 있고, 메모가 되어 있다. 비행기에서 여러 번 가방에서 꺼내는 바람에 잔뜩 낡아버렸다. 이 책은 제리의 이야기지만, 덕분에 내 이야기까지 되돌아볼 수 있었다. 저자는 내가 꿈꾸는 어른의 행동을 보여준다. 용감하고 열린 마음을 나눠준 그에게 감사드린다. 그는 악마의 입에 머리를 집어넣었고, 우리도 그럴 수 있음을 보여주었다."

• **브라이스 로버츠**, OATV의 대표 파트너

"제리 콜로나의《리부트》는 스스로를 발견해가는 힘겹지만 영감 넘치는 여정으로 우리를 이끈다. 그의 여정인 동시에 그가 도와온 사람들의 여정이기도 하다. 당신이 원한다면 당신의 여정이 될 것이다. 놀랍도록 솔직하게 털어놓는 일과 삶의 이야기들에 고대의 영성적 지혜를 더하여 가치와 일을 합일시켜가는 로드맵을 완성한다."

• **앤 크리머**, 《사소한 감정이 나를 미치게 할 때》, 《리스크/리워드(Risk/Reward)》의 저자

"《리부트》는 탁월하고 용감하며 감동적인 역작이다. 이 책은 절실히 도움이 필요하면서도 도움을 구하지 않는 사람들에게 영감을 주고 그들을 행동으로 이끌 것이다. 우리가 생존을 위해 자신의 고통스럽고 파괴적인 면을 어떻게 다스려야 할지를 설득력 있고 아름답게 보여준다.《리부트》는 강력하고 통찰력 있는 심리학의 역작이다. 한마디로 선물이다."

• **로리 로스먼**, 정신분석학 박사, 심리치료사

"이 책은 용기와 사랑에 대한 책이다. 제리는 열린 마음으로 강인하고 용감하게 독자들 앞에 선다. 적당한 조언을 건네거나 사례를 들려주는 대신 우리 모두가 열망하는 따뜻한 리더십의 모습을 직접 보여준다."
· **아이작 오츠**, 저스트웍스(Justworks)의 CEO

《리부트》는 내려놓을 수 없는 책, 계속 다시 찾게 될 가르침을 담은 책이다. 가장 은밀한 개인적 이야기를 들려줌으로써 우리가 각자의 진실을 찾아가게 한다. 저자 자신의 과거가 우리의 교재가 되어주는 것이다. 그가 제공하는 사고의 틀은 우리가 더 나은 영혼과 깨달음을 가지고 앞으로 나아가게 한다. 저자의 솔직함 덕분에 나는 더 나은 리더가 되었을 뿐만 아니라 더 나은 사람, 친구, 엄마, 시민이 될 수 있었다."
· **세라 커스**, 스웰(S'well)의 창업자이자 CEO

"CEO라는 직업은 힘들고 어디 하소연할 곳도 없지. 부서진 CEO들을 위해서 제리 콜로나가 부트캠프를 연다."

미국에서 남편과 스타트업을 시작한 지 1년이 넘어가던 2013년 여름, 트위터에서 팔로하던 유명 벤처캐피털리스트인 프레드 윌슨의 타임라인에 이런 글이 올라왔다. 나는 제리 콜로나라는 인물에 대해서 아무것도 알지 못했지만 '부서진 CEO'라는 말이 내 눈길을 잡아끌었다.

나는 이 표현을 단번에 이해할 수 있을 만큼 지쳐 있었다. 회사를 세우고 첫 제품을 내놓고 열심히 일하고 있었지만, 거의 1년에 걸쳐 투자를 유치하는 과정에서 자신감을 거의 잃어버렸다. 영어로 의사소통도 잘하지 못하니 CEO라고 불릴 자격이 없다고 생각해서 명함에 차마 직함을 쓰지 못했다. 창업의 이유를 이야기할 때는 움츠러들었고, 새로 소개받은 투자자가 메일에 답하지 않으면 며칠씩 우울감에 시달렸다. 일과 삶의 밸런스는 점점 엉망이 되어갔다. 나는 부트캠프의 지원서에 "CEO의 삶이 힘들다는 좋은 예가 여기 있어요"라고 썼다.

3개월 후에, 나는 남편에게 아이를 맡겨두고 콜로라도로 날아가서 제리가 연 첫 번째 부트캠프에 참가했다. CEO 12명과 코치 네 명이 함께 보낸 나흘이 내 인생과 회사의 운명을 크게 바꿔놓았다. 나는 삶과 회사를 바라보는 방식을 리부트했고, 내게 리더의 자격이 없는 것이 아니라 이 직업을 수행할 기술이 부족했을 뿐이라는 것을 깨닫고는 조금씩 성장하기 시작했다. 회사는 그 이후 6년간 열심히 살아남았고, 처음 시작했을 때의 미션을 잃지 않고 있으며, 나와 동료들 모두를 위해 일과 삶의 밸런스를 맞출 방법을 찾았다. 나는 여전히 리더로서 부족하고, 인생과 일 양쪽을 헤쳐나가는 것은 매일 힘겹다. 그러나 제리에게 배운 대로 나의 자리에 똑바로 서서 그 모든 시간을 마주하고 있다.

그 이후로 한국 스타트업 커뮤니티의 CEO들에게 리부트 프로그램에 대해 언급할 기회가 종종 있었다. "미국에는 CEO를 전문적으로 도와주는 리더십 전문 코치가 있어요. 일반적인 스타트업 코칭과는 좀 달라서, 회사의 리더가 자신의 의사결정 방식과 상황을 잘 이해함으로써 최선의 의사결정을 내릴 수 있도록 도와줘요. 저는 운이 좋게 매우 유명한 코치를 만날 기회가 있었어요." 그럼 바로 질문이 따라왔다. "뭘 가르치나요? 어떻게 하라고 하던가요?"

제리가 '리부트'라는 제목으로 책을 낸다고 했을 때, 그동안 나에게 '거기서 무엇을 가르치는지' 간절히 물어보던 몇몇 CEO들의 얼굴이 떠올랐다. 이 책을 통해 'CEO 조련사'로 불리는 제리의 마법이 더 많은 사람에게 닿기를 바랐다. 그러나 공동번역자인 엄윤미 님에게 걱정스럽게 질문을 던질 때가 있었다. "한국의 독자들에게 제리의 이야기가

가 닿을까요? 기존의 자기계발서와 너무 다른 형식인데, 사람들이 이 책의 핵심을 이해할까요?"

이 책의 내용은 제리가 부트캠프에서 집단 코칭을 하는 방법과 매우 비슷하다. 먼저 제리가 자기의 이야기를 하고, 참가자들이 서로 나누는 이야기에 귀를 기울인 후, 문제의 근원에 닿는 질문을 던진다. 제리는 자신이 평생에 걸쳐 근본적인 자아 성찰을 해가는 모습을 예시로 들면서, 자신이 믿는 리더십의 핵심을 전달하려고 애쓴다. 리더란 사랑하는 사람들을 위해서, 함께 일하는 동료들과 가족을 위해서 더 나은 리더가 되려고 끊임없이 노력해야 하며, 더 나은 사람이 됨으로써 더 나은 리더가 될 수 있다는 것이다.

그 과정의 핵심은 제리의 질문을 받은 리더들의, 이 책을 읽는 독자들의 대답이다. 제리는 '리더십에 필요한 열 가지 계명'을 가르치는 교사가 아니다. 근본적인 자아 성찰을 통해 자신의 리더십에 필요한 열 가지 지침을 깨닫고 써두는 것은 리더의 몫이다. 다른 모든 일이 그렇듯이, 훌륭한 기술을 연마하기 위해서는 굳은 의지와 고된 훈련과 좋은 코치가 필요하지만 그 일을 하는 것은 어쨌든 자기 자신이다. 그러니 이 책에서 가장 중요한 것은, 각 장의 마지막, '기록해봅시다'에서 던져지는 질문에 스스로 답해보는 과정일 것이다.

이 책이 리더십의 해답을 구하는 사람들에게 도움이 되기를 바란다. 근본적인 자아 성찰은 리더만의 일이 아니고, 조직의 성숙함은 작은 회사의 공동체를 넘어 사회의 모든 곳에 영향을 끼친다. 스스로가, 혹은 우리의 리더가 "내 과업이 완성되었음을 어떻게 알 수 있을까?"라는 질문에 영혼으로부터 우러나오는 대답을 갖고 있다면 얼마나 멋진 일이겠는가.

이수인(에누마 공동창업자 · CEO)

나는 친구인 제프 워커가 연 디너파티에서 제리를 처음 만났다. 한 가지 주제에 대해 함께 이야기를 나누는 자리였고 그날 저녁의 주제는 명상과의 만남이었다.

우리는 테이블에 둘러앉은 사람들이 차례차례 이야기하는 것을 조용히 들었다. 제리가 바로 내 앞 차례였다. 그는 인생의 어려웠던 시기에 내 책《행복해지고 싶다면 자신부터 믿어라(Faith)》가 도움을 주었다고 했다. 나는 제목에 쓰인 '믿음(faith)'이라는 단어를, 신념이나 교리 또는 신조가 아닌 연결이라는 의미로 사용했다. 종종 내면에 숨겨져 있는 강인함과 연결하는 능력, 눈에 보이는 것보다 넓은 삶의 의미와 연결하는 능력이라는 의미였다.

이야기를 마쳤을 때 제리는 울고 있었다. 나도 울었다. 누군가 내 책 제목의 의미를 이해한다는 것은 내게도 큰 의미가 있는 일이었다. 그 책을 쓰는 것은 무척 어려운 일이었다. 나 자신이 믿음을 찾아간 여정을 담았기 때문에 내 가장 깊숙한 가치관을 드러내야 했고, 트라우마로 남은 어린 시절의 기억과 결정적인 절망의 순간, 그리고 쉽게 말하지 못했던 약한 부분에 대해 이야기해야 했다. 작가 도로시 앨리슨의 말이 내게 힘을 주었다. "당신이 언제나 말하기 두려웠던 이야기를 쓰십시오. 그 안에 분명 마법이 있을 겁니다. 당신이 벌거벗은 모습을 보여준다면, 나도 벌거벗겠습니다. 약속합니다." 어느 날 글을 쓰다가 막혔을 때는 "그냥 진실을 말하라"던 어느 작가의 말이 도움이 되었다.

그날 제리와 나는 좋은 친구가 되었다. 서문을 써달라는 부탁을 받고 영광이라고 생각했다.《리부트》를 펼치자마자 진정성과 공감, 예리한 통찰이 튀어나왔다. 나는 바로 알아차렸다. "아, 이 사람은 진실을 이야기하고 있구나." 이 책이 넉넉하고 중요한 통찰을 주는 이유다.

책에서 제리가 설명하듯, 리더십에 깊이, 결단, 자아와의 일치감, 회복력을 채워 넣으려면, 자신의 '내면에 있는 어른'을 찾아내야 한다.

이는 두려움에 맞서는 능력, 자신과 다른 사람을 돌보는 일 사이에서 균형을 잡는 능력, 극단적으로 솔직해지는 능력, 내면을 들여다보고 질문을 던지며 다른 사람들의 말에 귀 기울이는 능력을 의미한다. 어른다운 냉철함과 부드러움을 모두 발견하고 밖으로 끄집어내야, 이런 능력들을 키우고 성장시킬 수 있다.

대개 이러한 능력은 그림자 안에 숨겨져 있다. 뿐만 아니라 열등감, 패배주의, 조각조각 분절된 자아, 고립감, 공허함, 결코 안식이 없을 것이라는 확신 등과 끈끈하게 뒤엉켜 있다. 제리는 우리가 이러한 상황을 헤치고 나아가 어둠 속에서 숨은 보물을 찾아오도록, 그리고 그 과정에서 자신과 타인에게 모두 강인하고 친절해지도록 도와준다.

솔직함과 독자에 대한 명확한 이해가 담긴 책, 성취감과 진정한 자유를 주는 삶의 변화로 안내하는 책을 쓰고 싶다면 거만하게 세상 꼭대기에 걸터앉아 있거나, 자신을 완전히 드러내지 않거나, 자신은 변화의 과정에서 단 한 번도 고통이나 어려움을 겪은 적이 없다고 주장해서는 안 된다. 아닌 척해봐야 결국은 모두 드러나게 되어 있으니까. 제리는 완전히 다르다. 그는 방어적이고 애매모호한 태도를 벗어버린다. 제리의 친구가 "이 책을 쓰는 것은 자네 엉덩이를 걷어차는 일이 될 거야"라고 했다는데 정말 일리 있는 말이다. 내가 본 바도 그렇다.

진정으로 가슴에서 우러나는 이야기를 들려주겠다는 결심은 그래서 아름답다. 높은 곳에 올라앉아 지식을 설파하는 대신, 수많은 딜레마, 성공에 대한 갈망, 독자들의 좌절감과 하나가 되는 것이기 때문이다. 이 책에는 강력한 힘이 있다. 그리고 유익하다. 제리가 솔직하겠다는 약속을 지켰기 때문이다. 그는 발가벗고 진실을 말했다.

제리가 처음 서문을 부탁했을 때, 나는 영광이라고 생각하면서도 자신이 없었다. "왜 비즈니스계의 거물에게 부탁하지 않아요?" 그러자 제리는 이 책은 일반적인 경영서가 아니라고 했다. 이 책은 우리가 지닌 성공의 의미를, 우리가 누구인가에 대한 생각을, 우리가 생각하는 행복의 조건을 바꾸어놓는다. 무엇보다도 이 책은 우리에게 진실하라고 가르친다. 또한 소중한 가치인 마음의 평화로 가는 길을 제시한다. 이 책은 마음에서 마음으로 전해지는 진정한 영혼의 연결이다.

샤론 샐즈버그(명상지도자,《행복해지고 싶다면 자신부터 믿어라》의 저자)

어둠을 걷어 올리기

처음부터 리더십과 성장이라는 단어를 떠올린 것은 아니었다. 단순한 질문 하나에 대해 끝까지 파고들며 써내려간 끝에 점차 책의 주제가 저절로 드러났다. 내가 천착한 화두는 이것이었다.

일, 리더십, 그리고 삶에 대해 내가 진정으로 믿는 바는 무엇인가?

답은 놀랄 만큼 간결했다. 나는 좋은 사람이 좋은 리더가 된다고 믿는다. 더 나아가, 사람들을 잘 이끄는 법을 배우는 과정 자체가 우리를 더 나은 사람으로 만들어준다고 믿는다. 리더십을 키워가는 과정에서 우리는 완전히 성장할 기회를 얻게 된다.

삶에서 스스로 찾아낸 지혜가 다른 사람이 건네준 지혜보다 깊고 단단할 때가 많다. 우리가 스스로 살아낸 경험에서, 우리 내면 깊숙이에서 오는 것이기 때문이다. 이러한 지혜는 우리를 본질적으로 변화시키기 때문에 더욱 훌륭하다. 고요히 멈추기를, 귀 기울여 듣기를 배우는 과정에서만 진정한 변화가 이루어진다.

고요히 멈춤으로써 우리는 새롭게 시작할 수 있고, 우리의 핵심 시스템과 가치관을 리부트할 수 있다. 고요히 멈추고는 자신과 주위 사람들의 마음의 소리에 귀 기울이는 것은 그저 생존에만 몰두하는 무감각한 상태를 넘어서기 위한 첫 단계다. 시인 테리 템페스트 윌리엄스는 (고요히 멈추고 귀를 기울인 후에야 비로소) 말하는 법을 배우게 되고, 더나아가 상처 입히는 말을 우리 삶의 배경음으로 삼지 않으며 마음의 상처를 이해하는 법을 배우게 된다고 조언한다. 이를 통해 삶에 드리운 어둠을 걷어내고 사람들을 고양시켜 계속 성장하게 할 수 있다.

이 책의 첫 번째 기획 회의를 할 때부터 이런 사실을 알고 있었다. 당시 나는 나의 편집자(이자 친구이며 스승인) 홀리스 하임부르크, 나의 에이전트(이자 친구이며 스승인) 짐 르바인과 함께 짐의 사무실에 있었다. 회의 전에 짐은 자신의 사무실과 꼭두각시 인형들이 가득한 작은 방을 구경시켜주었다. "이거, 혹시 당신인가요?" 내가 물었다. 짐은 웃음을 터뜨리고는 수줍지만 자랑스럽게 대답했다. "네, 접니다."

이후 우리는 회의 테이블에 함께 앉았다. 내 심장박동이 빨라졌다. 난 땀을 흘리며 불편하게 몸을 꿈틀댔다. 우리는 좋아하는 리더십 책들에 대해 이야기했다. 감동을 주었던 작가들에 대해서도. 짐은 내가 썼던 글들과 사람들에게 던졌던 질문들에 대해 이야기했다. "난 당신의 간결하고 힘 있는 질문이 좋아요. '일이란 무엇입니까?' 같은 질문 말이에요." 그가 말했다. 나는 기뻤지만 여전히 긴장되었다. 내 시선은 두 사람 사이를 바쁘게 오갔다.

홀리스는 잔뜩 쌓인 종이 위에 손을 얹었다. 나의 글들, 오래전에 블로그에 올린 포스트들, 그리고 한두 개의 인터뷰였다. "난 당신이 사람들을 도발하는 방식이 좋아요. 사람들이 다르게 생각하게 하거든요."

나는 둘을 번갈아 바라보다가 문득 깨달았다. "잠깐만요. 내가 '모든 창업자가 리더십에 대해 알아야 할 다섯 가지' 같은 책을 쓰길 바라지 않는다는 거군요?" 그리고 나는 눈물을 터뜨렸다. 나를 잘 아는 사람들이라면 아무도 놀라지 않을 것이다.

"오, 아니에요." 깜짝 놀란 홀리스가 짐을 바라보며 말했다. "우리는 당신이 당신만의 책을 썼으면 좋겠어요." 그들은 내가 나만의 책을 쓰길 바라고 있었다.

처음의 안도감은 곧 두려움으로 바뀌었다. 리더십을 얻기 위해서는 복잡하게 뒤엉킨 삶의 진실을 이해해야 하고, 그러기 위해서는 약점을 내보이며 내면 깊숙이 파고들어야 한다는 것을 곧바로 깨달았기 때문이다. 그리고 그 과정에서 나는 내가 원하지 않는 방식으로 성장하게 될 것이었다. 책을 쓰면서 온갖 불편한 기억과 깨달음에 맞닥뜨리는 동안 한 친구가 경고했다. "이 책을 쓰는 것은 자네 엉덩이를 걷어차는 일이 될 거야." 정말 그랬고, 지금도 그렇다.

리더십에 대한 글을 쓰는 것이 괴로웠던 것은 아니다. 나의 내면을 피하지 않고 들여다보며 용감하게 완전히 드러내 보이는 것이 어려웠던 것이다. 깊이와 결단력을 갖추고, 내면과 외면의 일치를 이루고, 회복탄력성을 가진 리더로서 사람들을 이끌려면 다른 어딘가가 아닌 자기 내면에 답이 있다는 것을 믿고 내면을 들여다보아야 한다. 그때 우리의 자아실현이나 성장기를 드러내지 않은 채 이런 이야기를 하는 것은 공허하고 무의미한 일이다.

리더십을 얻으려면 성장을 추구해야 한다. 그러기 위해서는 그 과정에서 나타나는 것들과 맞닥뜨릴 각오를 해야 한다. CEO나 저자 또는 본래의 자기 자신이 되려고 할 때마다 나타나는 것들 말이다. 나는 나 스스로가 시도하지 않을 일을 여러분에게 요구하지는 않을 것이다.

내가 이 주제를 다루는 방식이 가볍고 능란하지 못할 수도 있다. 공유하고 함께 성장하려는 마음이 앞선 나머지 나의 글이 생각보다 무거워졌을 수도 있다. 어쩌면 당신은 이유보다는 방법에 관심이 있을지도 모른다. 그렇다면 이 글이 짜증스러울 수도 있다. 그래도 용서해주길 바란다. 내 딸 에마가 지적하듯, 나는 사람들이 대답하고 싶어 하지 않는 질문을 던지곤 한다. 어둠을 걷어 올리고 별들에 닿고자 하는 바람 때문이다.

성장의 공식

종종 그러하듯, 통찰은 내가 생각지도 않은 순간에 찾아온다. 몇 년 전, 나는 강연을 하기로 되어 있는 회의실 안을 서성이고 있었다. 딱딱하고 불편한 의자에 30명이 앉아 있었다. 늘 그렇듯이 내 티셔츠는 땀에 살짝 젖어 있었다. 늘 그렇듯이 나는 신발을 신지 않은 맨발이었다. 나는 코칭을 어떻게 시작할지, 리더가 되기 위해 자신을 잘 알아야 하는 이유를 어떻게 설명할지 고민하고 있었다.

한 명 한 명 모두가 리더들이었다. 유명 기업에서 중간 관리자로 일하는 사람들도 있었고, 처음으로 조직의 리더가 된 사람들도 있었다.

다들 힘겹게 분투하고 있었다. 결국은 모두가 코칭을 받기 위해 이곳에 와 있었다.

신나고 흥분되는 감정과 약간의 불만이 뒤섞인 채, 나는 마커들을 집어들고는 화이트보드를 회의실 앞에 끌어다놓았다. "이런 겁니다." 아무도 읽지 못할 뭔가를 화이트보드에 끼적이며 내가 말했다. "모두들 '어떻게' 해야 하는지 답을 찾죠." 나는 화이트보드에 "실용적인 기술들(Practical Skills)"이라고 썼다.

"하지만 우선은 '왜' 그 일을 하는지, 그리고 궁극적으로 내가 누구인지를 이해해야 합니다." 나는 화이트보드 앞을 빠르게 왔다 갔다 하면서 휘갈겨 썼다. "근본적인 자아 성찰(Radical Self-inquiry)."

"자신이 누구인지를 이해하려면 그동안 피해왔던 부분을 들여다봐야 합니다. 하지만 사람들은 바로 그 순간에 멈춰버리죠. 겁을 먹는 거예요. 두려움과 자아 회피의 패턴에 빠져버리는 겁니다. 자기비판의 수렁에 빠진 채, 지금 뭘 하고 있고 어떻게 살아야 할지 감도 못 잡는 사람은 자기뿐이라고 생각하죠."

나는 계속 말을 이었다. "게다가 너무 겁먹은 나머지 개떡 같은 짓을 하고 있다는 것도 모르죠. 외로운 리더십 버블 안에 갇혀 있는 겁니다. 겁먹고 외롭게. 누군가 알아챌까 봐 전전긍긍하면서 말이죠." 나의 말이 무거운 공기처럼 방 안에 가라앉았다. 사람들의 몸이 두려움으로 굳는 것을 느낄 수 있었다. 그들은 숨을 참고 있었다.

"하지만 그때 용감한 누군가가 먼저 나서게 됩니다. 그가 자신에게 문제가 있다는 것을 받아들이는 거죠. 그러면 그 주위에 있는 사람들은 숨을 내쉬게 됩니다." 회의실 안에 있던 초보 CEO들이 다 같이 숨을 내쉬었다. 나는 화이트보드에 "친구, 동료들과 경험 나누기"라고 썼다. "갑자기 사람들은 혼자가 아니라는 것을 깨닫게 됩니다. 그리고 우리 모두가 이렇게 느낀다면, 그것이야말로 진실한 것인지도 모릅니다. 우리가 머리로 믿어온 사실이 틀린 것이고요."

나는 청중 쪽으로 돌아서서 말을 멈추고 내 말들이 그들에게 스며들기를 기다렸다. "당신은 혼자가 아닙니다." 몇몇 사람들이 눈물을 흘리기 시작했다. 나는 다시 보드를 마주하고는 내가 쓴 단어들 사이에 더하기 기호를 넣어 등식을 만들었다.

업무 역량 강화

+ 근본적 자아 성찰

+ 경험 공유

= 리더십 향상 + 회복탄력성 강화

나는 회복탄력성이라는 말 아래 두껍게 빨간 줄을 그었다. "저는 여러분이 더 나은 리더가 되는 것에 관심이 있습니다. 하지만 그보다 더욱 관심이 있는 것은 여러분이 살아남는 것입니다. 여러분이 스스로를 병들게 내버려두지 않았으면 좋겠어요. 여러분이 행복하기를, 가족을 만나고 심지어 가족을 만들 수도 있기를, 밤에 베개에 머리를 뉘일 때마다 당신은 괜찮다고, 이 세상은 괜찮다고, 당신이 사랑하고 아끼는 모든 사람들은 괜찮다고, 어떤 일들이 계획대로 이루어지지 않아도 당신은 여전히 괜찮다고 믿으며 편히 쉬기를 바랍니다."

나는 회복탄력성이 평정심의 전제 조건이라고 강조했다. "여러분이 '내가 세상에 없는 편이 세상에 낫지 않을까'라고 생각하기를 바라지 않습니다. 나는 여러분이 마음의 평화를 누리기를 바랍니다."

'실용적인 기술'이란 모두가 리더에게 필요하다고 믿는 능력이다. 어떻게 사람을 채용하고 어떻게 내보내는가? 어떻게 팀을 키우는가? 어떻게 창업 자본을 조달하는가? 이 기술은 '어떻게'를 설명해준다. 한마디로 조직을 만들어 성장시키기 위한 매우 중요한 기술이다.

사람들이 자기 이야기를 꺼내게 만드는 데는 종종 약간의 연습이 필요하다. 나는 사람들을 잘 울린다는 평가를 받고 있다. 어떤 의미에서는 사람들을 실컷 울게 만들기 위해 CEO 리더십 코칭 회사인 '리부트'를 설립했다. 마음 깊은 곳에 감춰둔 문제를 털어놓도록 도와주기 위해서 말이다. 코치와의 개인 강습에서든, '리부트'라고 불리는 며칠간의 집중적인 부트캠프에서든, 우리는 그저 어떻게 느끼는지를 물어보는 것만으로 사람들을 울게 만든다. 아니면 사람들이 자신의 느낌을 알아차릴 만큼 속도를 늦추게 하거나. 내가 "어떻게 지내세요?"라고 물어보면 사람들은 항상 놀란다. 이런 단순한 질문을 이전에는 들어보지 못했기 때문이다. 나는 굴하지 않고 다시 묻는다. "아뇨. 정말로요. 어떠시냐고요." 무의미한 인사말을 던지면서 다정하고 솔직한 척하자는 것이 아니다. 진정한 호기심을 품고 솔직하게 내면을 들여다보며 열린 마음으로 대답을 이끌어내자는 것이다.

"'어떻게 지내세요?'라고 진심으로 묻는 것으로 대화를 시작하는 겁니다." 나는 사람들에게 말하곤 한다. "그리고 당신을 괴롭히는 문제에 대해 이야기하는 거예요. 현실적인 문제든, 존재론적인 문제든 말이지요." 내 이야기를 나누는 것만큼이나 중요한 것은 열린 자세로 사람들의 대답을 듣는 것이다. 그리고 나서 고립되고 짓눌린 마음이 어떻게 움직이는지 살피는 것이다. 아주 작은 움직임까지도.

하지만 이 공식에서 가장 어렵고 중요한 부분은 근본적으로 자아를 성찰하는 것이다. 이는 연민 어린 손길로 자기기만을 벗겨내 어떤 가면으로도 자신을 가릴 수 없게 하는 과정이다. 만약 일이 잘못되고 있거나 어려움을 겪고 있다면, 그렇지 않은 척하는 것을 그만두고 솔직하게 도움을 청해야 한다. 더 나아가, 이는 당신이 스스로를 알아가기 위해 열심히 노력하는 과정이다. 당신의 강점과 약점, 진정한 의도와 동기 등 '당신'의 성격을 알아가는 과정인 것이다. 가면과 꾸며진 이야기, 당신을 보호해왔지만 이제는 도움이 되지 않는 가치관들, 오랫동안 당신이 다른 사람들에게 보여주고 싶어 했던 '당신' 뒤에 숨어 있던 진짜 당신을 말이다.

시인 에이드리언 리치(Adrienne Rich)가 말했듯, 이러한 성찰은 "난파선의 이야기가 아니라 난파선 자체를" 알아가는 과정이다. 도움과 안내를 받고 인내심과 용기를 갖는다면 우리는 난파선을 탐사하여 보물을 찾아낼 수 있다. 우리는 어린 시절에 살아남는 법과 성공하는 법을 배운다. 무작위로 모은 창업자들에게 한 부모 가정에서 자란 사람이 있는지 손을 들어보게 하라. 대부분의 사람들이 손을 번쩍 들 것이다. 나이보다 일찍 어른이 되어야 하는 과정은 고통스럽기도 하지만, 일찍 리더가 되었다는 신호가 되기도 한다. 좀 더 조사해본다면, 창업자들이 무의식적으로 자신처럼 일찍 리더가 된 사람들로 팀을 구성한다는 것을 알게 된다.

근본적으로 내면을 성찰함으로써 우리는 그동안의 삶을 한 발 물러서서 바라보게 된다. 우리 삶이 제멋대로인데다 심지어 복수심에 불타는 신이 만든 것이 아니라 우리 스스로가 만들어낸 것이라는 관점에서 말이다. 이러한 이해를 통해 우리는 더 나은 리더가 될 수 있을 뿐만 아니라 더 행복하고 회복탄력성이 큰 사람이 될 수 있다.

리더십의 이유를 이해하는 것

이 책의 목표는 자신의 내면을 탐색하게 하는 것이다. 나는 당신이 도전을 통해 성장하고 자기 삶을 돌아보기를 바란다. 이 책을 읽는 것이 코칭 세션이나 부트캠프에 참여하는 것과 같이 느껴지길 바란다. 몇 가지 유용한 도구를 통해 오랫동안 유지해온 일상적인 패턴에서 벗어나 가면을 벗어던지고, 무의식을 만나고, 연결된 감각을 살려내고, 상처에서 회복되기를 바란다. 좋은 질문은 우리가 오랫동안 자신을 지키기 위해 만들어낸 이야기를 해체하는 동안에도 건강한 자아의 감각을 만들어낸다.

이 책을 읽는 동안 아래 질문들을 마음에 담아두기 바란다.

1. 어린 시절에 형성된, 돈을 대하는 태도가 현재의 일하는 방식에는 어떤 영향

을 미쳤을까? 돈과 일에 대해 어떤 가치관을 가지고 자라왔는가? (1장)

2. 어떻게 해야 자신이 타고난 존엄함, 용기, 우아함을 지키면서 사람들을 이끌 수 있을까? 어떻게 해야 지위를 잃거나 자존감을 도전받는 상황에서 오히려 성장할 수 있을까? (2장)

3. 나는 어떻게 스스로를 고갈시키고 쓰러뜨렸는가? 나는 무엇으로부터 도망 쳐 어디로 달려왔는가? 나는 왜 나 자신이 탈진하도록 내버려두었는가? (3장)

4. 나는 어떤 사람으로 살아왔는가? 이러한 '나'는 내가 리더로 성장하기까지 어 떤 영향을 주었는가? 나의 가족은 진정성, 취약성, 진실성에 대해 어떤 이야 기를 나눠왔는가? (4장)

5. 왜 나는 사람들과 어울리는 것을 어려워하는가? 왜 관계는 어려운가? 내 인 생에서 중요한 사람들(공동 창업자, 동료, 가족)에게 반드시 해야 하지만 아직 하지 않은 말은 무엇인가? (5장)

6. 나의 목표는 무엇인가? 앞으로 나아가려고 애쓸 때마다 길을 잃은 느낌이 드 는 이유는 무엇인가? 나는 어떻게 스스로를 변화시키고, 의미를 찾을 수 있을 까? (6장)

7. 나의 자아는 나의 리더십에 어떤 영향을 미쳐왔는가? 내가 이끄는 조직에 영

향을 미치는 나의 무의식적 성격 패턴은 무엇인가? (7장)

8. 나는 어떻게 비통한 삶에서 살아남을 수 있을까? 어떻게 평온한 마음으로 살
   아갈 수 있을까? (8장)

9. 나는 어떤 어른이고 리더인가? 내가 해야 할 일을 끝냈음을 어떻게 알 수 있
   을까? (9장)

책을 읽는 동안 자신을 터놓고 약점을 인정하고 진실한 자신이 되
는 것에 따르는 위험과 가능성을 깊이 생각해보길 바란다. 나 자신이
되는 것에 대해 무엇을 배웠는가? 거기서 무엇을 얻었는가? 대신 무엇
을 대가로 치렀는가?

일은 우리 삶의 물리적 안전망이 되어준다. 일은 우리와 우리가 사
랑하는 사람들에게 먹을 것과 지낼 곳을 마련해준다. 우리는 일을 통
해 의미를 찾는다. 하지만 일은 우리에게 고통을 주기도 한다. 우리에
게 정말 어떤 일이 일어나고 있는지, 우리의 핵심적인 가치 체계가 우
리 일상에 어떤 영향을 주는지를 이해한다면 그 고통에서 의미를 찾
아내고 진흙에서 연꽃을 피워낼 수도 있다.

'어떻게'에 집중하게 해주는 훌륭하고 실용적인 책들은 많다. 하지
만 나는 삶의 '왜'에 집중했다. 삶의 목적을 찾는 것은 '어떻게' 일을 할
것인지를 찾는 과정이었다. 어떻게 삶을 살아야 하는가, 어떻게 리더십
을 발휘해야 하는가에 대한 답은 끝이 없다. '왜' 자신이 존재하는지를

알아낸다면, 완벽한 '어떻게'를 실행해내기 위한 한없이 모호한 과정을 마주 하게 될 것이다. 나아가 주어진 질문에 깊고 진실한 대답을 돌려주며 성찰한다면 자신에게 꼭 맞추어진 '어떻게'를 얻게 될 것이다. 처음에는 이 과정이 실용적이지 않게 느껴질 수도 있겠지만, 이는 분명 유용한 일이다.

이 책의 목표는 리더십의 '이유(왜)'를 이해하는 것이다. 내가 매일 나와 함께하는 리더들과 나누려는 것도 이것이다.

삶의 완성을 향해 가기

우리의 기억과 우리가 자신에 대해 만들어낸 이야기 사이에 우리의 삶이 존재한다. 우리는 우리 회사, 바람, 꿈을 만들어낸다. 그리고 주위 사람들을 가족과 공동체로 모아낸다.

기억과 이야기 사이를 살핌으로써, 우리는 본모습 그대로 리더가 될 수 있다. 나의 여정을 살피는 과정에서 다음과 같은 사실을 알게 되었다. 나는 위험을 감지하는 능력이 극도로 발달할 수밖에 없던 어린 시절을 보냈고, 안전함을 얻기 위해 (이해할 수 없는 행동이나 사실을 마주할 때조차도) 세상을 이해하려고 끊임없이 애써왔다. 그 과정에서 나는 찬찬히 귀를 기울이고는 주위 사람들의 이야기를 모으고 담아서 혼란스러운 삶의 실마리를 찾으려 했다.

그 결과, 종종 다른 사람들이 놓치는 것들을 보고 듣고 느끼곤 이를 통해 지혜를 얻기도 했다. 하지만 예민한 감각은 마음의 평화를 얻는

데는 방해가 되기도 한다. 내 앞으로 밀려오는 사소한 부유물들로 배한 척을 채울 만큼의 이야기를 만들어낼 수 있기 때문이다. 하지만 차분하고 조용히 앉아서 듣다 보면, 막다른 골목이 아닌, 뚫고 지나갈 길을 찾을 수 있다. 어린 시절, 내가 미로 퍼즐 책을 좋아했다는 사실을 떠올리며 나는 웃음을 터뜨린다. 나는 미로 사이에서 길을 찾는 것을 좋아한다. 그리고 잘한다.

그동안 보고 경험한 것들 중엔 나보다 앞서 살아간 선배들의 지혜도 있다. 오랫동안 나의 심리치료사였던 아비바 세이레스 박사, 불교 스승인 샤론 샐즈버그, 다정한 친구이며 영혼의 형제인 파커 파머와 같은 인생의 선배들 말이다. 선배들이 나이 들어가는 것을 보면서, 나는 성장의 지혜뿐만 아니라 우아하게 나이 들어가는 지혜, 그리고 가장 두려운 죽음을 용기와 유머로 맞이하는 지혜를 얻게 되었다.

이러한 지혜는 고통의 본질과 삶의 여정을 성찰하는 데서 오는 것이다. 당신의 삶을 보다 완전하게 이해하는 것에서, 그리고 당신의 일이 완수되었음을 이해하는 것에서 오는 지혜다. 파커가 자신의 시 〈써래질〉에 '충분하다'라고 썼듯이. "당신의 일은 마무리되었다."

나이 든 선배들의 지혜가 내 뼛속으로 들어와 나의 골격을 튼튼하게 해준다. 나의 일이 완수되었음을 알아차리는 데 지혜가 있다. 일을 완수하려면, 무언가가 되려고 애쓰는 대신 존재 자체의 안식과 품위에 자신을 맡겨야 한다. 그저 존재하기 위해 나는 과거의 불안과 미래의 기대 사이에서 균형 잡는 법을 배웠다. 이를 모판 삼아 성장할 수 있다.

써래질*

― 파커 J. 파머

쟁기가 이 감미로운 땅을 무참하게 휘저어놓았네
기형의 흙덩어리들이 파헤쳐지고
바위와 뒤틀린 뿌리들은 밖으로 드러났으며
지난해에 자라난 것들은 쟁기의 칼날로 난도질당했네

나도 이런 식으로 인생을 쟁기질해왔지
잘못된 것의 뿌리를 찾아서
모든 역사를 뒤집어엎었네
내 얼굴이 피폐해지고 고랑 같은 주름이 지고 상처가 날 때까지

충분해. 일은 마무리됐어
뿌리 뽑힌 게 무엇이든
앞으로 올 것이 자라날 것의 못자리가 되도록 하라
나는 지난해 벌어진 일들의 이유를 파헤치려고 쟁기질했지
농부는 다시 푸르러질 계절을 심기 위해 쟁기질한다네

---

*파커 J. 파머 지음, 김찬호·정하린 옮김, 《모든 것의 가장자리에서》, 글항아리, 2018, 43~44쪽

| 차례 |

[**1장** 마흔, 짐 정리를 시작하다
      – **돈과 성공의 의미**   ·· 035]

[**2장** 리더십의 담금질
      – **변화를 견뎌내는 방법**   ·· 063]

1장

마흔, 짐 정리를 시작하다

— 돈과 성공의 의미

Reboot

엄마는 나의 모노폴리 친구였다.

어린 시절 나는 엄마와 몇 시간이나 모노폴리 게임을 하곤 했다. 나는 지금도 비 오는 날을 좋아한다. 비 오는 날이면 하루 종일 보드게임을 하던 어린 시절의 기억 덕분일 것이다. 나는 그 시절의 모든 보드게임들 중에 모노폴리가 제일 좋았다.

게임을 제대로 하려면 몇 시간이나 걸린다는 것도 좋았고 ('간단' 버전 대신 원래 규칙대로, 해당 칸에 도착하여 매매나 교환을 통해 재산을 모으는 '정식' 게임을 한다면 말이다) 카드를 모으는 것도 좋았다. 골무나 다리미, 개(모노폴리의 금속 말들-옮긴이)가 되는 것도 좋았다.

나는 '출발(Go)' 칸을 지나며 200달러를 받는 것이 좋았다. 돈을 모으는 것도 좋았지만, 무엇보다 사람들에게 내가 무엇을 할 수 있는지를 보여주는 것이 좋았다.

어린 시절, 나는 눈에 띄지 않는 존재였다. 평소에는 보살핌과 사랑을 받고, 고통스러운 일을 겪은 후에는 누군가의 포옹과 위로를 받기는 했지만, 어른들의 눈에 띄지는 못했다. 나는 마음속으로 분노하고 있을 때조차 착한 아이로 행동했다. 마음속으로는 그 무엇에도 신경 쓰고 싶지 않을 때조차 열심히 노력했다. 나는 어른들의 말에 고분고분 따르는 아이였다. 그러니 충분히 인정받지 못한 데에는 내 책임도 있었던 셈이다.

어린 시절, 모노폴리 게임을 할 때면 사람들은 돈을 자신들 앞에 내려놓았다. 500달러, 100달러, 50달러 지폐들을 종류별로 가지런히 정리해서 쌓아놓았다. 나는 그러지 않았다. 나는 돈을 한 뭉치로 모아서 게임판 아래 넣어두었다. 굳이 눈앞에 돈을 내놓지 않아도 머릿속으로 내 돈이 얼마인지 계산할 수 있었다. 나는 사람들이 파산할 때마다 그들의 재산을 사들여서 모두를 놀라게 했다. 내 영리함과 교활함에 모두가 깜짝 놀랐다.

영리함, 게임 기술, 돈을 이해하고 가지고 노는 능력을 드러내는 순간에 나는 사람들의 눈에 띄는 존재가 될 수 있었다. 그저 말 잘 듣는 조용하고 '착한' 아이가 아니라 착하지만 똑똑하고 유능한 사람으로서 말이다.

일곱 살이 되었을 때는 사람들 눈에 띄지 않으면 잡히지 않을 수 있고, 그래서 살아남을 수 있다는 것을 알게 되었다. 나는 인생 게임인 모노폴리에서 인생을 배웠다.

예를 들어, 이기기 위해, 안전하기 위해, 절대로 굶주리지 않기 위해서는 돈이 필요하다는 것을 배웠다. 돈이 있으면 부동산을 살 수 있었다. 땅 위에 작은 초록색 집을 짓고는 게임이 진행될수록 더 많은 돈을 벌어들일 수 있었다. 게임을 잘 운영한다면, 부모님이 부족한 음식 때문에 싸우지 않을 만큼 많은 돈을 벌 수 있었다. 내가 오레오를 두 개 이상 집는다고 아버지가 엄마에게 소리 지르는 일도 없을 터였다.

우리 아홉 식구는 브루클린의 작은 건물 1층에 있는 방 두 개짜리 집에서 살았다. 나는 케네디 대통령이 암살당한 다음 달인 1963년 12월에 태어났다. 내가 태어났을 무렵 형 비토와 누나 메리는 자전거를 타고 다닐 만큼 컸다. 그 작은 집이 우리 집이었지만, 가족 모두가 모여 있는 일은 흔치 않았다.

아버지는 인쇄공장의 작업반장이었다. 고등학생 때부터 일하다가 제대 후에 다시 돌아간 직장이었다. 엄마는 우리와 함께 집에 계셨다. 아버지는 좋은 사람이었지만, 마음의 상처 때문에 술을 마시다 취해 버리곤 했다. 엄마도 좋은 사람이었지만, 어린 시절의 상처가 정신이상을 불러와 자주 헛소리를 듣거나 헛것을 보곤 했다. 두 분은 재정적으로도 감정적으로도 감당할 수 없을 만큼 많은 자녀를 낳았다. 7남매 중에 여섯째로 태어난 나는 나의 탄생으로 한계점이 넘어버린 것은 아닐까, 낙타의 등을 부러지게 만든 것은 아닐까 생각하며 자랐다. 나는 나 때문에 먹여 살려야 할 입이 너무 많아진 게 아닐까 걱정했다. 나 때문에 모두 안전하고 따뜻하고 행복하다고 느낄 만큼의 돈이 부족해진 것은 아닐까 하고 말이다.

외할아버지 도미닉 귀도는 얼음장수였다. 여름에는 얼음을, 겨울에는 석탄을 팔고, 집에서 빚은 와인은 1년 내내 팔았다. 엄마는 외할아버지의 어깨에 털이 수북한 것은 브루클린의 집집마다 구부정한 자세로 실어나르던 23킬로그램짜리 얼음으로부터 몸을 보호하기 위해서라고 했다. 외할아버지는 이탈리아의 고향 동네인 바리 외곽의 팔로델콜레에서 6학년까지 학교를 다니다 그만두었다. 그리고 미국으로 건너와 회사를 차렸다. 벤처캐피털리스트들은 절대 투자하지 않을 회사였지만, 할아버지는 사업의 가장 중요한 원칙을 아는 분이었다. 바로 하루를 시작할 때보다 많은 돈을 남기며 하루를 마무리해야 한다는 것이었다.

할아버지는 항상 충분한 돈을 가지고 있었고, 우리에게 쓸 여윳돈도 얼마쯤 가지고 있었다. 우리 가족이 사는 건물은 할아버지 것이었다. 엄마와 누나들이 건물의 복도를 썼다. 할아버지는 토요일마다 우리 집에 오시면서 거의 항상 음식을 가져다주셨다. 할아버지가 모직 속옷과 올드스파이스 로션 냄새를 풍기며 복도를 걸어오실 때면 아버지는 온몸이 딱딱하게 굳곤 했다.

외할아버지와 아버지는 관계가 좋지 않았다. 몇 가지 이유를 짐작해볼 수 있었다.

외할아버지는 엄마에게 우리 남매들을 낳게 한 아버지가 못마땅했을 것이다. 엄마는 결혼할 때 이미 비토 형을 임신하고 있었다. "그 애는 자식을 너무 많이 낳았어." 나는 할아버지가 무슨 생각을 하는지 상상하곤 했다. "그래서 저렇게 아픈 거지." 그리고 가톨릭 신자인 외할아버지와 외할머니가 보기에 엄마가 결혼 전에 임신한 것은 죄악이었다. "죄를 지어서 아프게 된 거야." 독실한 가톨릭 신자였던 엄마는 죄책감에 시달렸을 것이다. "의사들이 허락했다면 나는 열두 명을 낳았을 거야." 엄마는 죄책감을 씻으려고 이렇게 말씀하시곤 했다.

외할아버지는 아버지의 음주도 싫으셨을 것이다. 엄마는 결혼 직후부터 아버지의 술버릇 때문에 소리를 질러야 했다. 제대 후에 술버릇은 더 나빠졌다.

광기에 사로잡힐 때면 엄마는 테이블을 내리치고 여섯 개들이 맥주병을 노려보곤 했다. 그러다 마음이 누그러지면 아버지가 나치의 죽음의 캠프에서 맡았던 악취 때문에 술을 마시게 되었을 거라고 이해하려 했다. 하지만 화가 나면 아버지가 사실은 이탈리아 사람이 아닐 거라고, 사실은 이탈리아 가족에게 입양된 술주정뱅이 독일인이나 아일랜드인일 거라고 쏘아붙였다.

외할아버지의 혼잣말이 들리는 것 같다. "그 녀석이 술주정뱅이가 아니었다면, 내 딸이 병들지 않았을 텐데."

하지만 외할아버지와 아버지 사이의 경쟁 관계는 팔로델콜레에서 일어난 가족 간의 분열에서 출발한 것일지도 모른다. 내 할머니인 메리 콜로나와 외할머니인 니콜레타 귀도는 사실 사촌 간이었다. 또한 두 사람은 경쟁자이기도 했다. 할머니는 어린 시절 고아가 되어 이모 집에서 자랐다. 할머니와 외할머니는 자매와도 같은 사이였다.

두 분 모두 얼음장수와 결혼하면서 경쟁 관계는 심화되었다. 할머니와 결혼한 비토는 도미닉처럼 사업 수완이 뛰어나지 못했던 것이다.

굳이 짐작해보자면, 할아버지는 엄마가 아픈 것이 아버지 탓이라고 생각했던 것 같다. 엄마의 환각과 광기, 우울증은 결혼 무렵 시작되었다. "메리가 다른 녀석과 결혼해 다른 삶을 살았더라면, 메리가 바라던 대로 예술 학교에 들어갔더라면, 그랬더라면 우리 귀여운 딸이 아프지 않았을 텐데." 할아버지는 이렇게 말했을 것이다. 내가 아버지가 되고 보니, 할아버지의 마음이 이해되어 가슴이 아프다.

외할아버지를 생각하면 눈물이 난다. 일곱째 막내딸이 구속복을 입고 병원으로 실려가 계속 전기 충격 요법을 받는 모습을 무력감과 분노 속에서 지켜보았을 것을 상상하면 말이다. 막내딸의 일곱 아이들이 외가 여기저기로 흩어지고 외할아버지와 외할머니가 나와 동생 존을 맡는 사이, 외할아버지가 어떤 마음이었을지 상상도 되지 않는다.

엄마가 병원에 입원하시기 전에도 존과 나는 수요일마다 학교가 끝나면 외갓집에 가곤 했었다. 외갓집에선 근사한 향기가 났다. 연초록색 문이 달린 찬장 안에서는 레몬 사탕 냄새, 성자 파드레 피오의 사진 아래 걸려 있는 수동 그라인더에서는 커피 냄새가 났다. 여름에는 외할머니의 정원에서 갓 잘라온 장미 향기와 부엌 뒤에서 자라는 무화과나무에서 따온 무화과 향기가 났다. 그 무화과나무는 팔로델콜레에서 묘목으로 가져온 것이라서 겨울이면 담요와 낡은 양탄자로 감싸주고 그 위에 바구니를 얹어 비와 눈을 피하게 해줄 만큼 애지중지했었다.

지금도 봄마다 꽃망울을 터뜨리는 무화과나무 옆을 지날 때면 청량한 4월의 아침, 브루클린 프로스펙트 공원으로 순간 이동한 듯한 기분이 든다. 코퍼톤 선크림의 톡 쏘는 금속성 냄새를 맡으면 코니아일랜드에 놀러갈 때마다 엄마가 만들어주시던 볼로냐 샌드위치의 맛과 바닷가의 모래알이 입속에 맴돈다. 냄새는 어른이 된 뇌의 인지를 거치지 않고 곧바로 어린 영혼에게로 가 닿는다.

커피와 장미, 그리고 레몬 사탕 냄새는 내게 안전하다는 신호와 같다. 원두를 갈고 있으면 나는 다시 다섯 살배기 어린아이가 된다. 외할머니의 무릎에 앉아서 가슴에 머리를 묻은 채 안전하고 따뜻하고 행복하게 팔에 안겨 있는 어린아이가 되는 것이다. 외갓집은 혼란스러운 집으로부터의 피난처였다.

어린 생각에 돈이란 장미와 신선한 무화과와 갓 갈아놓은 커피와 레몬 사탕이 영원히 이어지는 것을 뜻했다. 돈은 곧 안전이었다. 돈을 쫓는 것은 안전을 쫓는 것이었고, 어린 시절의 가난과 혼란과 거리로부터 도망치는 것이었다.

"얼마나 많은 돈이 필요한 거예요?" 거의 40년이 지난 후, 나의 심리치료사인 세이레스 박사가 물었다. "언제 멈출 건가요?"

삼십 대의 나는 성공한 아버지였다. 나는 박사의 진료실 소파에 누워서 천장을 쳐다보고 있었다. 그 빌어먹을 천장을 쳐다보기 시작한 지도 벌써 7년인가 8년이 지나고 있었다.

"빌 게이츠요." 내가 내뱉었다. 그러고는 그 대답에 스스로도 충격을 받았다. 내가 빌 게이츠만큼 거대한 부를 추구하는 사람이라고 생각해본 적은 없었다. 그보다는 나은 사람이라고 생각하고 싶었다.

하지만 나는 인정해야 했다. 식탁 아래 숨어서 일요일 저녁을 보내던 어린 소년에게 빌 게이츠처럼 부자가 된다는 것은 영원히 레몬 사탕의 세계에서 살아간다는 의미라는 것을.

돈 덕분에 사람들에게 인정을 받기는 했다. 사람들이 나를 똑똑하다고 생각하는 것은 나에게 돈이 많았기 때문이다. 그중 일부는 내가 시인이나 대학교수처럼 현명하지만 가난한 사람이 될 거라고 생각하고는 나를 무시하기도 했었다. 사업에서 성공하고 돈을 크게 벌어들인 덕분에 나는 힘을 가질 수 있었다. 갑자기 내 의견이 사업가들과 정치인들을 비롯한 리더들에게 중요하게 여겨졌다. 브루클린 플랫부시 이스트 26번가의 아스팔트 위에 게임판을 그려놓고 병뚜껑을 던지며 스컬리 게임을 하던 소년 시절에는 존재하는 줄도 몰랐던 세상에 속한 사람들에게 말이다.

돈과 성공은 존경과 인정, 칭찬을 의미했다. 돈과 성공은 그 자체가 목적이 되는 듯했다. 물론 난 완전히 망상에 빠져 있지는 않았다. 돈에 완전히 도취되어 있지도 않았다. 이런 것들만 쫓는 것은 허망하다는 것을 내 안의 시인이 되새겨주곤 했다.

모노폴리 게임이 그랬듯, 사업에서 성공을 추구하는 것은 지적인 만족감을 얻기 위한 게임이었다. "봤지," 나는 나 자신에게 조용히 속삭이곤 했다. "나는 플랫부시 출신의 얼간이가 아냐. 거물들하고 같이 놀 수 있다고."

성공과 돈, 그리고 더욱 중요하게는 성공과 돈을 위해 내가 바쁘다는 것이 인간으로서의 내 가치를 증명하는 증거였다.

빌 게이츠와 레몬 사탕

부자가 된 것이 자살을 생각하게 만들 줄은 몰랐다.

나는 연기가 솟아오르고 지독한 냄새가 나는 그라운드 제로(9·11 테러로 붕괴된 세계무역센터가 있던 자리-옮긴이)의 가장자리에 서 있었다. 9·11 테러 직후 나는 두 가지 결정을 내렸다. 첫 번째는 벤처캐피털리스트로 JP모건에 합류하는 것이었고, 두 번째는 뉴욕시 올림픽 유치위원회의 공동 위원장으로 일하는 것이었다.

첫 번째 결정은 레몬 사탕을 퍼 담기 위한 계획이었다. 두 번째 결정은 나의 고향인 뉴욕이 되살아나는 것을 어떻게든 도와서 그동안 꿈꾸었던 영웅이 되기 위한 계획이었다.

테러 이후 몇 주 동안 나는 한밤중에 잠을 이루지 못하고 불안하게 깨어 있곤 했다. 재난 시의 행동 요령을 제공하는 웹사이트를 샅샅이 훑고, 비상용품이 담긴 키트를 검색하고, 뉴욕이 다시 공격받을 경우에 대비해 음식과 물, 의약품을 비축한 비상배낭을 만드는 것으로 불안감을 달랬다.

이렇게 비참한 정신 상태로 JP모건에 합류했고 올림픽 유치를 위한 모금 활동에 나섰다. 둘 다 내가 잘하는 일이었다. 이전 직장인 플랫아이언파트너스(Flatiron Partners)를 떠나 JP모건으로 옮기자마자 나는 수익성이 높은 투자를 성사시켰다. 1, 2년 안에 우리의 투자금을 3~5배나 늘려준 투자였다.

모금도 잘되어가고 있었다. 나는 올림픽 유치에 필요한 지원을 얻어내기 위해 도시 여기저기를 누비고 다녔다. 퀸즈구 플러싱의 커뮤니티센터에서 국제전기노동자연맹(The International Brotherhood of Electrical Workers, IBEW) 지부의 후원금을 모으려던 일이 기억난다. "그들은 우리나라만 공격한 것이 아닙니다." 나는 방 안을 걸어 다니며 목사님처럼 말했다. "그들은 우리 집을 공격한 겁니다. 118개 언어를 사용하는 120만 명의 학생들이 있는 도시죠. 그들은 당신의 가족을 공격했습니다. 나의 가족을 공격했습니다. 우리 모두를 공격한 겁니다."

이날 나는 몇 달 전만 해도 세계무역센터가 있던 그라운드 제로의 가장자리, 건물 잔해 사이에 불안하게 서 있었다. 후진 기어를 넣은 중장비가 핑, 핑, 핑 소리를 내고 있었다. 불도저가 유리조각과 파편, 그리고 사람들의 짓이겨진 잔해 더미를 옮기고 있었다. 아이들에게 레몬 사탕을 사주기 위해 돈을 벌던 사람들 말이다.

월스트리트 사람들이 얼어붙은 듯이 서 있는 나를 지나쳤다. 마치 내가 로어맨해튼(맨해튼 남쪽 지역으로 뉴욕 경제의 중심지-옮긴이)을 떠도는 수천의 유령 가운데 하나에 지나지 않는다는 듯이. 공포가 폐를 가득 채워 당장이라도 질식할 것만 같았다. 나는 내 권력을 드러내는 수트에 넥타이를 매고 있었다. 나는 부자였다. 나에겐 아름다운 가족이 있었다. 나는 존경받는 사람이었다. 나에겐 심지어 새로운 목표도 있었다. "나를 봐요. 내가 이 도시에 얼마나 도움이 되는 사람인지 봐요. 나는 착한 사람이에요." 나는 평생 필요한 만큼의 레몬 사탕을 이미 가지고 있었다. 하지만 여전히 보이지만 보이지 않는 듯한 기분이 남아 있었다. 나는 여전히 텅 빈 느낌이었다. 나라는 존재를 채우지 못한 사람이었다. 내 삶 속에 존재하지만 그 삶을 살고 있지는 않은 사람이었다. 이게 다 무슨 소용이람? 나는 스스로에게 물었다. 나는 죽고 싶은데.

머리가 빙글빙글 돌았다. 이제는 지하철 승강장으로 뛰어 내려가 숨고 싶었다. 하지만 그러는 대신 휴대전화를 꺼내 세이레스 박사에게 전화를 걸었다.

"택시를 타고 진료받으러 오세요. 지금 당장요." 그녀가 말했다.

이후 몇 주 동안 우리는 내게 무슨 일이 일어나고 있는지에 대해 이야기를 나눴다. 그 자리에 있지만 그 자리에 있지 않은 증상에 대해서. 그 지옥 같은 고통에 대해서.

그리고 우리는 돈과 성공과 빌 게이츠와 레몬 사탕에 대해 이야기했다.

9·11 테러는 내게 상처였다. 다른 많은 사람들처럼 나 역시 두려웠다. 테러 전날 밤에 나는 우리 양키스 팀이 레드삭스에게 이기는 것을 보기 위해 양키 스타디움에 갔었다. 로저 클레멘스는 시즌 20승을 눈앞에 두고 있었고, 나는 근사한 자리를 예약해두었다. 그날 경기는 비로 취소되었다.

그래도 나는 그날 밤 롱아일랜드의 집으로 돌아가지 않고 맨해튼에 머물렀다. 그리고 다음날인 9월 11일 아침 일찍 워싱턴행 비행기를 탔다. 9·11 테러에 대해 들었을 때 나는 몇몇 상원의원들과 아침 식사를 하고 있었다.

다른 사람들이 그렇듯, 나는 그날을 떨쳐버리지 못한다. 흐릿한 감정과 기억들…… 뉴욕의 가족들에게 돌아가기 위해 필사적이었던 기억. 사랑하는 사람들이 안전하고 따뜻하고 행복한지 알아내기 위해 필사적이었다.

하지만 2002년, 테러가 일어난 지 몇 달 만에 내가 자살의 문턱까지 갔던 진짜 이유는 다른 데 있었다. 그것은 내 인생 자체의 공허함 때문이었다. 상상 이상으로 많은 레몬 사탕을 가지고 있는데도 여전히 마음이 아팠기 때문이었다.

그리고 몇 년 뒤에야 현재의 나를 만들어낸 과거의 일들을 모두 털어놓고, 어린 시절부터 짊어졌던 짐을 정리할 수 있게 되었다. 내 짐 안에 들어 있던 것은 내 마음속 습관이었다. 최대한 많은 돈을 쌓아두고 레몬 사탕을 긁어모으고 끊임없이 빌 게이츠와 나를 비교하는 삶의 모노폴리 게임을 통해 안전과 위안을 구했던 패턴과 믿음들 말이다. 나는 마흔이 되어서야 비로소 내 짐을 조사한 참이었다. 나는 정리를 시작하기로 했다. 더는 피할 곳이 없었기 때문이다.

고등학교 시절 나는 사진과 영화 제작을 공부했다. 나는 영화의 눈속임에 매혹되었다. 영화의 장면들은 물이 흐르듯 계속 이어지는 것 같지만 사실은 멈춰 있는 순간들을 아주 빠르게 이어붙인 것이라는 사실 말이다. 인생도 마찬가지였다.

움직임이란 1초당 24개의 프레임이 이어진 것이었다. 우리는 24개의 소중한 순간들이 들어가는 1초 1초를 살아간다. 매 순간마다 감정과 기억이 채워져 있다. 빠르게 흘러가는 이 순간들이 패턴과 믿음을 만들어내고, 그렇게 우리 삶을 정의한다.

우리 삶은 1초당 24개의 프레임과 같다. 각각의 프레임에 감정과 믿음, 과거에 대한 집착과 미래에 대한 불안이 들어 있다. 좋지도 나쁘지도 않은 이 프레임들이 우리를 형성한다. 이 프레임들은 우리가 과거와 현재, 그리고 바라는 미래를 이해하기 위해 스스로에게 계속 들려주는 이야기들이 된다.

우리 과거의 유령들, 즉 조부모의 조부모들뿐만 아니라 그들 삶의 유령들이 프레임 안에 살고 있다. 그들과 그들의 믿음, 그리고 온갖 경험들에 대한 그들의 해석이 우리 삶의 프레임 위를 떠돈다. 현재의 장미와 무화과나무, 그리고 레몬 사탕이 그러하듯이 말이다.

우리 인생을 담은 영화를 천천히 돌리며 프레임과 프레임이 구성된 방식을 파악하면 새로운 삶의 방법, 과거의 패턴에서 벗어날 방법, 근본적인 자아 성찰을 통해 과거의 경험을 새롭게 바라볼 방법을 알아낼 수 있다.

짐 정리를 시작하다

코칭을 받으려는 클라이언트와 첫 대화를 나눌 때는 그의 인생이라는 상자 속에서 들려오는 망령의 목소리에 귀를 기울인다.

"제리, 나는 예순여섯 살이에요. 은퇴 후에 뭘 해야 할지 찾아내야 해요." 그는 충분히 부유했다. 말할 것도 없이 충분히 성공한 사람이었다. 그리고 대단히 존경받는 공인이기도 했다.

"15년 전에 어떻게 볼티모어의 그 직장에 들어가기로 했는지 이야기해주세요." 나는 직감에 따라 질문을 던졌다.

"그걸 물어보다니 재미있군요." 클라이언트는 약간 충격을 받은 듯했다. "아버지는 그걸 내 인생 최악의 결정이라고 말씀하셨죠……. 그 결정을 영원히 후회하게 될 거라고요. 그리고 제가 그 일을 한다면 커리어를 망칠 거라고 하셨어요."

갑자기 나는 스물두 살이던 때로 되돌아갔다. 나는 2년째 여름 인턴십으로 잡지사에서 일하고 있었다. 오하이오주 데이튼에 있는 NCR사 CEO의 연설문 담당자 겸 비서로 들어오라는 제안도 받고 있었다. 나는 아버지에게 조언을 구했다. "이걸 기억해야 한다, 제리. 원숭이가 기둥을 높이 기어오를수록 엉덩이를 더 많이 내보이게 된다는 걸." 클라이언트의 아버지와 우리 아버지의 두려움은 분명했다. 몸을 낮추고 눈에 띄지 않게 살아라. 그게 안전하다.

"저는 당신이 은퇴 후에 뭘 해야 할지는 모릅니다. 하지만 그걸 찾는 과정에서 생각의 파트너가 되어드릴 수는 있습니다." 나는 클라이언트에게 말했다.

"그렇지만 이제는 그만 당신 아버지의 말에서 벗어날 때라는 생각은 드네요. 더는 아버지의 반대에 귀를 기울이거나 아버지의 허락을 받지 않아도 된다는 의미죠. 여기서부터 성찰을 시작해보면 어떨까요."

아니면, 우리는 이 모든 것들을 한구석에 밀어놓고 무시할 수도 있다. 정리되지 않은, 무거운 우리 삶의 짐을 그대로 넣어두고 매년 점점 넓은 자리를 차지하게 방치해둘 수도 있다.

과거의 기억들로부터 삶을 되짚어오는 일은 우리가 그동안 믿어온 것들을 다시 한번 경험하고 재정의하게 해준다. 그럼으로써 우리는 운이나 운명이라 불리는 혼란스러운 힘으로부터 자유로워질 수 있다. 많은 경우 우리는 이 힘에 '다른 누군가의 잘못'이라는 이름을 붙이곤 한다. 물론 모든 것을 완벽히 정리하지는 못할 것이다. 하지만 과거의 짐을 정리하지 않고 내버려둔다면 우리는 행복해질 수 없다. 어린 시절의 상처를 치유하기 위해 우리가 사랑하는 사람들, 우리가 선택한 직업, 우리가 이끄는 조직을 평생 이용하게 될 테니까.

숨기 좋은 장소

어느 무더운 여름날 아침, 나는 죽어가는 밤나무 그늘에 서 있었다. 톱니가 있는 다섯 손가락 모양의 잎사귀가 그늘을 만들어 공기를 식혀주었다. 나는 일곱 살이었다.

비가 많이 내릴 때면 가장 살찐 열매부터 가지에서 떨어졌다. 두껍고 단단하고 날카로운 가시가 달린 열매였다. 녹색 껍질에 갈색 반점과 벌레들이 붙어 있었다.

내가 30미터 높이의 나무 아래 앉아 있는 동안 따뜻한 빗물이 나뭇잎에서 나뭇잎으로 미끄럼을 타며 내려왔다. 나무의 몸통에는 내가 숨을 만한 크기의 구멍이 있었다. 나는 빗속에 있는 것이 좋았지만, 비를 쫄딱 맞고 싶지는 않았다. 그 나무는 내가 가장 숨기 좋아하는 장소였다.

나무의 꽃은 흰색과 분홍색이었고, 손처럼 생긴 나뭇잎은 기도하는 것처럼 펼쳐져 있었다. 나는 젖었지만 젖지 않았다. 따뜻하지만 따뜻하지 않았다. 안에 있지만 밖에 있었다. 보이지만 보이지 않았다. 안전하지만 두려웠다.

건물 1층에 있는 우리 집의 돌출된 창문 뒤에서는 엄마와 아버지가 또 말다툼을 하고 계셨다. 엄마는 또 아버지가 바람을 피운다고 비난하고 있었다. 이번에도 아버지는 말없이 앉아 있었다. 나는 아버지가 또다시 폭발할 것을 기다리고 있었다. 엄마의 목소리가 어찌나 크던지, 우리의 모든 내밀한 삶이 이스트 26번가 거리로 쏟아져 나오고 있었다. 창문은 부모님의 고통을 담아내기에 부족했다.

일주일 전에 개똥을 내 얼굴에 문질렀던 파블로가 지나가다 나를 비웃었다. 그 애의 비웃는 얼굴, 얼굴의 상처, 불쑥 내민 혀가 지금도 눈앞에 생생하다. 나이가 나보다 다섯 살이나 많고 아마 키도 30센티미터쯤은 컸을 파블로가 항상 무서웠다.

파블로는 자기보다 어린 아이들을 괴롭히는 것을 즐겼다. 나를 놀리고는 내가 화가 나서 얼굴이 빨갛게 달아오르는 것을 지켜보며 좋아했었다. 나는 아스팔트 한가운데 서서 분노의 비명을 질러대곤 했다.

어느 날에는 아직 김이 나는 똥무더기를 쑤셨던 밤나무 가지를 들고 나를 쫓아다녔다. 파블로와 나뭇가지에 잡히지 않기 위해 빨간 차 주위를 어찌나 빙빙 돌았던지, 내 머리도 두려움으로 빙글빙글 돌았다. 이스트 26번가에서 남자아이들이 노는 법이란 그런 식이었다.

시간이 흘러 밤나무 몸통의 구멍이 점점 커지자 시 당국은 나무를 베어버리기로 했다. 반쯤 죽어버린 나무는 이미 모양이 변하고 뒤틀린 채 행인들을 위협하고 있었다. 하지만 그 시절 나는 그 무엇보다도 나무 구멍 속으로 사라지고 싶었고, 집에서 들려오는 소리로부터 도망치고 싶었고, 어린 시절의 괴롭힘과 수치스러움으로부터 도망치고 싶었다. 그렇게 모든 것을 밀어두고 싶었다.

나무 아래 서 있던 소년은 안전함을 느끼기 위해 나무 구멍으로 숨어들었다. 누군가 레몬 사탕을 들고, 자신을 발견해주길 바라면서. 아니, 발견되지만 발견되지 않길 바랐다. 나를 발견하는 사람들이 나를 마음에 들어하지 않을지도 모르니까.

나 자신이 되는 것으로는 결코 충분하지 않았다. 나는 부모님의 싸움을 멈추게 할 수 없을 테니까. 우리 집에 충분한 돈을 가져다줄 수 없을 테니까. 아버지가 존스식품점에서 여섯 개들이 맥주를 두 묶음이나 사오는 걸 막을 수 없을 테니까. 엄마가 예수나 돌아가신 케네디 대통령에게 말을 거는 걸 멈추게 할 수 없을 테니까. 그리고 엄마가 자살할 거라고 자꾸만, 자꾸만, 자꾸만 이야기하는 것도 말릴 수 없을 테니까.

나 자신이 되는 것만으로는 레몬 사탕과 같은 안전한 세계를 만들 수 없다면, 내가 어떻게 리더로서 편안함을 느낄 수 있을까? 그리고 어떻게 어른으로 자라 어른의 자리를 차지할 수 있을까?

두려움이라는 연료

돈. 안전. 수치스러움. 소속감. 탈출하려는 열망. 발견될까 두려운 마음. 보이지 않고 알려지지 않고 받아들여지지 못할 것에 대한 두려움. 다른 사람들을 기쁘게 하려는 열망. 이러한 역설과 비밀들이 우리를 계속해서 형성해간다. 하지만 자신이 되기로 선택한 자아는 우리가 말하기로 결심한 진실로만 깨울 수 있다.

갑작스러운 깨달음이나 근본적인 발견은 없다. 마찬가지로 우리 삶을 정의하는 엉킨 실타래를 아무 노력 없이 풀어낼 수는 없다. 하지만 이를 인식할 수 있는 순간들은 있다. 이런 순간들에 이런 순간들이 불러내는 망령들을 바라보는 것은 우리가 더는 어린아이에 머무르지 않고 어른이 되도록 도와준다. 이것이 근본적인 자아 성찰이다. 우리 모두가 경험하게 되는 상실과 잘못된 이야기들을 쌓아올려 무언가 좋은 것을 뽑아내는 과정이다.

"나는 나에게 일어난 사건들의 총합이 아니라 내가 되고자 결정한 존재다." 카를 융(Carl Gustav Jung)이 말했다.

하지만 선택하려면 알아야 한다. 우리에게 일어났던 일들이 우리의 선택들에 어떤 영향을 미치고 있는지를 알아야 한다. 다시, 그리고 또 다시 나는 클라이언트에게 묻는다. "당신이 원하지 않는 삶의 조건들이 만들어지기까지 당신은 어떤 역할을 했나요?"

더 나아가, 그런 역할이 당신에게 어떤 영향을 미치고 있는가? 어떻게 은퇴를 앞둔 시점에도 자신이 무얼 하고 싶은지 모를 만큼 자기 자신으로부터 단절되게 만들었는가? 또한 어떻게 아버지의 인정을 받거나 아버지의 반대에 맞서기 위한 싸움을 계속해오게 했는가?

이런 질문들에 답을 구하기 위해 우리 회사가 여는 부트캠프 첫날 밤에 참가자들은 한자리에 모인다. 사람들이 자신에 대해 더 잘 알아야 더 좋은 리더가 될 수 있기 때문이다. 자신에 대해 더 잘 알게 된다는 것은 고통스러운 일이기 때문에 신병훈련소를 의미하는 부트캠프라는 이름을 붙인 것이다.

우리는 원을 그리며 앉았다. 내가 시를 낭송했다. 사람들이 눈물을 흘리기 시작했다. 앞으로 얻을 여러 깨달음들 중에 첫 번째 깨달음을 얻었기 때문이다. 바로 자신들이 혼자가 아니라는 것이다. 두려움, 수치스러움, 길을 잃은 느낌이 나 혼자만의 것이 아니라는 것이다. 나는 우리가 근본적인 자아 성찰을 위해 여기 모였다고 말한다. 그렇게 진정한 나를 찾아가는 길에서 회복탄력성을 얻게 되는 것이라고 말이다.

"젠장, 지금 뭐한다고 시나 듣고 있는 겁니까?" 누군가 소리친다. 그의 얼굴이 분노로 일그러져 있다. "나는 젠장맞을 시나 들으려고 여기 참가한 게 아니라고요. 더 훌륭한 CEO가 되려고 왔단 말입니다. 욕심 많은 영업 임원 때문에 다들 미쳐가고 있는데, 도대체 어떻게 해야 될지 모르겠다고요. 그래서 여기 참가한 겁니다."

이렇게 저항하는 사람을 이전에도 본 적이 있기 때문에 나는 침착하게 말한다. "그럼 거래를 합시다. 여기서 주말을 지내고도 그 사람을 어떻게 해야 할지 모르겠다면 참가비를 환불해드리죠."

그가 진정되기 시작한다. 이틀 후에 우리의 과정은 심화되어 있다. 나는 모두가 자신의 삶과 회사 그리고 그들이 원하지 않는다고 말하는 삶의 조건을 바라보게 했다. 나는 욕심 많은 영업 임원 때문에 골머리를 앓고 있는 참가자를 바라본다. "수치스러움에 대해 말해주세요."

그가 고개를 든다. 고통스러운, 너무나 고통스러운 삶의 흔적이 눈빛에 남아 있다.

"십 대 시절 집에서 도망쳐 나왔어요." 그가 눈물을 흘리며 말한다. "그리고 술을 마시기 시작했죠. 결국에는 노숙을 하게 되었고요."

"그날 밤에 대해, 그리고 자신과 했던 약속에 대해 이야기해주세요."

내가 말했다.

그가 깜짝 놀란다. 그의 눈이 묻는다. "어떻게 알았죠?"

그가 말한다. "비가 내리고 있었고, 너무 추웠어요……."

그리고 그는 절대 다시는 춥거나 배고프거나 외로워지지 않겠다고 맹세했다고 한다. 나는 고개를 끄덕인다. 이제 그는 자기 자신을 보다 완전하게 보기 시작했다.

"누가 영업 임원을 채용했습니까?"

그가 당황하며 주위를 둘러본다.

"내가요."

"그리고 누가 승진시켰죠?"

"내가요." 그가 말한다.

"전혀 부끄러워하실 것 없습니다. 문제는 그의 탐욕이 아닙니다. 그는 당신이 바랐던 대로 일하고 있어요. 당신은 다시는 춥고 배고프지 않겠다는 당신의 필요를 그에게 위임한 겁니다. 그리고 그는 맡겨진 일을 아주 잘하고 있는 거고요." 내가 말한다.

"탐욕을 걷어내고 진짜 의미를 보면 어떨까요? 안전하고 따뜻하고 행복해지고 싶다는 열망 말입니다."

자신이 빌었던 소원을 다시 가져오는 것이다. 자신이 스스로에게 했던 약속을 다시 거둬들이는 것이다. 수치스러움을 밀어두고 두려움을 부인하는 대신, 이를 당신을 움직이는 연료로 받아들이는 것이다.

그가 밝아진다. 나는 말을 이어간다. "이제 시각을 넓혀봅시다. 당신과 당신 가족이 결코 다시는 배고프지 않게 하는 것 이상으로 나아가

보는 거죠. 당신과 당신 회사가 직원들과 직원 가족들이 배고프지 않도록 어떤 일들을 해왔는지 봅시다. 그들이 안전하고 따뜻하고 행복하도록 해준 일들을 말이죠."

굽어 있던 그의 몸이 펴진다. 우리 모두는 그가 그저 CEO가 아니라 노숙하던 소년을 돌볼 수 있는 사람으로서 자신의 자리를 찾아가는 모습을 목격한다.

근본적인 자아 성찰이란 우리가 더욱 우리 자신이 되는 법을 배우는 것이다. 그렇게 더욱 진정한 우리가 된다는 것은 결국 더욱 인간다워지는 것이다. 그리고 더 나은 인간이 될수록 더 나은 리더가 된다.

이것이 위대한 리더들의 행동이다. 위대한 리더들은 위축되지 않고 거울을 들여다본다. 그리고 길들여지지 않은 배고픔과 다스려지지 않는 충동을 자기연민과 이해로 변환시킨다. 그럼으로써 우리 역시 같은 시도를 할 수 있는 여지를 만들어주고, 우리 조직을 성장과 자아실현의 장으로 만들어내는 것이다. 세속적인 일에 신성한 의무가 스며들게 하는 것이다. 사람들을 이끌고 성장시키는 과정에서 당신도 온전한 자신으로 성장하게 된다.

내 내면의 천재성 덕분에 일이 신성한 의무라는 깨달음을 얻었다고 미화하기는 쉽다. 하지만 사실은 그렇지 않다. 그 깨달음은 기진맥진하게 지치고 나 자신을 잃어버린 경험에서, 그리고 나 자신의 고통 때문에 어디에도 가지 못했던 경험에서 얻은 것이다.

붓다는 삶의 답을 찾아 고민하고 방랑하다 심오한 깨달음을 얻었다고 한다. 바로 불교의 네 가지 근본적 진리인 사성제(인간의 괴로움, 괴로움의 근원, 괴로움의 소멸, 괴로움을 소멸시키는 방법을 말한다-옮긴이)를 깨우쳤던 것이다. 내 마음속의 부처는 브루클린 플랫부시에서 왔다. 완전한 절망과 분노의 순간, 플랫부시의 부처는 깨달음에 다다랐다.

그가 "젠장"이라고 말한다. "이 빌어먹을 걸 도대체 모르겠네. 내가 죽든가, 이게 이해될 때까지 보리수 아래에 앉아 있어야겠어." 그리고 그는 계속 앉아 있었다.

그래서 나도 앉아 있었다. 직업과 직급과 사회적 지위를 팽개치고 출발 칸을 지나 다음 칸으로 움직일 때마다 200달러를 얻을 기회조차 버리고 말이다. 어떻게 내가 원치 않는 상황들을 만들어왔는지 깨달을 때까지, 나는 그렇게 앉아 있었다. 내 안의 이러한 것들을 인정하는 것이 진정으로 발견되는 것임을, 살아오면서 내내 바랐던 그것임을 깨달을 때까지.

나의 성제, 즉 나의 성스러운 진리는 내 안에서 나온 것이 아니었음을 겸허히 인정하겠다. 계속 살아가기를 선택한 것에서 나온 것이었다. 우리를 움직이는 것들과 우리가 무의식적으로 선택하는 행동들 사이에 아주 좁다란 공간이 있다. 그 작은 공간에서 우리는 성장한다. 우리는 이 공간을 끝까지 들여다보아야 한다. 고요히 앉아 빠르게 지나가는 삶의 프레임들 사이에서 공간을 발견해내는 것이다. 그제야 우리의 삶이라는 영화를 자유로운 눈으로 볼 수 있게 된다.

나는 나의 보리수 아래 앉아서 나의 가장 진실한 소명과 조용히 마주했다.

내 친구인 시인 파드라그 오투아마(Pádraig Ó Tuama)는 이렇게 말한다.

"잘 산다는 것은 현명한 눈으로 바라본다는 것이고, 현명한 눈으로 바라본다는 것은 이야기를 하는 것이다." 나는 거기서 한 발 더 나가보겠다. 우리는 이야기를 함으로써 잘 살아갈 수 있다. 우리는 삶의 이야기를 나눔으로써 세상을 이해하게 되고, 결국 현명해진다.

현명해지고 두려워진다. 나는 그라운드 제로 가장자리에 불안하게 서 있던 2002년의 그날과 거리를 두기 위해 유타 남부의 어느 사막에 갔었다. 혼자, 벌거벗은 채로. 14일간 진행되는 프로그램 중에 물만을 마시는 3박 4일 단식의 두 번째 날이었다. 나는 내가 받은 진짜 이름인 '담는 자(Holder)'의 의미에 빠져 있었다. 마음에서 우러나온 이야기를 담는 사람. 나의 이야기를 담는 사람. 내가 사랑하는 사람들의 이야기를 담는 사람. 나를 찾아오는, 상심한 리더들의 이야기를 담는 사람.

그날, 나는 끔찍한 복통 때문에 잠에서 깼다. 물을 충분히 마시고 있었지만 음식을 먹지 못한 탓이었다. 전날, 나는 견딜 수 있을 만큼의 옷만 남겨두고 모두 벗어버렸다. 진정한 나와 지구 사이에 최소한의 것만 남겨두었다는 사실이 위안이 되었다. 하지만 벌거벗은 피부는 나를 날것으로 만들었다. 음식을 먹지 못해 약해지고 지친데다 감정적으로도 소진된 상태였다. 나는 바위들을 바라보다 얼굴처럼 생긴 바위를 하나 발견하고 할아버지 바위라고 이름 지었다.

그리고 내 삶에 대해 물었다.

"담는 자야." 바위가 말해주었다. "잘 들어주면, 고통이 닫아버린 것들이 다시 열린단다."

"한탄만 하라고 주어진 삶이 아니야." 바위가 계속해서 말했다. "네가 받은 것을 신성한 것으로 만들어내야 해. 가서 잘 들어주어라."

들어준다는 것은 삶이 펼쳐지는 순간이나 삶을 발견하는 순간에 증인이 되어주는 일이다. 연민을 품고 깊이 들어주는 것은 사람들이 가장 진정한 자신을 찾아내도록 이끌어주고 살살 밀어주고 때로는 힘껏 떠미는 일이다. 그 길을 걸을 때에만 인간으로서의 존엄과 품위를 가진 리더가 될 수 있다.

그렇다면 목표는 당신이 당신의 마음이 전하는 이야기를 들음으로써 당신의 리더십 여정을 이해하고, 완전하고 온전한 성인이 되도록 돕는 것이다. 어렵지만 분명한 숙제다. 가장 진정한 당신 자신이 되어 사람들을 이끄는 일 말이다. 당신만을 위한 일이 아니라 자신의 커리어를 당신에게 맡긴 사람들을 위한 일이기도 하다.

근본적인 자아 성찰을 위해 리더십 여정을 들여다보는 과정에는 가만히 멈춰 서서 우리가 정한 규칙들에 대한 솔직하고 열린 질문을 찬찬히 던지는 일이 필요하다. 앞으로 이어질 각 장에는 여러분의 성찰을 이끌어내기 위한 질문들이 등장한다. 당신의 내면을 성찰하기 위한 초대장이라고 생각해주길 바란다.

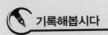

기록해봅시다

● 나와 돈의 관계는 처음 어떻게 형성되었는가?

● 그 관계는 내가 선택한 일에, 그리고 성공과 실패에 대한 정의에 어떤 영향을 주었는가?

● 다른 사람이 하는 일의 완성도와 기여도를 바라보는 관점에는 어떤 영향을 미쳤나?

● 돈과 일에 대한 어떤 가치관 속에서 자랐는가?

● 그 가치관은 내가 스스로의 가치를 바라보는 관점에 어떤 영향을 주었는가?

2장

리더십의 담금질

— 변화를 견뎌내는 방법

우리는 근사한 밤을 보내고 있었다. 별들은 눈부시게 빛났고 브루클린 다리를 지나는 차들의 소음이 리듬감 있게 들렸다. 덤보 거리에 있는 8층 건물 옥상에 있는데도 디젤 매연 사이로 라일락과 인동덩굴 향기가 풍겨왔다. 채드 디커슨(Chad Dickerson)이 맥주병을 들고 마시는 동안 나는 피크닉 테이블에 앉아 있었다. 물론, 물론, 물론…… 그날 밤은 달콤하고도 쏩쏠할 것이었다. 내일 채드는 지난 6년 동안 이끌어온 수공예품 온라인 마켓인 엣시(Etsy)의 CEO 자리에서 물러난다고 세상에 공표할 예정이었으니까.

나는 이 달콤하고 쏩쏠한 순간의 이야기를 듣고 보고 담기 위해 이곳에 와 있었다. 나의 클라이언트이자 친구가 새로운 현실을 마주하는 모습을 지켜보는 것은 고통스러운 일이었다. 그는 수많은 일을 잘 해냈고 영혼과 진정성을 가진 리더로 성장했지만 해고를 당했다.

그의 고통이 공기 중에 떠다니고 있었다. 사람들이 기뻐할 때나 괴로워할 때나 함께 있어주고 그러한 순간들을 이겨내도록 도와주는 것이 내 소명이기에, 나는 날카로운 통증을 느끼고 있었다. 아름답고 섬세했지만 심장을 바늘로 찌르는 듯한 고통이었다. 그럼에도 바로 이곳이 내가 있고 싶은 곳이었다. 그와 고통의 순간을 함께하는 것 말이다. 기억 저편에서 목소리가 들려왔다. "잘 들어주면, 고통이 닫아버린 것들이 다시 열린단다."

나는 그의 눈을 바라보았다. 나는 항상 클라이언트의 눈을 바라본다. 우리의 눈은 추억으로 촉촉이 젖어들었다. 6년 전에 그가 CEO가 되고 몇 주 지나지 않았을 때였다. 그가 사무실에서 집으로 걸어가는 길에 나에게 전화를 했다. 갑작스레 CEO가 되었던 그는 불안감으로 속이 뒤틀려 구토를 했다고 했다.

"오, 제리. 도와줘요. 나는 못해요." 그가 말했다. 그때 내 답은 분명했다. "아니요. 채드, 당신은 할 수 있어요." 그리고 지금 그는 지치고 상처받은 눈으로 나를 바라보고 있다. "나는 잘했어요, 그렇죠?" 나는 분명하게 대답해준다. "그래요, 그래요. 잘했어요."

우리는 지난 6년 내내 규칙적으로 만났다. 보통 그의 사무실로 내가 찾아갔다. 사무실에는 뉴욕주 모양의 도마, 체리나무로 만든 수제 기타 피크 같은 엣시의 수공예품들이 가득했고, 사무실 밖의 거대한 에어컨 실외기에는 뜨개 커버를 씌워두었다.

가끔은 더욱 멋지게 꾸며진 회의실에서 만나기도 했다. 벽에 걸려 있던, 퀼트로 만든 가짜 사슴 머리는 잊지 못할 것이다. 우리는 현실적인 어려움에 대해 이야기했다. 재무, 법무, 마케팅 등 기업의 기능적인 영역을 소홀히 해온데다 전통적인 사업 방식에 대해서는 의심의 눈길을 거두지 않는 (그래야 하는 일이긴 하다) 문화를 가진 회사에서 경영진을 꾸리는 것이 얼마나 어려운가에 대해서였다.

재무나 법무, 마케팅 같은 전형적인 기업의 업무에 격렬히 반대하는 문화를 가진 회사에서 어떻게 CFO(최고 재무 책임자)나 법무 담당 임원, 마케팅 임원을 채용할 것인가? 어떻게 해야 이 회사를 특별하고 위대하게 만들었던 문화(반항아와 부적응자들이 회사의 토대가 되었다)를 지키는 동시에 전통적인 기업에서 커리어를 쌓아온 사람들도 받아들일 수 있을까?

다시 옥상 위의 현실로 돌아온 나는 깜짝 놀랐다. 채드에게서 익숙하지만 새로운 모습을 보았던 것이다. CEO로서의 성패보다 더욱 중요하고 강력한 무언가였다. 몇 년 전에 나는 그에게 다른 클라이언트들에게도 종종 들려주던 비유를 들려주었다. "리더의 자리에 왕족처럼 앉으세요. 당연히 그 자리에 앉을 권리가 있는 것처럼 당당하게요."

시간이 흐르면서 채드는 리더의 자리에 당당하게 앉았고, 회사는 성장했으며, 강력한 팀이 꾸려졌다. 위장이 뒤틀리는 일도 줄어들었다. 내면을 들여다보는 근본적인 자아 성찰 덕분이었다.

리더십의 담금질

클라이언트들은 답을 찾기 위해 나에게 온다. "도대체 이 일을 어떻게 하죠?" 넌지시 묻기도 하고 아예 대놓고 묻기도 한다. 어딘가에 리더에 대한 모든 것을 가르쳐줄 비밀의 핸드북이나 작전 노트가 있는 것처럼 말이다.

그중 최악은 우등생들이다. 학창 시절 내내 A를 받는 법을 재빨리 알아내고 선생님이 원하는 대로 해냈던 사람들 말이다. 이제 리더가 되라는 과제를 부여받았는데 규칙을 찾아내지 못하니 구토가 날 만큼 공포에 사로잡히는 것이다.

인기리에 방영된 TV 시리즈 〈매드맨〉의 마지막 시즌에 등장한 에피소드는 이를 상징적으로 보여준다. 드디어 뉴욕 광고계의 최정상에 올라선 페기가 예전 상사인 돈에게 도움을 청한다. 매드맨의 세계(〈매드맨〉은 1960년대 뉴욕 맨해튼 매디슨가의 광고업계를 배경으로 했다-옮긴이)를 영원히 떠나려던 돈은 상심한 현자의 모습으로 등장한다.

> 돈: 자네가 할 일을 기쁘게 여기길 바라네. 그래도 결코 알 수 없을 걸세. 이 일이 그래.
> 페기: 이 일이란 건 어떤 거죠?
> 돈: '모르겠는' 인생을 사는 거지.

광고에도 인생에도 늘 '다른 선택지'가 존재한다. 우리의 선택이 옳은지 아닌지는 결코 알 수 없다. 클라이언트들은 이 '알 수 없다'는 사실을 견디지 못하고 나를 찾아오는 것이다. 내가 해답은 어딘가에 적혀 있는 것이 아니라고 대답하면 그들은 미치려고 한다. "해답이 적힌 책은 없습니다." 내가 말한다. 가끔은 거의 설교를 한다. "당신 몰래 숨겨둔 '방법'이나 '길' 같은 것은 없습니다." 과거에 대해서나 마음속의 일들에 대해 물어보면 화를 내는 사람들도 있다.

하지만 나는 우리 내면의 강인한 전사를 깨우는 유일한 방법은 근본적인 자아 성찰뿐이라는 것을 알고 있다. 즉 연민을 가지고 가면을 벗겨내 더는 숨을 곳이 없게 하는 것이다.

나는 다시 옥상으로 돌아와 채드를 바라보고 그를 안심시킨다. 나는 채드가 그저 CEO가 되는 것 이상으로 성장했음을 깨달았다. 그는 보다 차분하고 안정적인 리더가 되었다. 그가 되기로 결정했던 사람이 되었을 뿐만 아니라 상실과 고통을 겪으며 옳은 일을 해낼 힘을 찾아낸 전사가 되었다.

우리 둘은 그의 계약 종료에 대해 며칠 전에야 알았다. 나는 그가 마지막 며칠 동안 보여준 태도에 대해 생각했다. 그는 해고되었음에도 평소처럼 밤늦게까지 자료들을 정리하고 동료들과 회사를 보살폈다.

"오바마 대통령이라면 어떻게 했을까요?" 우리는 마음이 흔들릴 때면 서로에게 묻곤 했다. 사람들이 그에게 걸맞은 존경을 보내는지 아닌지는 상관없었다. 중요한 것은 어떻게 마지막 과정을 준비할 것인가다.

무슨 일을 해야 할지를 아는 전사는 당당하다.

"오바마 대통령이라면 어떻게 했을까?"라는 질문은 우리의 슬로건이자 우리만의 농담이 되었다. 일이 어떻게 펼쳐지는가와는 상관없이 얼마나 높은 기준을 세우고 자신의 존엄함을 지킬 것인가? 당신을 리더로 신뢰하는 사람들은 지금 이 순간 당신으로부터 무엇을 필요로 할 것인가?

이런 질문들은 그가 어떻게 대처해나가야 하는지를 성찰하는 데 영향을 미쳤다. 근본적인 자아 성찰을 하고 싶다는 열망 덕분에 그는 "나는 어떤 리더가 되고 싶은가?"를 스스로 묻고 답할 수 있었다.

"나는 어떤 리더인가?"라고 묻는다는 것은 리더가 되는 단 하나의 방법은 없다는 것을 인정한다는 의미이기도 하다.

나는 채드와 그의 팀이 예산을 줄이고 비용을 절감할 방법을 찾기 위해 회사에서 꼬박 밤을 새웠던 나날들을 생각했다. 그리고 다시 한 번 카를 융을 떠올렸다. "나는 나에게 일어난 사건들의 총합이 아니라 내가 되고자 결정한 존재다." 나는 채드의 사임 소식이 모두에게 알려졌을 때 그가 어떻게 행동해야 할지, 어떻게 후임 CEO에게 인수인계를 하고 팀과 동료, 친구와 가족의 질문에 대답해야 할지 상상해보았다. 마음이 흔들리고 약해지는 순간에도 그는 한결같이, 제왕처럼 당당하게 앉아 있을 것이었다.

그가 솔직히 괴로움을 털어놓을 거라는 점은 알았다. 하지만 그가 품위와 위엄을 보여줄 거라고는 예상치 못했다.

고개를 돌려 그의 얼굴을 보았다. 맥주병을 들고 있는 그의 영혼은 지쳐 있었다, 부스스한 그의 회색 머리카락을 보니 더욱 확실했다. 채드는 리더십 전문가 워렌 베니스가 말하는 통과의례를 거치는 중이었다. "리더십이 시련을 겪을 때면 마법 같은 일이 벌어진다. 개개인은 자신만의 특성들을 지닌 채 시련 속으로 떨어졌다가, 새롭고 성숙한 리더십 스킬을 얻고 그곳에서 빠져나온다. 어떤 상황에 던져지더라도 리더들은 더욱 강력하고 온전한 모습으로 시련에서 벗어난다."

번쩍, 빛을 내뿜으며 아크 방전이 일어나는 순간이다. 우리는 인생이 바라던 대로 흘러가지 않는다는 것을 깨닫게 된다. 마치 머리를 세게 얻어맞듯 말이다. 공들여 세운 계획이 무너지면서 우리는 아무런 안전장비 없이 실패의 충격과 실망 속으로 내던져진다. 우리의 삶이 흔들린다. 회사가 비틀거린다. 우리는 연금술사의 도가니 속으로 떨어져 상실감과 고통의 열기로 달궈진다.

공동 창업자가 그만둔다. 투자자가 투자금을 회수해간다. 가장 큰 클라이언트가 우리 제품이 잘 작동하지 않는다며 반품을 한다. 배우자가 우리를 포기한다. 이사회가 우리를 해고하기도 한다. 바로 이러한 순간들에 우리는 우리의 경험을 깊이 들여다보아야 한다.

나는 부드럽지만 맹렬하고, 다정하지만 예리한 사람을 바라보았다. 그는 그가 되었어야 할 CEO가 되었을 뿐만 아니라 더욱 강인하고 꺾이지 않는 사람이 되었다. 그의 회복탄력성은 고통을 껴안은 바로 그 지점에서 솟아오른 것이었다. 그가 잃어버린 것이 그에게 힘의 원천이 되었다.

리더가 겪는 가장 순도 높은 시련의 순간인 동시에 가장 맹렬하게 자아를 드러내야 하는 순간이 처음으로 맡은 CEO의 자리에서 내려와야 하는 순간에 찾아올 거라고, 누가 짐작이나 했을까.

성장은 고통스럽다

리더가 되는 과정에서 가장 어려운 것은 스스로를 이끄는 법을 배우는 것이다. 이 한 가지를 배우기 위해 초보 CEO들과 창업자들이 나를 찾아온다. 그들은 외로움을 느끼기 때문에 나를 찾는 것이다. 외로움이라는 감정을 내려놓을 곳이 이곳밖에 없기 때문이다. 그들은 나의 소파에 앉거나 나와 통화를 하면서 하나의 이슈와, 다음 이슈와, 그 다음 이슈와 씨름한다.

스스로를 이끄는 법을 배우기는 어렵다. 우리는 바깥을 내다보는 존재이기 때문이다. 인간은 고통을 느끼면 바깥에서 원인을 찾는다. 비난할 다른 누군가를 찾는 사이에 상처는 분노로 바뀐다.

스스로를 이끄는 법을 배우기는 어렵다. 그 과정이 고통스럽기 때문이다. 성장은 고통스럽다. 그래서 오직 소수의 사람들만이 성장하기 위해 분투한다.

게다가 우리가 겪는 괴로움의 공통분모는 사람이다. 나는 클라이언트를 처음 만나면, 내게 문제를 해결해줄 마법 지팡이는 없다고 경고한다. 하지만 어디선가 구원자가 나타나 망가진 관계를 고쳐주길 바라는 것은 인간의 본능이다.

처음에 클라이언트들은 무엇을 해야 할지, 어떤 전략을 구사해야 할지, 어떤 사업 모델을 따라야 할지를 알아내는 것이 가장 어려운 일일 거라고 넘겨짚는다. 수많은 사람들이 그렇듯, 그들 역시 리더란 모든 해답을 가진 사람, 모든 문제를 해결하는 사람, 모두에게 무엇을 할지를 지시하는 사람이라는 믿음에 매혹되어 있기 때문이다.

자기 의심은 우리 바깥의 어딘가에 마법의 길이 있을 거라고 믿게 한다. 노란 벽돌길을 찾아 따라가기만 하면 안전하고 따뜻하고 행복해질 거라고 말이다. 성공적인 리더와 사랑받는 어른이 되어 인생 게임을 끝낸다면 백만장자로서 여유롭게 은퇴할 수 있을 거라고, 그렇게 되면 우리는 절대로 굶주리거나 춥거나 외롭지 않을 거라고 믿는다.

내게 가장 심오하게 다가왔던 붓다의 가르침은 단순한 경문에 담겨 있었다. 우리는 기본적으로 선함을 타고났다. 이것은 영원히 변하지 않는 선함이다. (붓다는 우리의 인간성을 증거라고 주장한다. 그가 가르치길, 오직 인간만이 깨달음을 얻을 수 있고, 인간은 오직 인간이라는 이유만으로 선한 존재들이다.)

그러나 우리는 성장하는 동안 사랑과 안전함과 소속감을 좇는다. 우리는 사랑하고 사랑받고 싶어 한다. 우리는 물리적으로나 영적으로나 존재론적으로 안전함을 느껴야 한다. 그리고 우리는 소속되기를 갈망한다.

우리 자신을 이끄는 법을 배우기는 어렵다. 사랑과 안전 그리고 소속감을 추구하는 과정에서 우리 본성의 선함을 더 이상 보지 못하고 다른 사람의 기대에 자신을 맞추기 때문이다. 우리는 우리 힘의 원천, 즉 마음 가장 깊은 곳에 자리한 믿음과 가치, 그리고 어렵게 얻어낸 인생의 지혜를 멀리하고는 어딘가에 방법이 적혀 있을 거라고 믿고 상상의 해설서를 찾아다닌다.

리더가 되는 것은 필연적으로 부서지고 깨지는 과정이다. 실수를 저지를 때, 사람들을 이끄는 일에 실패할 때, 우리의 정체성과 자존감은 쉽게 무너진다. 사랑하는 사람들을 위해 필요한 것을 마련하는 기본적인 능력마저도 붕괴하는 것처럼 느껴진다. 우리는 너무 자주 CEO, 매니저, 리더가 되는 길 위에서 무너져 내린다. 하지만 그렇게 무너지고 부서지는 과정은 새로 거듭나는 발판이 된다.

시련과 변화의 순간

이전에도 그런 일을 본 적이 있었다. 게임스빌(Gamesville)의 공동 창업자이자 전 CEO인 스티브 케인의 예를 들어보겠다. 1999년 6월, 나는 프레드 윌슨과 함께 창업한 플랫아이언파트너스에서 벤처캐피털리스트로 일하고 있었다. 우리는 게임스빌에 투자했다. 당시 게임과 엔터테인먼트 분야에서 가장 빠르게 성장하고 있는 회사였다. 그보다 더 중요한 것은 그곳이 재미있는 회사라는 점이었다. (게임스빌이 만든 범퍼 스티커에는 이렇게 쓰여 있었다. "1996년부터 당신의 시간을 낭비해왔습니다!")

지분 투자를 하고 몇 개월이 지나자 투자은행들이 연락하기 시작했다. "상장하러 갑시다!" 매출이 나오는 회사는 주식시장에 상장할 수 있었던 시기였다. 투자자들과 창업자들은 지분을 현금화해 돈을 벌 수 있었다. 모두가 그러던 시절이었다. 게다가 게임스빌은 수익성도 높았다. 맙소사, 우리는 모두 부자가 될 참이었다.

그때 라이코스에서 연락이 왔다. 구글이 등장하기 전, 세계에서 가장 강력한 검색 엔진 중 하나였던 라이코스는 각종 사이트를 사들이며 포털 사업을 키워가고 있었다. 라이코스는 게임스빌을 인수하는 대가로 2억 3000만 달러 이상을 제안했다.

스티브와 동료들을 부자로 만들어줄 제안이었다. 해당 사업에 대해 잘 알지도 못하면서 주가 등락으로 주식시장에서 돈을 버는 투자자들의 엄격한 감시와 끊임없는 비판에 시달릴 필요도 없을 것이었다.

하지만 이사회는 스티브가 인수 제안을 거절하기를 바랐다. 기업공개를 하는 편이 회사에 더 이익이라는 쪽으로 의견이 모아졌던 것이다. '회사에 더 이익'이라는 말은 모두가 더 빨리 부자가 될 거라는 뜻이었다. 스티브는 의심이 들었다.

"제리, 아버지는 자신의 회사를 만들기 위해 평생을 바치셨어요." 스티브가 말했었다.

"아버지가 돌아가신 후에 저는 회사를 현금화해서 어머니께 몇백만 달러의 수표를 드렸지요. 이 제안을 받아들인다면 나와 내 가족들에게 수백만 달러의 돈이 생깁니다." 그가 말을 이었다. "그러니 이 제안을 거절하는 것은 바보 짓이겠죠."

몇 년 후, 스티브는 당시를 돌아보며 이렇게 말했다. "기업가인 아버지와 함께 일하면서 많은 것을 배웠어요. 분명 행운이었어요. 뭐, 아버지는 당신을 기업가라고 부르지는 않았지만 말이에요. 아버지는 의미심장하고 재미있는 조언을 들려주시곤 했어요. '수익을 내는 걸 절대 부끄러워하지 말라'든가, '싸게 사서 비싸게 파는 게 목적이지, 제일 싸게 사서 제일 비싸게 파는 게 목적이 아니야' 같은 것들 말이죠."

몇 개월 후, 게임스빌도 상장을 준비하고 있었을 시기에 갑자기 주식시장이 붕괴했다. 게임스빌과 같은 회사들이 상장할 기회의 문이 꽝하고 닫혀버린 것이다. 스티브는 운이 좋았고 선견지명이 있었다. 가장 비쌀 때가 아니라 그냥 비쌀 때 팔아야 한다는 아버지의 조언에 따라 회사를 라이코스에 매각한 덕분에 스티브와 공동 창업자들, 투자자들 모두 멋진 결과를 얻었다. 스티브는 회사와 자신의 미래를 숙고하는 과정에서 리더로서 성장하기도 했다.

상장이 게임스빌에 옳은 방향이 아니라는 것을 예상했거나 이미 잡은 새 한 마리가 수풀 속의 수백만 마리보다 낫다는 것을 알고 있어서 그가 그런 변화의 순간을 맞은 것은 아니다. 모두 자신이 어디서 왔는지, 무엇이 자신을 만들었는지를 잊지 않았던 덕분이었다. 그는 자신이 기업가의 아들임을 기억하고 있었다. 하루를 마무리할 때 아침을 시작할 때보다 많은 돈을 가지고 있어야 한다고 믿는 소박한 기업가 말이다. 그의 아버지와 나의 얼음장수 할아버지가 만났더라면 같이 카드 게임을 즐기셨을 것 같다.

앨릭스는 플랫아이언파트너스가 초창기에 투자했던 스타트업의 CEO였다. 투자가 마무리되고 나서 사업계획서에 약속한 서비스 개발에 몇 달간 매달렸던 앨릭스가 이사회를 소집했다.

"안 되겠습니다." 그가 이사들에게 말했다. 서비스가 론칭되기 두 달 전이었다. "뭐라고요?" 나는 충격을 받았다. 그리고 속으로 되물었다. '그런데 그걸 어떻게 안다는 거지?'

"저는 압니다." 나의 소리 없는 질문에 답하기라도 하듯, 그가 말했다. 그리고 두 가지 선택지를 제시했다. 사업을 접고 남은 투자금을 투자자들에게 돌려주거나, CFO를 제외한 모든 직원들을 해고하고 새로운 사업계획을 준비할 한 달의 시간을 달라는 것이었다. 그 계획이 마음에 든다면 남은 투자금을 새로운 사업에 투입하고, 마음에 들지 않으면 그때 사업을 접자는 것이었다.

우리는 두 번째 선택지를 택했다. 남은 두 명은 사업을 다시 론칭했고, 2년 후 우리는 투자금 대비 다섯 배의 가격으로 회사를 매각했다.

앨릭스는 그의 회사가 계획대로 성장하지 못할 거라는 냉혹한 사실을 직시하면서 변화의 순간을 맞았다. 클라이언트들과 일할 때, 나는 종종 앨릭스를 떠올린다. 당시 앨릭스의 스타트업은 제법 많은 현금을 보유하고 있었고 그의 리더십을 믿어주는 투자자들도 있었다. 아직 고객들이 서비스를 경험하기도 전이었다. 하지만 앨릭스는 침착하고 견고하고 용감하게 진실을 마주했다.

올바른 일, 즉 투자자들에게 돈을 되돌려주고 손뗄 기회를 주겠다는 의지가 그에게 있었기에 우리는 함께 머리를 맞대고 제대로 된 전략을 집행하는 데 집중할 수 있었다. 그의 용기와 정직성이 우리 모두를 한자리에 불러 모았다. 이 경험을 통해 나는 시련과 변화의 순간에 대해 또 한 가지를 배울 수 있었다. 리더가 어떤 행동을 하느냐에 따라 리더 주위의 사람들도 성장할 기회를 얻는다는 것이었다.

이사회에서 앨릭스가 한 말의 의미를 이해했던 순간을 기억한다. 우리 회사가 앨릭스에게 투자한 돈을 잃을 거라는 의미였다. 앨릭스와 이사들 모두 두려움을 느꼈지만, 서로를 믿고 신뢰하기로 했다. 그들은 앨릭스가 이전에 이끌었던 회사를 통해 만난 사이였고, 서로를 믿고 있었다. 그 덕분에 나 역시 회사의 투자금을 잃을까 겁이 나도 침착할 수 있었다. 나는 어려움 앞에서도 흔들리지 않는 그의 정직함을 신뢰했다.

2년 후, 우리는 상당한 투자이익을 남기고 회사를 매각했다. 하지만 내가 얻은 것은 현금 이상의 것이었다. 무언가 잘못되어갈 때 현실을 직시하고 팀을 신뢰하며 흔들리지 않는 법에 대해 강력한 배움을 얻었다. 전사처럼 결연한 태도를 취하는 것이 얼마나 강력한 힘을 갖는지를 배웠다.

단 하나의 해답, 우리가 리더로 성장하는 길에서 필연적으로 맞닥뜨릴 실존적 고통에 대한 단 하나의 치료제는 '되어가는 과정(becoming)'에서 얻는 암묵적인 배움이다.

워렌 베니스(Warren Bennis)가 말하는 '시련의 도가니'의 진짜 메시지는 이것이다. 우리 행동이 우리 존재와 결합할 때, 그리고 우리의 믿음으로 뜨겁게 달궈질 때 마법이 일어난다는 것이다. 불교에서는 우리 마음속의 전사를 깨우려면 마음의 빗장을 부숴야 한다고 가르친다.

전사를 깨우는 방법

"일어나요." 내가 말한다. 우리는 채드의 사무실에 있다. 탄산수 캔을 채워놓은 작은 냉장고가 윙윙 소리를 내고 있다. 수제 책장에는 엣시의 슬로건이 적힌 천조각이 걸려 있다. "엣시를 계속 괴짜로(Keep Etsy Weird)." 나는 다시 말한다. "자, 일어나세요."

어깨가 처진 채드가 일어선다. 채드의 쑥스러운 웃음이 그의 마음을 전하는 것 같다. "제리, 또 뭘 시키려는 겁니까?" 하지만 그는 나를 신뢰한다. 그리고 내가 자신을 밀어붙이는 것에 익숙해지기도 했다.

"발을 어깨 넓이로 벌리세요." 내가 말한다. "똑바로 서요. 등을 펴되,

힘이 들어가게 하지는 말아요." 그가 내 말대로 한다. "이제 팔을 옆으로 내리고 손바닥이 바깥쪽을 향하게 한 다음 손가락을 벌리세요." 발이 땅에 단단히 자리 잡자 살짝 흔들리던 몸이 멈춘다. "어떤 느낌이 들죠?" 내가 묻는다. "강하지만……." 그가 망설인다. "나 자신이 내보여지는 느낌이기도 해요."

바로 그거다. 힘 있는 등과 열린 마음. 이것이 전사 자세라고 내가 설명한다. 재무적 엄격성에 명쾌한 비전과 열망과 방향성을 표상하는 강한 등. 권한을 넘겨주고 책임을 지게 하는 강한 등. 무엇이 옳고 그른가를 판단할 수 있는 강한 등.

하지만 동시에 마음은 열려 있다. 사람들, 목적, 의미에 신경 쓰는 것. 당신의 에고를 부풀리거나 걱정을 달래거나 당신을 따라다니는 악마를 쫓아버리는 것 이상의 뭔가를 위해 일하는 것. 내면으로부터 이끄는 것, 당신을 만들어온 당신 존재의 중심에서 힘을 찾아내는 것이다.

파커 파머의 품위와 간결함, 우아함은 나에게 큰 감명을 준다. 그는 내면으로부터 이끄는 리더십에 대해 철학자 제이컵 니들먼이 소개한 하시디즘(Hasidism, 18세기 폴란드와 우크라이나 유대교도 사이에 일어난 신비주의적 경향의 신앙 부흥 운동-옮긴이)의 우화를 빌려 설명하곤 한다.

제자가 랍비에게 묻는다. "왜 토라(tôrāh, 유대교 율법-옮긴이)에서는 '이 가르침을 너의 가슴 위에 두라'고 합니까? 왜 이 신성한 말을 가슴 안에 두라고 하지 않는 거죠?' 랍비가 대답한다. '우리의 마음이 닫혀 있기 때문에 가슴 안에 둘 수가 없어서죠. 그래서 우리의 가슴 위에 올려두는 것입니다. 그러다 어느 날 마음이 열리면 가르침의 말이 가슴속으로 쏟아져 내리게 됩니다.'"

나는 채드에게 전사 자세는 현실을 직시하게 하는 유일한 자세라고 설명한다. 전사 자세는 우리의 내면과 외면이 함께 춤추게 한다. 전사 자세를 취할 때 우리는 이렇게 말할 수 있게 된다. "여기 내가 있다. 나의 부족하고 엉망인 점까지 모두. 당신 마음대로 해보아라." 리더가 된다는 것의 가장 어려운 부분은, 아니, 어른이 된다는 것의 가장 어려운 부분은 세상을 우리가 원하는 대로 보는 대신 있는 그대로 마주하는 것이다. 세상의 악마와 당신 영혼의 악마 모두 단 하나를 필요로 한다. 부수고 열어젖힌 당신의 마음 말이다.

악마의 입에 머리 집어넣기

위대한 불교 성인이자 스승인 밀라레빠에 대해 전해지는 이야기가 있다. 어느 날 그는 명상을 하던 동굴에서 나와 장작을 주우러 갔다. 돌아오니 동굴에는 악마들이 득실대고 있었다. 당황한 밀라레빠는 악마들을 동굴 밖으로 내쫓고 다시 평화롭게 명상을 이어가려고 팔을 휘저었다. 하지만 악마들은 동굴을 나가기는커녕 두 배로 늘어났다.

밀라레빠가 "부처님의 법계를 가르쳐주어야겠군"이라고 혼잣말을 하자, 악마들은 가만히 앉아 조용해졌다. 하지만 그들은 동굴을 떠나지 않았고 수도 줄어들지 않았다. 좀 더 현명해지고 어른스러워진 밀라레빠가 악마들에게 물었다. "나에게 무엇을 가르치고자 이곳에 왔습니까?" 그러자 악마들은 하나씩 사라졌다.

만족스럽게 명상을 시작하려던 밀라레빠는 악마 하나가 남아 있는 것을 깨달았다. 거대한 몸에 털이 숭숭 나고 커다란 초록색 눈과 피투성이 송곳니를 가진 오싹한 녀석이었다. 겁에 질린 밀라레빠는 악마의 입안에 머리를 집어넣고 말했다. "날 잡아먹고 싶다면 그렇게 하게." 그러자 악마가 사라졌다.

당신과 당신의 조직을 괴롭히는 악마에게 항복하는 것이 리더로서의 책무를 거부하는 것은 아니다. 당신은 여전히 현실을 현실 그대로 책임져야 하는 사람이다. 당신에겐 여전히 강한 등이 필요하다. 예를 들면, 당신이 틀렸을 때는 그것을 알아차리기 위한 등이 필요한 것이다.

앨릭스의 스타트업이 그랬듯, 어떤 경우에는 당신이 회사에 품은 잘못된 비전이 악마일 수 있다. 아니면 잘못된 채용이 악마일 수도 있다. 또 다른 경우에는 당신 자신의 잘못이 악마일 수도 있다. 당신이 틀렸다는 것을 인정하지 못하는 것처럼 말이다.

하지만 모든 경우, 무의미한 자책에 빠져들지 않고 자신의 잘못을 인정함으로써 여전히 남아 있는 악마에게 자기 자신을 먹이로 던져주는 것이야말로 도가니를 뜨겁게 달구는 행동이다. 열이 없으면 마법도 일어나지 않는다.

어느 CEO 클라이언트가 생각난다. 그녀와 공동 창업자 모두 편두통이나 복통 등 몸의 이상을 느끼고 있었다. 두 사람은 끊임없이 논쟁을 벌였다. 논쟁이 너무 격렬해진 나머지 결국 두 사람은 한 방에도 있기 힘들어졌다. 어느 깊은 밤, 나는 클라이언트와 통화를 하다가 공동 창업자의 말이 옳은지 그른지는 잠시 잊어보라고 했다. "나는 누구 말이 맞는지에는 관심 없어요." 내가 소리를 질렀다. "지금 중요한 것은 당신이 여기서 뭘 배워야 하는가입니다."

긴 침묵이 흘렀다. 나는 생각했다. '너무 심했나 보군. 나도, 고통에서 가르침을 얻으세요 같은 헛소리도.' 하지만 그 순간 연금술이 일어났다. 그녀가 마음을 열고 악마의 입에 머리를 집어넣은 것이다.

그녀가 말했다. "인정하기 부끄럽지만 저도 알아요. 제가 재수 없다는 걸요. 저는 항상 옳아야 하니까요. 그게 잘못됐다는 걸 알면서도 멈출 수가 없어요."

이제 상황을 풀어나가기 위해 같이 해볼 일이 생겼다. 나는 그녀를 압박했다. 당신은 자신의 성향이 어떻다고 생각하죠? 어떤 가치를 가지고 있죠? 어떤 회사를 만들고 싶습니까? 그리고 어떤 어른이 되고 싶나요?

"왜죠?" 나는 우아하지도, 코치답지도 않게 물었다. "왜 당신이 항상 옳아야 하는 거죠?"

그녀는 깊게 한숨을 내쉬었다. "왜냐하면 제가 틀리면, 아빠에게 엉망으로 깨질 테니까요." 그리고 그녀의 울음소리가 들려왔다. 나도 숨이 멎을 것만 같았다. "제가 안전한지, 언제나 자신이 없었어요. 매일 밤 저는 제가 훌륭하다는 사실을 증명해야 했어요. 아빠는 저녁 식탁에서 제가 어떤 하루를 보냈는지, 어떤 선택을 했는지 꼬치꼬치 물었어요. 살아남으려면 제가 옳아야 한다는 걸 일찌감치 배웠죠."

이후 몇 주 동안 우리는 조심스럽게 그녀의 '항상 옳아야 한다는 생각'을 탐색했다. 그리고 공동 창업자에 대한 그녀의 태도를 고쳐나가기 시작했다. 담금질의 기회는 그녀가 자신의 부끄러움을 마주 하고 자신이 정말 어떤 사람인지를 인정하는 순간에 찾아왔다. 그 결과 그 녀는 어떻게 사업을 관리하고 싶은지, 어떤 회사에서 일하고 싶은지, 어떤 리더가 되고 싶은지를 선택할 수 있었다.

우리의 가장 진정한 정체성을 벼려가기 위해서는 가장 무서운 악마 의 입, 즉 우리가 마주한 현실에 머리를 집어넣어야 한다. 우리의 두려 움과 편견, 열망을 모두 마주할 때만 공격성과 혼란, 분투의 원천이었 던 에너지를 바꿀 수 있다.

젊은 시절 나는 세이레스 박사에게 관리자로서의 두려움에 대해 하 소연하곤 했다. 박사님은 나를 화나게 하는 질문을 연달아 던진 다음 내가 스스로 만든 성공에 결박당해 있다는 사실을 인정하게 했다. 그 러자 나는 내가 빌 게이츠만큼 성공하기 전에는 절대 만족하지 못할 거라는 사실을 인정하게 되었다.

젊은 리더들은 자신을 유명한 리더들과 비교하며 스스로를 괴롭힌 다. 그들은 빌 게이츠나 스티브 잡스에 자신을 대입한다.

여러 해 전, 포그크릭소프트웨어(Fog Creek Software), 트렐로(Trello), 스 택익스체인지(Stack Exchange) 같은 회사들을 공동 창업한 조엘 스폴스 키가 '스티브 잡스 질문('내가 스티브 잡스보다 못하면 어떡하지?'라는 질문-옮 긴이)'에 대해 이야기한 바 있다. 그는 스티브 잡스가 인류 역사상 가장 성공적인 회사 중 하나를 세웠지만 "갑질을 하는 독재자였고, 독단과 공포로 회사를 다스렸다"고 썼다. 더 나아가 그는 "당신은 스티브 잡스 가 아니다"라고 지적했다. 당신은 잡스만큼 똑똑하지 않다. 그보다 중요한 사실은 성공하기 위해 스티브 잡스처럼 될 필요가 없다는 것이다.

나는 빌 게이츠가 아니었고, 빌 게이츠가 될 필요도 없었다. 나는 종종 예수의 가르침을 떠올린다. '도마복음서'에 전하는 가르침이다.

"내면에 있는 것을 꺼내놓는다면, 내면에 있는 것이 당신을 살릴 것입니다. 꺼내놓지 않는다면, 그것이 당신을 파멸시킬 것입니다."

예수는 진실을 가르쳤다. 당신을 파멸시키지 않는 단 하나의 방법은 당신 자신의 모습을 꺼내놓는 것이다. 당신 자신이 되는 연금술이야말로 최고의 마법이자 리더십의 가장 온전한 실현이다.

내가 만나본 모든 고전의 지혜는 단 한 가지를 요구했다. 당신 자신과 당신의 믿음을 알고 그에 따라 살라는 것이다. 오직 내면으로 향하라. 연금술의 변화를 버텨내기 위해서는 회고하는 힘을 길러서 리더로서의 일상적 고통에서 깨달음을 얻어야 한다.

미친 듯이 달리면서 '지금 당장 해야 해. 지금은 새벽 3시지만 당장 이메일에 답하지 않으면 우리 회사는 망할 거야'라고 생각하는 태도야말로, 당신 자신이 되어가는 과정에 가장 큰 걸림돌이다.

상심한 전사가 최고의 리더가 된다

다시 옥상으로 돌아와 보자. 채드와 나는 삶과 사랑과 상실에 대해 이야기를 나눴다. 불가피하게 고통스러운 변화의 여정에 대해, 영원한 것은 없음에 대해서 말이다. 내 친구 채드의 이야기는 결국 변화에 대한 것이었다. 노스캐롤라이나 토박이로 자라서 듀크 대학교 장학생이 되었던 소년이 마침내 수십억 달러의 가치를 지닌 회사 CEO가 되는 이야기였다. 그 과정에서 그는 성장했다. 지위를 잃은 대신, 더욱 중요한 자신의 진정한 자아를 찾은 것이다.

가장 위대한 담금질은 당신 내면에 있는 것뿐만이 아니라 온전한 당신을 모두 꺼내놓는 법을 배우는 것이다. 당신의 영광과 골칫거리들을 모두. 당신이 발을 디딘 자리에서 당신 인생의 모든 악마들의 입안에 머리를 집어넣고는 당신을 잡아먹어보라고 맞서는 것이다. 이 과정을 통해 당신은 리더십 이상의 것을 얻게 된다. 그곳이 당신 자리인 것처럼 당신이 언제나 되어야 했던 당신 자신이 되는 것이다. 왕족처럼 당당하게.

영광과 골칫거리 모두를 누리며 온전한 삶을 살기로 결심한 사람들에게 인사를 건넨다. 부수고 열어젖힌 마음을 가진 전사들에게 인사를 건넨다. 이 부서진 세상이 가장 필요로 하는 리더들에게, 원래 되어야 하는 리더의 모습을 찾은 당신에게.

하나의 길은 없지만, 반드시 필요한 하나의 일은 있다. 바로 내면으로 향하는 것이다. 가만히 앉아서, 빠르게 지나쳐가는 인생의 프레임들 사이에 머물러보라. 그것이 근본적인 자아 성찰의 길이다.

기록해봅시다

● 어떻게 하면 타고난 권리인 품위와 용기, 우아함을 지닌 리더가 될
 수 있을까?

_____

_____

_____

● 어떻게 하면 지위를 잃고 자존감이 도전받는 상황을, 내가 되고 싶
 은 어른으로 성장할 발판으로 활용할 수 있을까?

_____

_____

_____

● 지금의 자리에서 물러날 때, 나는 나에 대해 어떻게 느끼게 될까?

_____

_____

_____

_____

3장

가만히 멈추어 서는 용기

─ 속도를 늦춘다는 것

Reboot

나는 길을 잃는다는 것이 어떤 것인지 안다. 길을 다시 찾는 것이 어떤 것인지도 안다. 어떻게 길을 잃었음을 알 수 있는지 알려주겠다. 그리고 길을 다시 찾는 법도 알려주겠다. 내가 가만히 멈춰 서는 법을 어떻게 배웠는지도 이야기해주고 싶다. 당신도 배울 수 있도록 말이다. 시인 데이비드 웨고너는 이렇게 썼다.

　　숲은 알고 있지
　　당신이 어디에 있는지
　　숲이 당신을 찾아내게 해야 한다네

　그의 말에 따르면, 숲이 당신을 찾아내게 하려면 당신은 가만히 있어야 한다.
　나는 십 대 시절을 맨해튼 카브리니병원 정신과의 폐쇄병동에서 마무리했다. 정신병동에는 폐쇄병동과 개방병동이 있다. 자기 자신이나 다른 사람에게 위험한 사람들은 폐쇄병동에서 시간을 보내게 된다. 폐쇄병동의 생활은 끔찍하다. 나는 친구들과 가족과 방문객들이 나를 두고 떠난 병동에 철컥 하고 걸리던 자물쇠 소리를 결코 잊지 못할 것이다.

어린 시절의 고통과 두려움, 혼란은 나를 다른 선택지가 없다는 생각 속으로 몰아넣었다. 그 시절 나는 일기를 쓰고 있었지만 거기에 내 목소리는 없었다. 단지 마음속에서 일어나고 있는 일들을 불완전하고 서투르게 써내려갔을 뿐이었다.

1982년 1월 2일, 막 열여덟 살이 된 나는 내 방의 책상 앞에 앉아 있었다. 우리 식구는 할아버지가 물려주신 퀸즈 오존파크의 오래된 집에서 살고 있었다. 부모님과 나, 그리고 여러 형제자매가 함께였다. 나는 면도칼로 손목을 그었다. 앞에서 뒤로, 다시 앞에서 뒤로. 칼로 그은 선을 따라 피부가 벌어졌다. 피가 몇 방울 맺히더니 이내 강물처럼 쏟아졌다.

자메이카병원 응급실에서 하룻밤을 보낸 후, 크리드무어주립병원에서 사흘을 보냈다. 건장한 서인도제도 출신 간병인이 지켜보는 곳이었다. 자살 고위험군으로 분류되어 감시를 받았던 것이다. 그러고는 카브리니병원의 폐쇄병동으로 옮겨져서 석 달을 보내야 했다.

나는 무언가를 하는 것으로 어린 시절과 청소년기를 버텨냈다. 나는 쉴 새 없이 무언가를 하며 움직였다. 나는 바빴다. 언제나. 학창 시절 내내 우수한 성적을 올렸고 여러 활동에 참여했다. 나는 연극과 학생회, 지역 정치에 참여했다. 할 일이 없어지면 더 많은 일을 떠맡았다.

어린 시절 가장 익숙한 몸의 감각은 빨리 뛰는 동안 땀방울이 뺨을 타고 흘러내리는 것이었다.

카브리니병원에서 퇴원한 후 나는 이전에 하던 일들을 다시 하기 시작했다. 부모님 집에서 나와 메리 누나의 집으로 이사했다. 처음엔 식당에서 그릇을 치웠고 나중에는 밤늦게까지 웨이터로 일했다. 그해 9월에는 학교인 퀸즈칼리지로 돌아갔다. 누나는 어려운 살림에도 내가 상담을 받을 수 있도록 매주 15달러를 보내주었다. 그렇게 도움을 받고 있었음에도 나는 혼자였다. 십 대 시절을 마감하면서 나는 일찌감치 어른이 되기로 했다.

학교 수업에서 뒤처져 있었던 나는 수업을 더 많이 신청했다. 학비가 학기당 750달러로 저렴했지만 항상 돈이 부족했다. 나는 첫 번째 일을 구하고, 거기에 두 번째 일을 더하고, 다시 세 번째 일을 더했다. 이후 몇 년간 나는 항상 움직였다. 상담과 지하철 승차, 수업과 일이 일상의 전부였다.

돌이켜보면 그렇게 지하철을 타고 계속 어디론가 돌아다녔던 것은 모두 레몬 사탕을 모으기 위해서였다. 나의 비틀린 논리는 이랬다. 내가 지치고 고갈되고 언제나 편두통과 싸워야 하는 이유는 레몬 사탕이 하나도 없기 때문이라고. 그건 내가 무언가를 충분히 하지 않은 탓이라고. 그러니 답은 간단했다. 더 많이, 더 빨리 해내면 될 거야.

나는 매일 쉴 새 없이 달렸다. 강의실에서 상담실로, 식당 주방으로, 다시 강의실로. 버스, 지하철, 버스, 지하철을 갈아탔다. 어떨 때는 캠퍼스 잔디밭이나 예술 도서관(일반 도서관은 너무 시끄러웠다)에서 잠깐 눈을 붙이는 것이 내 유일한 수면 시간이었다. 뺨 위로, 목 뒤로 땀방울이 흘러내렸다.

식사는 대개 오트밀이었다. 값이 싼데다가 잠시나마 배고픔을 달래주었기 때문이다. 커다란 보온병 가득 퀘이커 사의 즉석 오트밀을 담아 하루 종일 먹곤 했다.

어느 날 밤, 90분간 지하철을 타고 캠퍼스를 오가는 시간을 포함해서 모두 14시간의 일정을 끝마친 나는 방으로 돌아와 널브러졌다. 도미닉 형과 같이 살던 집 부엌에 매트리스를 깔고 임시로 만든 침실이었다. 나는 누워서 땀을 흘리고, 가쁘게 숨을 몰아쉬고, 몸을 떨었다.

나는 옷도 갈아입지 못하고 곯아떨어졌다. 몇 시간 후, 커다란 소음과 함께 잠에서 깼다. 옷장으로 쓰던 철제 선반이 벽에서 떨어지면서 내가 가진 모든 물건이 내 위로 쏟아져 내렸다. 나는 청바지와 속옷, 티셔츠, 휘어진 철제 선반에 뒤덮인 채 누워 있었다.

"괜찮아?" 도미닉 형이 황급히 달려왔다.

"응." 나는 중얼거리곤 다시 잠에 빠져들었다. 내 위에 쏟아져 내린 물건들을 치울 생각조차 하지 않았다.

몇 달 후, 나는 필사적이고 불안한 상태였다. 봄 학기가 시작되었고, 나는 학교에서 날아오는 안내문들을 피해 다녔다. 학기가 시작되고 몇 주가 지나도록 아직 등록금을 내지 못했던 것이다. 750달러를 모을 수가 없었던 것이다.

로버트 그린버그 교수는 내가 가장 좋아하는 교수였다. 시, 특히 낭만주의 시에 대한 그의 애정 덕분에 나도 시에 대한 사랑을 키울 수 있었다. 회색 턱수염을 짧게 깎고, 벗겨져가는 이마 아래 작고 동그란 안경을 쓴 교수님은 어느 모로 보나 학자다웠다. 그가 윌리엄 블레이크(William Blake)의 〈굴뚝청소부〉를 낭송하던 목소리가 아직도 귓가에 생생하다.

아버지가 나를 팔아버렸습니다. 아직 제 혀가
'닦으! 닦으! 닦으! 닦으!' 소리도 제대로 내지 못할 때.

그린버그 교수는 나의 지도교수이기도 했다. 어느 날, 나는 아직 내지 못한 등록금의 부담감에 짓눌려 그에게 학교를 그만둬야겠다고 고백했다. 학비를 낼 수가 없다고. 그가 했던 대답을 떠올리면 지금도 눈물이 난다. "그런 일은 일어나지 않을 걸세." 그리고 그는 잠시 말을 멈추고는 안경을 천천히 닦더니 다시 썼다. "지금 막 졸업할 때까지 전액 장학금을 받게 되었거든."

그는 자신이 장학생 선정위원회의 유일한 위원이라면서 나 외에는 이 장학금을 받을 만한 학생이 떠오르지 않는다고 설명했다.

그 장학금은 롱아일랜드의 작은 출판사가 제공하는 것이었다. CMP 미디어는 제리와 릴로 리즈 부부가 함께 만든 출판사였다. 유대인인 릴로는 1930년대 독일에서 자라다 나치가 나라를 지옥으로 바꿔버리기 전에 빠져나왔다. 그녀는 퀸즈칼리지에서 공부했고, 학교를 위해 장학금을 만들었다. 내가 첫 번째 수혜자였다.

그녀가 있는 사장실에 가서 장학금 수표를 받고 교지에 실릴 사진을 찍는 사이, 나는 여름 인턴십 자리도 얻었다.

나는 기술과 비즈니스 관련 소식을 싣는 〈인포메이션위크 (Information Week)〉라는 주간지에서 일하게 되었다. 기술이나 비즈니스에 대해 아는 것이 하나도 없는데도 여름이 끝나기 전에 다시 파트타임 기자가 되었다.

2년이 흘러 기술과 비즈니스에 대해 이것저것 배운 후, 나는 학교를 마치고 정식 기자가 되었다. 그리고 거기서 2년이 더 지나 리더십과 관리에 대해 이것저것 배운 다음 뉴스 편집장으로, 그리고 다시 잡지의 편집장으로 승진했다.

비쩍 마르고 영양실조 상태였던 스물한 살의 나는 낡은 옷더미에 깔린 채 누워 있었다. 4년이 지난 후, 스물다섯 살의 나는 40만 명의 독자와 40명의 직원을 거느린 잡지의 편집장이 되어 있었다.

땀줄기가 흐르는 날들

이후의 몇 년은 흐릿하게 남아 있다. 기억이 잘 나지 않거나 시간이 너무 오래 지나서가 아니다. 움직임에 또 움직임이 더해지고, 땀줄기 뒤로 다시 땀줄기가 이어지는 날들이었기 때문이다.

여전히 안전하다고 느끼기에 충분할 만큼 돈을 벌지는 못했지만, 적어도 나는 오트밀만 먹고 있지는 않았다. 그러나 그때 역시 텅 빈 몸으로 살아가던 시기였다. 가만히 서 있을 때에야 비로소 육신을 온전히 채울 수 있다는 사실을 배운 것은 한참 후의 일이었다.

DC의 슈퍼히어로로 플래쉬가 된 것처럼 정신없이 일하던 시절의 기분을 기억하고 있다. 이 층에서 저 층으로, 이 미팅에서 저 미팅으로, 1960년대 육상 기록을 갱신하던 선수들이 볼을 부풀렸다가 숨을 내쉬는 모습을 상상하며 분주하게 달렸다. 동료들이 물 아래 있는 것처럼 느리게 움직이는 모습을 지켜보던 것이 기억난다. 아직도 최신 뉴스 사이에 끼어들기 위해 금요일 아침마다 잡지의 마지막 여덟 페이지를 마감하던 때를 떠올리면 가슴이 빠르게 뛴다.

지금은 정신없이 서둘러대는 내 마음이 뭐라고 떠들어대든, 그렇게 끊임없이 움직일 필요는 없었다는 것을 알게 되었다. 하지만 매일 데드라인을 지키며 매주 잡지를 펴내는 일은 나처럼 움직임과 의미를 혼동하는 사람에겐 완벽하게 잘 맞는 일이었다. 모든 사람들이 내가 잘나가고 있다고 생각했지만, 사실 나의 내면은 죽어가고 있었다.

나를 찬찬히 들여다본 사람들은 내가 텅 비어 있음을 간파했다. 나는 항상 긴장한 채 바쁘고 활발하게 움직였지만, 내 삶을 살고 있지는 않았다. 나의 눈은 이 사람에게서 저 사람에게로 움직였고, 내 귀는 듣고 있지만 듣고 있지 않았다. 나는 내 삶을 제대로 살고 있지 않았고, 나에게 가장 중요한 사람들과 제대로 연결되어 있지 않았다.

많은 의미에서, 이 세상은 그런 존재 방식에 힘을 실어준다. 나는 승진으로 보상받았다. 많은 시간이 지난 후, 수천 시간의 회고를 통해 나는 왜 세상이 이런 존재 방식을 인정하는지를 이해하게 되었다. 빨리 움직일 때, 진정으로 내 삶을 채우지 않을 때, 가만히 서 있지 않을 때, 진실되지 않을 때 다른 사람들의 기대에 맞춰 사는 것이 쉬워진다. 가만히 서 있지 않음으로써 나는 다른 사람들이 나에게 투사하는 기대에 맞추어 살아갈 수 있었다. 너무 바빠서 내 삶을 살아갈 시간이 없었던 나는 다른 사람들의 인정으로부터 나아갈 방향을 얻었다.

세상이 기술 잡지를 이끌 참신한 인물을 필요로 했기에, 나는 글쓰기와 시에 대한 사랑을 기꺼이 접어두고 기술 전문가의 역할을 맡았다. 우리 가족에게 영리하고 능력 있는 사람이 필요하다고 생각했기에 우등생의 망토를 입었다가 빠르게 성장하는 임원이자 모두의 친구라는 망토로 갈아입었다.

하지만 그사이 나는 내 목소리를 듣지 못했다. 잠, 휴식, 사랑, 영혼을 달래주는 시에 대한 욕구에도 무뎌졌다.

세상은 내가 하는 일을 사랑했다. 하지만 세상이 더욱 크게 박수를 보낼수록 나의 영혼은 더욱 고통받았다. 성 아이구스티누스는 말했다. "나의 영혼은 상처받고 피 흘리는 짐이네. 나의 영혼은 그것을 지고 가는 사람에게 지쳐버렸네." 나는 내 영혼을 지고 가는 것에 지쳐가고 있었다. 빨리 움직이는 전략은 내가 어린 시절에 개발한 또 다른 생존 기술인 다른 사람들의 존재에 극도로 예민해지는 것과 같은 것이었다. 어린 시절 나는 복도를 걸어오는 소리만 듣고도 아버지의 기분을 정확히 알아차릴 수 있었다. 아버지가 발을 질질 끌 때는 약간 취한 것이었다. 아버지의 신발이 리놀륨 바닥에 탁탁 소리를 낼 때는 퇴근길에 바에 들르지 않았다는 뜻이었다. 운이 좋은 밤이면 아버지가 술에 취하기 전에 잠들 수 있었다.

나는 언제나 긴장하고 있었다. 나는 부모님의 말과 행동을 아주 열심히 듣고 관찰했다. 아버지는 평소보다 맥주를 많이 마신 밤이면 발음이 어눌해졌다. 불운하게도 내가 잠들기 전에 아버지가 두 번째 여섯 개들이 맥주를 마시기 시작한 밤이면, 나는 엄마가 쌓아올리는 긴 장감을 느낄 수 있었다. 엄마는 아버지가 술 마시는 것을 싫어했고, 아버지는 매일 술을 마셨다.

엄마의 강박이 점점 심해지는 것이 본능적으로 느껴졌다. 엄마는 담배에 불을 붙이고 부엌을 돌아다니며 물건을 집어들었다가 곧바로 내려놓곤 했다. 재떨이며 안경이며 도미닉 형이 만든 십자가상 등을 탁하고 낚아챘다가 다시 내려놓는 의식이 계속될수록 긴장감은 점점 넓고 깊게 퍼져갔다. 물건이 하나씩 들어 올려졌다가 다시 내려놓일 때마다 나의 세상은 당장이라도 터져버릴 듯했다.

엄마는 갑자기 재떨이를 쾅 하고 내려놓고는 처음엔 낮은 소리로 중얼거리다 점점 크게 말을 내뱉기 시작했다. 누군가에게, 적어도 방에 있는 사람들에게 들으라고 하는 소리는 아니었다. 어떤 밤에는 예수에게 말했다. 어떤 밤에는 고(故) 케네디 대통령에게, 어떤 밤에는 아트 가펑클(1960년대의 유명 밴드 사이먼앤드가펑클의 멤버-옮긴이)에게 말을 걸었다.

흑백텔레비전에서 〈건스모크〉나 뮤츄얼오브오마하 사의 〈와일드 킹덤〉 같은 프로그램이 나오고 있었지만, 나의 귀는 쫑긋 서서 위협이 될 만한 소리를 찾았다. 마구 퍼붓는 말들이 흘러넘치는 밤이면 우리, 일곱 명의 아이들은 긴장감과 두려움 속에서 조용히 움츠린 채 치타가 영양을 잡아먹는 장면이나 맷 딜런 보안관이 총을 쏘지 않고도 악당을 잡는 장면을 보고 있는 척했다.

최악의 폭풍이 몰아치는 밤은 아버지가 엄마에게 대거리하는 밤이었다. 아버지가 성실하지 않다고, 술을 마셔댄다고, 태어나자마자 버려져서 할머니 할아버지에게 입양되었다고 떠들어대는 엄마의 말을 아버지가 받아치는 밤이었다.

시간이 흐르면서 극도의 예민함은 내 성격의 일부가 되었다. 나는 이것이 나의 슈퍼파워라고 농담을 하곤 한다. 요즘도 나는 클라이언트에게 코칭할 때 목젖의 움직임 하나하나, 이야기를 멈추는 순간순간(어디서 멈추었는지, 그 순간 앞뒤로 어떤 말이 나왔는지, 그사이 눈이 움직였는지)을 모두 따라간다. 어떤 폭풍우가 불어닥칠지를 예상하기 위해서다. 그보다 더 중요하게는, 클라이언트들이 바로 그 순간 무엇을 필요로 하는지 알아내기 위해서다. 내 안의 작은 소년이 말하기 때문이다. 내가 필요한 것을 준다면, 내가 저 사람들을 구해낸다면, 나는 안전할 거라고.

나는 극도로 예민한데다가 다른 사람에게 보이는 모습을 재빠르게 바꾸는 기술까지 갖춘 덕분에 모든 사람들이 나에게 갖는 다양한 기대에 부응할 수 있게 되었다.

빠르게, 바쁘게 움직이려는 경향과 다른 사람들을 읽는 능력은 끝없는 호기심과 합쳐졌다. 나는 끊임없이 읽었다. 책을, 아이디어를, 정보를 집어삼켰다. 그리고 아주 많은 질문을 던졌다.

지금도 나는 사람들을 불편하게 하는 질문을 던진다. 이 능력을 잘 사용하면, 질문을 받는 사람들은 기대하지 못한 진정한 자신을 발견했다는 기분을 느끼게 된다. 잘 사용하지 못하면, 사람들은 취조받는 듯한 느낌을 받는다. 극도의 예민함이 위협적으로 느껴지면서 우리 사이의 연약한 연결고리를 끊어버릴 듯한 기분이 드는 것이다.

끝없는 호기심, 속도에 대한 열망, 사람들을 읽는 능력, 문제를 예측하는 능력을 본 사람들은 나를 떠오르는 스타이자 신동으로 여겼다. 불과 몇 년 전만 해도 정신과 폐쇄병동의 환자였던 사람에겐 대단한 전환인 셈이다.

하지만 커리어에서 성공 가도를 달리던 시절에도 땀줄기가 흐르는 날들은 계속되었다.

깨질 듯한 두통이 알려준 것

1994년이 시작되었을 때, 나는 CMP와 언론계를 떠나 벤처캐피털 CMG벤처스(CMGVentures)를 설립하는 일을 도왔다. CMG는 막 등장한 월드와이드웹에서 기회를 발견한 초기 회사들 중 하나였다.

언론계를 떠나게 되자 땀줄기를 흘리며 일하는 날들이 더 많아졌다. 2년이 흐른 후에 나는 다시 움직였다. CMG벤처스를 떠나 프레드 윌슨과 함께 벤처캐피털을 설립한 것이다. 벤처캐피털리스트(VC)로서 10년의 경력을 쌓고 와튼 MBA 학위를 가진 프레드는 손익계산서도 제대로 못 읽는 나에겐 완벽한 파트너로 보였다. 하지만 더 중요한 것은 우리 둘 다 결과만큼이나 과정을 중요하게 생각하는 사람들이었다는 점이었다.

우리는 1996년 6월 플랫아이언파트너스를 설립했고, 언론은 기술에 집중하는 뉴욕 기반의 벤처캐피털로 우리를 추켜세웠다. 우리는 최초가 아니었다. 게다가 아직은 성과를 보여줄 투자도 하지 않았다. 그래도 언론은 스토리를 좋아했고, 덕분에 우리는 〈뉴욕타임스〉 비즈니스 섹션의 맨 앞면을 포함해 몇몇 비즈니스 잡지에 화려하게 등장했다.

플랫아이언파트너스를 론칭하고 몇 주 후, 나는 아이들과 바닷가를 거닐고 있었다. 갈매기가 곡예하듯 하늘을 날고 있었고 파도가 해변에 부딪히는 소리에 갈매기 울음소리가 섞여들었다. 우리는 산책로 아래의 터널을 따라 걸으며 화장실과 아이스크림 가게를 찾았다. 시원하고 어둑한 곳에 들어서자 얼굴을 녹여버릴 듯하던 햇살에서 벗어났다는 안도감이 몰려왔다. 다시 밝은 곳으로 나왔을 때, 나는 두개골을 꿰뚫는 듯한 고통에 무릎을 꿇었다. 나는 고통으로 몸부림치며 쓰러졌다.

나는 혼수상태를 넘나들며 응급실로 이송되었다. 두개골을 꿰뚫는 두통의 정체를 아무도 알아내지 못했다. 요추천자를 하자, 다시 구토가 올라왔다.

일주일 동안 병원에서 온갖 검사를 하고 나서 신경과 전문의가 결론을 내렸다. "아마도 군발성 두통인 것 같습니다." '아마도'라고 말하긴 했지만 의사는 몸에서 어떤 이상도 찾아내지 못했다. 나의 비즈니스 파트너인 프레드는 세상에 죄책감을 느껴야 할 수많은 이유가 있다는 것을 배우며 자란 가톨릭 신자였다. 두통이 나타난 시점이 플랫아이언의 설립을 발표하고 일주일 후라는 것에 근거하여, 프레드는 모든 것이 자신의 잘못이라고 결론지었다. 하지만 당시 나의 상담 의사였던 세이레스 박사는 생각이 달랐다.

나는 그녀가 나의 두통을 못마땅해하는 것을 느꼈다. 그녀는 내가 깨어 있는 동안 받는 스트레스를 점으로 연결하도록 도와주었다. 바쁘게 지내는 것, 극도로 예민한 것, 상황에 나를 맞추는 것, 가장 은밀한 감정에서 도망치는 것 말이다. 그러면서 그녀는 내가 단 하나의 질문에 답하도록 몰아붙였다. "해야 하지만 하고 있지 않은 말이 무엇인가?"

되돌아보면, 나의 근본적 자아 성찰이 시작되는 순간이었다. 고통 덕분에 내가 길을 잃었다는 것을 알 수 있었다. 나의 영혼이 더는 '상처받고 얻어맞은' 상태에 머물지 않기로 결심하고는 육체를 점령하고 의식을 깨운 것이다. 성찰 중에 계속 이어진 두통은 내 몸이 나에게 말을 거는 방식이었다. "젠장 좀 깨어나라고!"

내가 깨어나지 않으면, 내 영혼은 내가 괴로움에 몸부림치며 무릎을 꿇게 만들었다.

상담 중에 세이레스 박사와 나는 군발성 두통이 나타나기 전의 몇 개월을 분석했다. 나는 신뢰할 수 없는 사람들과 더는 견딜 수 없는 일을 하고 있었다. 그리고 내 것이 아닌 삶을 살고 있었다. 나는 파커 파머가 말하듯, 내면과 외면이 맞지 않는 '분절된' 삶을 살고 있었다. 나는 겨우 서른 살이었지만 이미 수년 동안 땀을 흘리며 뛰어다니는 삶을 살았고, 길을 잃고도 계속 전진했던 대가를 치르고 있었다. 그날 바닷가에서 얻은 깨달음을 이해하기까지 몇 년의 시간이 더 걸렸다. 나는 다시 슈퍼히어로 망토를 뒤집어쓰고 기존의 전략대로 더 열심히 일했다.

플랫아이언파트너스는 화려하게 문을 열었다. 우리는 몇 년간 축하 세례를 받았고, 잔치 같은 날들이 이어졌다. 잔치는 당연한 것으로 보였다. 어디로 보나 우리는 실패할 수 없는 팀이었다. 투자를 할 때마다 돈을 벌었다. 하지만 우리 회사에 쏟아진 감탄은 내가 떠오르는 스타로 인정받았던 것과 비슷하게 느껴졌다. 우리가 공유하는 가치나 목표가 아니라 돈을 얼마나 벌었는가를 기준으로 삼은 것이었기 때문이었다.

하지만 나는 계속 빠르게 움직이면서 더 많은 일을 했다. 엘리베이터에서 내려 사무실로 들어가면서 저 앞의 구부러진 복도에서 마주칠 일에 대한 기대와 두려움으로 숨을 헐떡이던 순간이 생생하게 기억난다.

"숨을 헐떡이지 않으면, 일하고 있지 않은 것 같아요"

여러 해가 지나, 나는 코칭 중에 빅터를 만났다. 그는 어깨를 움츠리고는 내 쪽을 보며 기대앉았다. 빅터는 신생 분야지만 이미 경쟁이 극심한 시장에서 분투하는 스타트업의 공동 창업자다. 혼란에 빠진 그는 답을 구하기 위해 나를 찾아왔다. 하지만 내가 그에게 준 것은 질문뿐이다. "당신이 해야 하지만 하지 않고 있는 말들은 무엇인가요?"

그는 짙은 색깔의 눈과 두툼한 눈썹에 풍성한 턱수염을 기르고 있다. 내가 CMP의 편집장이 되었을 때와 같은 나이인 스물다섯 살이다.

"돈이 걱정되네요." 그가 그렇게 말했던 것이 기억난다. "첫 대화를 하고 나니 기분이 좋아지긴 했지만 CEO의 기분이 좋아지는 데 회사 돈을 쓰다니, 정당한 일일까요?"

"어느 정도의 액수가 정당한 수준일까요?"

"모르겠어요." 그가 말을 더듬었다. 목젖이 아래위로 움직인다. "75달러쯤요?"

"그러시죠." 내가 미소 지으며 말했다.

그가 울기 시작한다. "왜 그래요? 왜 그러는 거죠?" 내가 묻는다.

"나는 충분히 가치 있는 사람이 아닌 것 같아요."

빅터는 이민자다. 내전에 휩쓸린 조국에서 어린 시절을 보내면서 대부분의 시간을 병상에 있었다. 암 환자였던 그는 몸에도, 마음에도 상처가 남아 있다. "저는 가치 있는 사람이 아닌 것 같아요."

그저 일반적인 두려움 때문일지도 모른다. 하지만 전쟁의 공포와 생명을 위협하는 병마와 동시에 싸웠던 것은 그의 마음이 감당할 수 있는 단 하나의 대답을 남겼다. "나는 가치 없는 사람이야"라고.

나는 그가 CEO로 성장하는 몇 년간 함께했다. 젊은 청년이 더 이상의 수식어가 필요치 않은 성인으로 성장하는 모습을 지켜보았다. 우리가 같이한 시간의 마지막 즈음에는 그가 일 이외의 것에 마음을 주지 못하는 문제에 매달리기 시작했다. 그의 삶에 사랑하는 여인이 등장했지만, 그녀는 잠시 얼굴 볼 틈도 주지 않는 빅터에게 화를 내곤 했다. 그는 언제나 일하고 있었다.

"무엇 때문에 밤새 책상을 떠나지 못하는 거죠? 무엇 때문에 그녀를 영화관에 데리고 가지 못하는 건가요?" 내가 물었다.

"저는 두렵다고요!" 그가 당연하다는 듯 소리쳤다. "열심히 일하지 않으면 그때 그곳으로 돌아가게 될 것 같아서 두려워요."

'그때 그곳'이란 전쟁과 암을 의미했다.

"겁이 나요." 그가 망설이며 말을 이었다. "속도를 늦춘다는 건……그러니까 숨을 헐떡이지 않으면, 일을 하고 있는 것 같지 않아요."

그거였다. 공기처럼 떠도는 오래된 유령. 더 빨리, 더 빨리 달리라고, 무언가를 하고 있을 때만 당신은 존재하는 거라고, 그러니 더 많이 더 빨리 일하면 전쟁과 암은 물론, 당신의 가치와 사랑 그리고 당신 자신의 목소리를 의심하게 하는 악마들이 쫓아오지 못할 거라고 말하는 목소리 말이다.

하지만 숨을 헐떡이며 일하는 것은 형편없는 전략이다. 결코 충분하지 않다는 불안감에 불을 지피고 명료하게 생각하지 못하게 한다. 그저 움직이기만 하는 것과 의미를 추구하는 것을 혼동하게 할 뿐이다.

최근 나는 BBC와 인터뷰를 했다. BBC 아나운서는 특유의 사랑스럽고 반듯하며 확실한 태도로 물었다. "하지만 열심히 일하는 것 또한 일의 일부가 아닐까요?"

"물론 그렇죠." 내가 대답했다. "하지만 그 얘길 하는 것이 아닙니다. 공포와 두려움이 조직과 공동체를 변화시킨 근사한 아이디어나 혁신을 만든 사례가 있다면 말해보세요."

당신이 악마로부터 달아나거나 내면의 결핍에 둔감해지는 일에 시간을 쓰고 있다면 당신은 리더로서 일하고 있는 것이 아니다.

그러고자 하는 충동은 이해할 수 있다. 업무에서 업무로, 아니 업무로부터 내달리려는 충동 말이다. 게다가 그런 상태는 기만적인 우월감을 주기도 한다. "와, 내가 하는 일은 진짜 중요한 게 틀림없어……. 내가 얼마나 빠르게 움직이고 있는지 보라고!"

하지만 불신과 분열을 키우기도 한다. "내가 얼마나 빠르게 움직이는지 보라고!"라는 말이 권력을 가진 사람에게서 나올 때, 이는 사람들을 크게 낙담시키는 부정적인 발언이 된다. "당신이 얼마나 느릿느릿 움직이고 있는지 보라고."

더 깊이 들여다보면, 이는 우리가 하는 일을 우리 자신과 혼동하는 탓에 일어나는 일이라는 것을 알게 된다. "무언가를 이루지 않으면 나는 아무것도 아니야." 시험에서 A를 받았는가, 초기 스타트업에 필요한 자금을 모았는가, 더 잘난 사람들로부터 칭찬을 받았는가, 제대로 된 파트너와 결혼하고 제대로 된 집을 샀는가에 기반하여 인간으로서의 가치가 결정되는 것이다. 내가 하는 일이 곧 나다. 빠르게 돌아가는 일, 그러니까 중요한 일을 한다면 나는 당신의 존경과 사랑을 얻을 만한, 가치 있는 사람이 된다. 당신이 사랑해주지 않는다면, 그러면 어쩌면, 어쩌면 우리 부모님이 사랑해주실지도 모른다.

일을 존재 의미로 받아들이면 쉽게 자신을 잃어버리게 된다. 창업자들은 특히 이런 유혹에 취약하다. 비즈니스 세계에 존재하는 아주 많은 개자식들을 생각해보라. 외곬으로 일만 생각하고 주위의 모든 사람들을 하루 종일 숨 가쁘게 만든다는 이유로 우리의 존경을 받는 녀석들 말이다.

우리는 물론 그렇게 말하지 않는다. 그들이 성공했기 때문에 존경한다고 말한다. 그들의 방식은 성과로 정당화된다. 일에 빠짐으로써 자신을 잃어버리고 싶은 유혹은 강력하다. 더 큰 목적과 자신을 동일시하면서 불가능해 보이던 위대한 일들을 성취해내는 사례도 종종 등장한다. 그렇다, 나 자신보다 큰 의미를 위해 일하는 것에는 힘이 있다. 시인 로버트 브라우닝은 말했다. "아, 하지만 인간이라면 손에 잡을 수 있는 것 이상을 위해 손을 뻗어야 한다네. 그렇지 않다면 천국이 왜 있겠는가?"

그렇게 손을 뻗어 시간과 공간 너머의 사람들을 잇는 것은 대담한 시도다. 그 대담한 시도는 계속되어야 한다.

하지만 그렇게 손을 뻗느라 자신이 디딘 땅에서 발을 떼는 것은 그 누구에게도 도움이 되지 않는다. 그건 형편없는 삶의 방식이기도 하다.

2010년 가을, 나는 42번가 타임스스퀘어 역에서 지하철에 올라탔다. 업타운 방향의 1열차였다. 나는 거칠게 밀쳐졌다. 으레 겪던 밀침이 아니었기에 화가 나고 깜짝 놀라서 나를 밀친 사람을 쳐다보았다.

다음 순간 기억나는 것은 경찰의 무릎을 베고 피에 젖은 몸으로 누워 있었던 것이다. 나는 정신을 잃을 정도로 얻어맞았다. 이유도 경고도 없이. 그리고 의식을 잃었다. 코의 연조직이 손상되었고, 뺨이 찢겼으며, 이빨 하나가 부러졌다. 나는 이름도, 어디로 가고 있었는지도 기억하지 못했다. 대통령이 누군지도 대답하지 못했다. 벨뷰병원의 이송용 들것에 누워서 나는 깨달았다. 진정한 성공이 무엇인지를 탐색하는 내면과 단절된 채로 빠르게 움직이는 삶을 살아가는 것은 정말로 형편없는 일이라는 것을. 열여덟 살에 자살 시도를 한 후 병원에서 했던 약속, 그러니까 온전하게 살겠다는 약속이 어린 시절의 두려움과 함께 다시 나타난 듯했다. 나는 겉보기에는 그럴듯하지만 천천히 스스로를 죽이는 삶을 빚어내고 있었다.

나는 시인 존 오도나휴(John O'Donohue)가 말한 "공허한 시간"을 살며 승승장구하고 있었다. 이 텅 빈 삶에서 얻은 것은 부와 명성이었다. 나는 뉴스를 보도하는 사람에서 뉴스에 등장하는 사람이 되어 있었다. 내 인생의 모노폴리 게임에서 가장 중요한 시절을 지나고 있는 듯했다. 내가 어떻게 모두를 깜짝 놀라게 했는지, 가지런히 쌓인 지폐와 몰래 감춰둔 돈으로 얼마나 대단한 일을 해냈는지 보라. 어떻게 지금 게임을 그만둘 수 있겠는가?

세상은 더, 더, 더 많이 해내려는 나를 기꺼이 인정해주었다. 하지만 내가 나 자신을 더 많이 쏟아부을수록 더 많이 길을 잃어갔다. 역겨운 냄새와 가스를 토해내는 그라운드 제로의 구멍 가장자리로 점점 다가가고 있었다.

가만히 멈추어 서는 용기

날씨는 기억나지 않지만, 분명 2002년 2월은 어둡고 추웠을 것이다. 비즈니스 파트너들에게 휴가를 가겠다고 알리고 상담사의 조언대로 애리조나주의 캐니언랜치를 2주간 예약했다. 그보다 중요한 사실은 내 인생에서 중요한 사람들에게 나를 열어 내보이기 시작했다는 것이었다.

그 시기의 많은 것들이 분명히 기억나지는 않지만, 누나 애니가 추천한 두 권의 책은 기억한다. 페마 초드론(Pema Chödrön)의《모든 것이 산산이 무너질 때》와 파커의《삶이 내게 말을 걸어올 때》였다. 뉴욕에서 애리조나주로 날아가는 내 손에는 이 두 권의 책과 샤론 샐즈버그의《행복해지고 싶다면 자신부터 믿어라》가 들려 있었다.

　캐니언랜치에서의 시간은 책을 읽고, 명상에 대해 배우고, 눈물을 흘리는 동안 고요히 지나갔다. 나는 가만히 멈춰 서는 것의 중요성을 배우기 시작했다. 마침내 스스로에게 질문을 던질 수 있을 만큼 가만히 멈춰 서게 되었다. 그리고 생각했다. 말해야 하는데 하지 않는 말들이 무엇인가?

　애니가 두 권의 책을 건네면서 가족의 사랑을 담아 안아준 것이 내 인생의 궤적을 바꿔놓았다. 이 책들은 나에게 심오하고 중요한 두 가지 깨달음을 주었다. 내가 나의 삶에 말을 걸지 않을 때 삶이 내게 말을 걸어온다. 나는 그동안 다른 사람의 삶에 말을 걸고 있었다. 모든 것은 항상 부서지기 마련이라는 가르침은 큰 울림으로 다가왔다. 그렇지 않기를 기대하는 순간 고통이 시작된다. 페마 초드론은 우리가 고통을 받아들이고 고통과 친구가 되어야 한다고 가르쳤다. 그러기 위해 필요한 것은 단 한 가지, 가만히 멈춰 서는 용기였다.

　아들 샘은 어린 시절 모리스 센닥의《괴물들이 사는 나라》를 좋아했다. 나도 즐겨 읽던 책이다. 샘은 괴물들이 사는 나라로 항해해 가는 주인공의 모험에 열심히 귀를 기울이곤 했다.

　우리가 가장 좋아하는 장면은 괴물들이 주인공 맥스에게 왕관을 씌워주기 직전이었다. 내가 읽는다. "그리고 맥스가 괴물들이 사는 나라에 도착했어. 괴물들은 무시무시한 괴성을 지르고, 무시무시한 이빨을 갈고, 무시무시한 눈알을 굴리고, 무시무시한 발톱을 드러냈지." 나는 무시무시한 괴성을 지르고, 무시무시한 눈알을 굴리고, 무시무시한 발톱을 내보이며 읽는다. 그리고 맥스가 괴물들에게 소리를 지르는 대목에 이르면, 샘은 교통 정리를 하는 경찰처럼 손을 높이 들고 맥스의 대사를 하곤 했다. "가만히 있어!"

공허한 시간 속에 가만히 멈추고 싶을 때면, 샘을 떠올리는 것이 도움이 된다. "가만히 있어." 센닥의 맥스와 내 아들 샘은 괴물과 어떻게 함께 지내야 하는지를 알고 있다. 무시무시한 괴성과 발톱을 가진 괴물을 길들이는 단 하나의 방법은 가만히 멈춰 서는 것이다. 이것이 근본적인 자아 성찰의 첫 단계다. 성찰은 불확실성 앞에서 가만히 멈춰 서는 용기에서 시작된다.

내 삶의 그라운드 제로를 겪고, 처음으로 불교 사상과 명상을 만나고, 파커로부터 어른의 경험과 분투에 대해 터놓고 이야기하는 법을 배우기까지 몇 개월 동안 나는 내 삶을 다시 되찾기 시작했다. 나는 이런 개념들에 끌렸고 내 인생을 '리부트'하기 시작했다. 나는 비즈니스 파트너들에게 계약을 갱신하지 않겠다고 알렸다.

인생 리부트의 첫 단계는 생각보다 수월했지만 파트너들의 반응은 의미심장했다. 내가 다음에 뭘 할지는 모르겠지만 일단은 직함이나 명함이 없는 삶을 계획하고 있다고 하자, 어느 파트너가 물었다. "아무도 전화하지 않으면 어쩌려고요?"

당시엔 지금과 같은 용기가 없었다. 오늘의 나라면 이렇게 대답했을 것이다. "그럼 진짜 좋겠는데요." 하지만 당시, 불확실성 안에 기꺼이 서겠다던 마음과 모든 것이 영원하지 않다는 사실을 받아들인 마음은 갓 만들어진 것이었다. 내 삶의 그라운드 제로를 겪은 이듬해는 가장 깊이 나를 탐구했던 해였다. 이후 4년간 나는 아마존에서 미친 듯이 책을 사들였다. 불교나 자아 성찰, 존재의 위기에 대한 책이라면 뭐든 읽었다.

하지만 여전히 밤에 책만 읽는 불교 신자였다. 책은 잔뜩 읽었지만 소화하기에는 역부족이었다. 몇 달 후에 나는 두 명의 전설적인 음악가들이 연 멋진 모금 행사에 참석했다. 지역 불교 센터와 페마 초드론이 이끄는 주말 피정 파티였다. 민머리의 페마는 환한 미소를 지은 채 방 중앙의 스승의 자리에 앉아 있었다. 그녀는 곧바로 산산이 부서지는 것들에 관한 설법을 시작했다. 물질적 세계에 한정된 이야기가 아니라는 점을 강조하면서. 우리의 바람과 꿈, 우리가 누구이고 무엇이 되어야 하는가에 대한 생각, 자기 자신에 대한 감각, 우리의 슬픔과 기쁨 등 모든 것이 산산이 부서질 것이었다. 언제나. 우리 눈앞에서.

부서짐은 우리를 아프게 한다. 그런 고통은 터무니없는 운명의 돌팔매질과 자신이 하찮다는 느낌에 맞서기 위해 우리가 만들어낸 페르소나에서 온다. 연약한 자아는 모든 것을 모든 순간에 정확히 그대로 유지하는 것만이 고통에서 자유로워지는 길이라고 믿는다.

나는 알 것 같다고 고개를 끄덕였다. 나는 좋은 학생이 되는 법을 알고 있었다. "그래, 읽어본 적이 있었지." 혼잣말로 스스로를 칭찬했다.

그때 페마의 말이 죽비처럼 나를 내리쳤다. "지금 여기 앉아계신 분들 중에 몇몇은 이렇게 생각하실 거예요. 아하, 알겠어, 이해할 수 있겠어." 그녀는 짓궂은 미소를 머금은 채 말을 이어갔다. "하지만 이 개념에 대한 여러분의 이해 역시 언제나 산산이 부서지기 마련입니다."

내가 불쑥 말했다. "불공평해요!" 나는 초조해졌다. 이제 막 개념을 이해하려고 하는데, 거기에도 매달릴 수가 없다고? 그녀는 반짝이는 눈을 나에게 향하고는 다 안다는 듯이 말했다. "가톨릭 신자시죠?" 그녀가 이겼다. 다시 한번, 나는 어떻게 하면 A를 받을 수 있는지 알고 싶어졌다. 어떻게 해야 그걸 제대로 할 수 있을지 말이다. 여기서 그것은 기분이 나아지는 것을 의미했다.

나중에 우리는 한 사람 한 사람씩 페마와 시간을 보낼 수 있었다. 심장이 빠르게 뛰고, 마음이 열리기 시작했다. 이전에는 한 번도 열려본 적이 없는 방식으로. 나는 티베트불교의 승려가 된 최초의 미국 여성 앞에 무릎을 꿇었다.

나는 엉엉 울며 말을 더듬었다. 내 아래 땅이 찢어지듯 열리고 나는 떨어져 내리고 있었다. 나는 내게 무슨 일이 일어나고 있는지를 설명하려 했지만 스님은 그저 미소를 지으며 사랑을 담아 내 손을 가볍게 두드려주었다. "그것이 무엇이든지, 당신은 그것에 대해 열리지 않았어요. 당신은 열렸다고 생각하겠지만 절대 아닙니다. 계속 열어야만 해요." 돌이켜보면, 당시 나는 지독하게 길을 잃은 상태였지만 나의 길을 찾아가고 있었다. 그리고 숲이 나를 찾아내도록 멈추기 시작했다.

계속 열라. 가만히 멈춰 서라. 계속 열면서 가만히 서 있어라. 그리고는 호기심 속에서 내면을 탐색하라.

CEO 코칭을 시작한 후, 나는 페마 스님의 가르침을 《명상하는 법 (How to Meditate)》이라는 작은 책에서 다시 만날 수 있었다. 페마는 명상이란 망상을 걷어내고 존재 자체와 함께하는 것이라고 말한다. 단순하게, 그리고 온전하게. 클라이언트를 코칭할 때 그 가르침이 떠올랐다.

"그만 좀 빙빙 돌려요." 좌절한 내가 거의 소리치듯 말했다. "나를 설득하려 하지 말아요. 이미 다 알고 있는데다 잘하고 있다고 말하지 말라고요." 내가 말을 이었다. "다 알았다면 여기 앉아 있지 않았겠죠. 가만히 앉아서 왜 일이 이렇게 되어가고 있는지, 왜 당신이 원하는 대로 되어가지 않는지 생각을 좀 해보라고요."

바로 그것이 근본적인 자아 성찰이다. 연민을 가진 노련한 손길로 자기기만을 벗겨내 어떤 가면 뒤에도 숨지 못하게 하는 과정 말이다. 근본적이라는 것은 우리 삶에 대해 다른 사람을 그만 탓하라는 의미다. 연민을 갖는다는 것은 좋은 선생님이 연민을 갖는 것과 같은 자세를 의미한다. 자신을 그럴듯한 말로 그만 속이라는 뜻이다.

천천히 속도를 줄이고 가만히 멈춰 서라. 숨을 내쉬어라. 그러면 당신은 스스로에게 가장 어려운 질문을 던질 수 있을 것이다. 나는 누구인가? 나는 세상에 대해 무엇을 믿고 있는가? 성공과 실패는 (다른 사람들 모두가 아니라) 나에게 어떤 의미인가? 나는 어떤 어른이 되고 싶은가? 무엇보다도 도움이 되는 질문은 이것이다. 나는 내가 원하지 않는다고 말하는 삶의 조건을 만들어내는 데 어떻게 기여했는가?

고통을 의미로 승화시키는 방법

우리 회사의 리더십 부트캠프에 참석하는 사람들은 모두 지원서를 작성해야 한다. 우리는 신청자들이 직접 업무역량과 공감에 대해, 현재 매달린 문제에 대해 적어보게 한다. 이 지원서는 근본적인 자아 성찰의 기초 자료가 된다.

츄즈(Chewse)의 공동 창업자이자 CEO인 트레이시 로렌스의 지원서는 내 마음을 너무나 아프게 했다. 직원들이 '소프트웨어처럼 일하길' 바란다던 그녀의 글이 기억에 오래 남았다.

그녀는 사람들이 인식 가능하고 예측 가능하길 바랐다. 그녀는 투입된 데이터가 정확하다면 결과가 효과적일 거라는 확신을 원했다. 2016년, 우리는 어느 팟캐스트에서 대화를 나누다가 그 시절을 떠올리며 그녀의 전환점에 대해 이야기했다. 그녀는 다른 시간으로 기꺼이 들어서고 싶어 했기 때문에 머리카락에 불이 붙은 듯한 조급함을 느끼면서도 기꺼이 가만히 서 있었다. 그렇게 며칠의 시간을 들여서 리더십과 삶에 대해 생각했기에 그런 전환점을 만날 수 있었다.

캠프에서 우리는 과거가 어떻게 현재를 형성하는지에 관해 이야기를 나눈다. 우리는 속도를 늦춘다. 그리고 가만히 멈추어 선다. 우리는 그럴듯한 말이나 가장을 그만둔다. 괴물에게서 도망치는 것도 그만둔다. 우리가 내면을 탐색하는 동안 트레이시는 혼란스러워 보였다. 어떻게 그녀의 어린 시절이 현재와 공존할 수 있는지를 이해하지 못했다.

"부끄러움에 대해 이야기해주세요." 내가 말했다. 얼굴을 문지르며 해답을 찾던 그녀의 눈이 갑자기 커졌다. 그녀의 작은 몸이 가만히 멈춰 있었다.

"무엇이 기억나죠?" 내가 물었다.

"중학교 때였어요." 그녀가 꿈꾸듯이 말했다. 그녀는 친구들과 '다른' 머리카락을 가졌다는 이유로 계속 놀림을 받았다. 혼혈인 그녀는 친구들과 다른 모습을 하고 있었다.

"그래서 어떻게 되었죠?" 내가 말을 이었다. 다른 참가자들이 조용히 우리의 대화에 합류했다.

"저는 놀리는 아이들을 피해 화장실 변기에서 1년 내내 점심을 먹었어요." 트레이시에게 점심이란 굴욕과 슬픔, 고통을 의미했다. 그녀는 그 시절을 떠올리며 울었다. 그때의 감정을 다시 느끼며 흐느꼈다. 그녀는 가만히 앉아서 과거가 자신에게 덮쳐오는 것을 느꼈다.

내가 그녀를 현재로 불러들였다. "트레이시, 당신의 회사에서는 어떤 일을 하지요?" 그녀는 코를 닦으며 어리둥절한 표정을 지었다. "트레이시, 츄즈가 무슨 일을 하는지 말해주세요. 회사의 미션이 뭐죠?"

"우리는 다른 스타트업들에 영양가 있는 점심과 간식을 제공해요." 그녀는 아주 얼떨떨한 표정으로 대답했다.

"그게 왜 중요하죠?" 내가 물었다.

그녀의 얼굴에 미소가 번졌다. 그녀가 웃음을 터뜨리며 대답했다. "여러 사람들이 모니터 뒤에서 나와 함께 점심을 먹을 수 있기 때문이죠. 점심이 고통스러운 것이 아니라 다정한 일이 되기 때문이에요. 아무도 안전을 위해 혼자 점심을 먹을 필요가 없는 거지요."

그녀의 깨달음에 뒤따라온 웃음이 방 안을 힘과 우아함으로 채웠다. 중학생에서 성인으로, 어린아이에서 스타트업 창업자로 전환하는 과정에서 트레이시는 조롱받았던 기억을 부끄러움의 벽 뒤에 가둬두고 아주 가끔 들여다봤던 것이다.

그러나 의식하지 못하는 사이에 그녀는 고통과 자기혐오를 발판으로 마음속 깊은 곳에 있던 목표를 이루어냈다. 그녀는 영양가 있는 식사를 다른 스타트업들에 제공하고 있었다. 친구나 동료들이 주 고객이었다. 그러나 단순히 식사만 제공한 것은 아니었다. 그녀는 소속감을 느낄 기회를 제공하고 있기도 했다. 중학교 시절 그녀를 괴롭히던 학생들 때문에 얻지 못했던 바로 그 소속감이었다.

그녀는 부끄러움이 가득한 과거의 어두운 공간으로 돌아가 힘을 건져냈다. 소속감이 주는 힘 말이다. 게다가 (기억의 달빛 아래서 춤추면서 너는 여기에 속할 수 없다고 계속 떠들어대는) 괴물들을 잠재우는 과정에서 그녀는 고통을 의미로 승화시키는 방법을 찾아냈다.

그녀는 곧 회사의 미션에 '사랑'이라는 단어를 넣고 로고에 하트를 더했다. 그리고 회사를 세우게 했던 고통스러운 뿌리를 끌어안았다. 츄즈가 단순히 음식 배달을 혁신하는 기업이 아니라 커뮤니티를 제공하는 곳임을 깨달았던 것이다.

츄즈는 스타트업의 생존을 좌우하는 수익 목표를 달성하고 회사 역사상 최대 규모의 자금을 조달했다. 가장 중요한 것은, 트레이시가 자신이 왜 사업의 성공을 중요하게 생각하는지, 왜 실패에 대해 그렇게 걱정하는지를 더 이상 고민하지 않는다는 것이다. 이제 그녀는 미션을 이해했기 때문에 리더로서의 핵심도 이해하게 되었다.

잃어버린 공허한 시간에 가만히 멈춰 있는 법을 배우면, 숲이 당신을 찾아낼 것이다. 그리고 당신은 스스로를 발견하게 될 것이다.

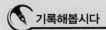

기록해봅시다

● 나는 일하면서 어떻게 나 자신을 고갈시키고 녹초가 되게 만드는가?

● 나는 무엇에서 도망쳐 어디로 달아나고 있는가?

● 나는 왜 스스로를 탈진시키고 있는가?

4장

당신이 누구인지 기억하기

─ 용감하게 나를 드러낸다는 것

우리가 운영하는 CEO 부트캠프의 첫날 밤이었다. 콜로라도의 검푸른 밤하늘 아래 사시나무가 금빛으로 빛나고 있었다. 우리는 둥그렇게 모여 앉아 있었다. 앞으로 며칠간 가만히 멈추고는 자신들이 누구인가를 기억해내고 인생의 주요한 결정들을 왜 내렸는지를 이해하는 프로세스를 함께할 안전한 커뮤니티를 만드는 중이었다.

"지금부터 그럴듯한 헛소리들은 그만하는 겁니다." 내가 참가자들 한 명 한 명과 눈을 마주치며 말했다. "지어내는 것도, 꾸며내는 것도 안 됩니다." 그들의 몸이 두려움으로 경직되었다가 내 말의 의미를 깨닫고는 풀어지는 것이 느껴졌다. "잘하는 척, 이미 다 아는 척, 망상을 키우는 생각은 더 이상 안 됩니다."

나는 영험한 전도자처럼 방 안을 걸어 다녔다. "더 이상 안 됩니다. 당신이 사기꾼이라고 자꾸자꾸 귓가에 속삭이는 목소리에 힘을 실어주는 일이기 때문입니다."

다음날 아침, 나는 두 사람씩 짝을 지어 산책을 보냈다. 캠프에 오기 전까지는 서로 몰랐던 사람끼리 짝을 지어주었다. 그리고 산책하는 동안 하나의 주제로 이야기를 나누게 했다. "나의 동료들이 나에 대해 알았으면 하는 것은 무엇인가?"

함께 산책을 나갔던 참가자들은 서로 연결되면서 힘을 얻어 더욱 깨어나고 살아난 모습으로 돌아왔다. 우리는 참가자들에게 파트너가 들려준 이야기를 나누어달라고 했다. 한 참가자가 자신과 함께 산책한 파트너의 이야기를 전했다. 전날 밤에는 회의적이고 방어적이었던 젊은 여성 파트너가 이렇게 말했다고 한다. "나와 같이 일하는 사람들과 우리 회사에 투자하려는 투자자들이 알았으면 하는 것은…… 나는 희귀한 혈액암에 걸렸고, 다음 6개월 동안 치료 효과가 나타나지 않으면 1년 안에 죽을 거라는 거예요."

우리는 숨을 멈추었다.

그녀는 남편과 몇몇 가까운 친구들만 알고 있던 비밀을 크게 털어놓음으로써 전사의 마음을 열었다. 그녀는 같이 일하는 동료들을 보호하기 위해 비밀을 지켜왔다. 투자자들이 죽어가는 여자의 회사에 투자하지 않을 거라는 두려움 때문에 비밀을 지켰다. 그녀를 믿고 그녀의 회사가 비전을 실현하도록 돕기 위해 많은 것을 포기한 사람들이 추가 자금을 확보하지 못하고 위험에 빠질까 봐 무거운 비밀을 혼자 간직했던 것이다.

둥글게 모여 앉은 원 안에서 그녀는 두려움에 떨고 있지만 진실된 감정을 느끼고 있는 진정한 자신을 되찾기 시작했다. 그녀가 울면서 말했다. "그리고 저는 이번 캠프가 그렇고 그런 지겨운 리더십 워크숍

일 거라고 생각했다고요." 우리는 웃음을 터뜨렸다. 슬픔과 두려움 위에 기쁨이 더해졌다.

가만히 멈춰 서면, 내가 누구인지를 용감하게 기억해낼 수 있다. 회피를 멈추면 내내 쫓아다니던 악마와 용감하게 마주할 수 있다. 그럴 듯하게 꾸며대기를 그만둘 때, 잘하는 척, 다 아는 척하는 것을 그만둘 때, 우리는 우리 자신과 사랑하는 사람들을 지키기 위해 비밀에 부쳤던 무거운 짐을 용감하게 받아들일 수 있다.

스스로 거짓에 빠져 있는 동안에는 진정한 자신이 될 수 없다. 우리가 보호하려는 사람들이 우리를 이해할 수도 믿을 수도 제대로 볼 수도 없기 때문이다. 나는 사람들이 자신을 봐주길 바라는 마음에 대해 안다. 나는 나를 내보여야 사람들이 볼 수 있다는 것을 안다.

아들 마이클과 나는 영화를 좋아한다. 몇 년 전에 우리는 함께 심야 영화를 보러 갔었다. 마이클은 이미 원작 소설을 읽었기 때문에 내가 영화를 보고 자신과 이야기를 나눠주기를 바랐다.

나는 영화가 마이클 또래 아이의 성장기를 다루고 있음을 알게 되었다. 영화의 뻔한 부분들도 좋았다. 편안히 앉아 영화를 보면서 주인공의 어떤 면이 마이클과 비슷하고 어떤 면이 다른가를 즐겁게 생각했다. 그런데 영화가 끝나기 몇 분 전에 반전이 시작되었다. 갑자기 내 아들과 비슷한 소년의 이야기가 아니라 과거의 나와 비슷한 소년의 이야기가 되어버린 것이다. 화면에서 보여주는 이야기는 마이클의 인생이 아니라 나의 인생이었다.

나는 숨을 제대로 쉬지 못하고 공황 상태에 빠졌다. 의식 속에서 계속 지우려고 했던 어린 시절의 사건들 속으로 내던져졌다. 나는 울기 시작했다.

영화가 끝나고 불이 켜진 후, 극장 직원들이 좌석 사이를 오가며 팝콘 상자를 치우는 동안에도 나는 내 자리에 앉아 울고 있었다. 마이클은 내 옆에 있었다.

드디어 몸을 움직일 수 있게 되었을 때, 나는 아들을 데리고 나와 차에 탔다. 차 문을 닫고, 어두운 차 안에서 좀 더 울었다. 그때 마이클이 말했다. 아직 어린 나이임에도 이미 깊은 지혜를 가지고 있음을 보여주는 말이었다.

"아빠, 무슨 일인지 말씀해주시는 게 좋을 것 같아요. 말씀해주시지 않으면 제가 뭔가 얘길 지어낼 거고, 그건 저한테 좋은 일이 아닐 거예요."

아빠, 기억해보세요. 마이클이 강력하게 제안하고 있었다. 아빠, 그대로의 모습을 보여주시는 게 좋겠어요. 아빠가 누구인지 알려주세요. 그러지 않으면 제가 아빠를 만들어낼 거고, 그건 우리 사이의 벽이 될 거예요. 우리는 가까워질 수 없을 거예요.

그 순간까지도 나는 나의 비밀이야말로 나를 사랑하는 사람들이 알아주었으면 하는 부분이라는 생각을 하지 못했다.

진정한이라는 말은 너무 흔한 형용사다. 그래서 무의미하게 느껴지기도 한다. 내가 문법적으로 맞지 않는 '부서지고 열린 마음을 가진 전사'라는 말을 만들어낸 이유이기도 하다. 진정한 자신을 만들기 위한 행동이 이 말에 담겨 있다. 진짜가 되라는 것이다. 미친, 겁먹은, 두려움

없는, 환희에 찬, 혹은 이 모두를 포함하는 진짜 자신 말이다.

클라이언트들이 뭔가를 지어내기를 그만두고 가만히 멈춰 서서 존재의 진실에 머물 때, 그들은 전사 CEO의 자리에 서게 된다. 강인한 등과 열린 마음으로 말이다.

그 후 몇 개월 동안, 불치병에 걸린 캠프 참가자는 자신의 이야기를 더 많은 친구들과 동료들뿐만 아니라 투자자들에게도 들려주었다. 그녀의 공동체는 하나가 되어 그녀를 지지했다. 그녀 옆에 가만히 멈추어 서서.

이 이야기에서 가장 중요한 점은 그녀가 받은 치료가 효과 있었다는 것이다. 그녀는 지금도 살아 있다. 하지만 이야기의 또 다른 부분도 간과해선 안 된다. 그녀의 비밀을 공유함으로써, 그녀는 동료들이 그녀의 짐을 나누어질 수 있는 환경을 만들었다. 그녀는 모두의 안전을 지켜주어야 하는 수호자가 아니었다. 그녀는 동료들과 하나가 되어 서로를 돌봤다.

나는 매일 이런 일들이 일어나는 것을 지켜본다. 리더, 부모, 연인들이 가슴속의 진실을 나누기로 결심하는 순간 더 큰 기회가 찾아온다. 그들의 삶 속에 있는 사람들에게 그들을 이해하고 안아주고 신뢰할 수 있는 기회를 주게 된다.

다른 클라이언트도 떠오른다. 그는 걱정 속에서 나를 찾아왔다. 직원들에게 자금이 확보되었고 추가 투자 계약서도 며칠 후에 완성될 거라고 장담해왔는데, 사실은 투자자들이 약속을 깨고 투자를 철회하고 있다는 사실을 직시해야 했기 때문이다.

"대체 뭐라고 이야기하죠?" 그가 두려움에 떨며 물었다.

"진실을 말하는 건 어때요?" 내가 제안했다.

"진실요? 지금 농담합니까? 투자자들이 사라지고 있다는 걸 알면, 직원들은 당장 회사를 그만둘 거예요. 사방에 이력서를 낼 거라고요."

"계속 거짓말을 하는 편이 낫다는 건가요?"

결국 그는 사실대로 말했고 직원들은 회사에 남았다. 계속 자리를 지켰을 뿐만 아니라 자발적으로 임금을 삭감했다.

나는 다시 한번 페마 초드론의 목소리를 들었다. "그것이 무엇이든지, 당신은 그것에 대해 열리지 않았어요. 당신은 열렸다고 생각하겠지만 절대 아닙니다. 계속 열어야만 해요."

우리는 무엇을 발견하게 될지 두려워서 가만히 멈춰 서지 못한다. 사람들을 돌보아야 한다는 잘못된 의무감 때문에 정말 무슨 일이 일어나고 있는지를 말하지 못한다. 어린아이 같은 비뚤어진 시각 때문에 고립감은 악화되고 신뢰는 깨진다. 나는 종종 생각한다. 우리가 가만히 멈춰 서기로 결정하는 순간, 출입구 앞의 문턱을 만나게 된다고. 너무 많은 이야기를 하는 것에는 위험한 면도 있다. 근본적인 자아 성찰을 가장한 지나친 공유의 덫에 걸리기도 한다. 사실은 다른 사람들에게 책임을 떠넘기고 있으면서 솔직하게 상황을 공유하는 중이라고 스스로에게 말하기도 한다. "자, 나는 더 이상 이 불안감을 견딜 수 없으니 당신이 잠깐 맡아주세요"라고 말이다.

하지만 가만히 멈춰 서서 존재에 마음을 여는 것에는 더 큰 위험이 따른다. 바로 내가 정말 누구인지를 기억하게 된다는 점이다.

피라미드 정점의 삶

우리는 부끄러움 때문에 기억하지 못한다. 마음속에 품었던 의심이 발각되고, 끊임없이 듣기 싫은 말을 속삭이던 목소리가 사실은 옳을지도 모른다는 부끄러움과 두려움 말이다.

그와 마찬가지로 위험한 것이 있다. 바로 깨어져 열린 마음을 지닌 전사의 자리를 차지하지 못하게 하는 자만심이다. 이는 리더가 될 사람은 나뿐이라고 생각하는 간교한 마음이다. 다시 말해 당신의 조직, 가정, 정부에서 당신을 제외한 그 누구도(또한 연애 관계의 상대방조차도) 아무런 결정을 내릴 수가 없으니, 당신 혼자 미친 듯이 뛰어다닐 수밖에 없다고 믿게 하는 마음 말이다. 그래서 우리는 머리를 써야 하는 수많은 일과 외부에서 던져지는 요구에 시달리다 결국 지쳐서 외로이 앉아 있게 되는 것이다.

그룹을 대상으로 코칭할 때면, 나는 화이트보드 앞으로 뛰어가 단순한 삼각형을 그리곤 한다. "이게 뭐죠?" 내가 묻는다. 계속 반복해서, 사람들이 위계에 대해 내면화한 시선이 완전히 드러날 때까지. "피라미드의 꼭대기엔 누가 앉죠?" 상사, 대표, 나, 사장, 부모, 아니면 신?

이들이 피라미드라는 덫에 이끌리는 이유는 간단하다. 수직적인 위계구조가 잠시나마 자기 의심을 달래주기 때문이다. 꼭대기에 가까울수록 더욱더. 그러나 소용없는 일이다. 끈질기게 맴도는 머릿속 목소리는 너무나 잘 알고 있다. 언제나 모든 것을 장악하고 있는 척, 해답을 알고 있는 척하는 것이 망상이라는 것을. 게다가 그 망상은 이중으로 우리를 옭아맨다.

그 목소리는 우리가 종종 도대체 뭘 어찌해야 할지 모른다는 것을 알고 있다. 그래서 우리는 가면이 벗겨지면 사기꾼인 자신이 드러날까 두려워하며 산다. 한편으로는 내가 잘 모른다는 부끄러움 때문에 다른 사람들은 다 잘 알고 있을 거라고 생각해버리기도 한다. 다른 사람들은 모두 다 알아냈다고 말이다. 그럴 때면 우리는 멍청한 짓을 한다. 이런 부끄러움과 두려움이 있다는 것이 우리가 리더로서, 어른으로서, 인간으로서 실패작이라는 증거라고 생각해버리는 것이다. 그래서 우리는 자꾸만 자신을 꾸며내고, 그럴듯한 헛소리를 해대면서 진실의 콩이 재빠르게 사라지는 야바위 게임을 하려 드는 것이다.

우리는 아는 척하면서 피라미드 꼭대기에 앉아 있다. 조직은 우리가 어린 시절 겪었던 괴로움의 씨앗을 뿌리는 비옥한 땅이 된다. 가차 없이 상명하달식으로 운영되는 조직은 우리의 과거 장면들을 그리는 캔버스가 된다. 천천히, 그리고 확실히, 팀 구성원들도 자신이 자라온 가족 안에서의 괴로움을 재생해내며 그에 대응한다.

카를 융의 또 다른 경고가 울려퍼진다. "당신의 무의식을 의식으로 끄집어내지 않는다면, 무의식이 당신의 삶을 지배하고 당신은 그것을 운명이라 부를 것이다." 우리는 조직을 들여다보면서 이 조직은 제대로 작동하지 않고 엉망이 될 수밖에 없는 운명이라고 논리적으로 결론짓는다. 우리는 기술이 부족해서 리더로 실패할 운명이라고, 절대로 충분히 안전하고 따뜻하고 행복해지지 못할 거라고 말이다.

아버지는 맥주를 손에 들고 있을 때만 안심하면서도 모든 것이 괜찮은 척했다. 엄마는 예수에게 기도하는 대신 예수가 함께 윈스턴 담배를 피우고 있는 것처럼 말을 걸었다. 그리고 우리 역시 숨바꼭질을 하면서 반은 그 방 안에 있고, 반은 밖에 있었다. 거기 있었지만 거기 존재하지 않았던 것이다. 우리 모두는 제품이 잘될 것이고 회사의 미래는 밝을 거라고 믿는 척한다. 우리 모두는 서로를 사랑하고 신뢰하는 척한다.

1월이었다. 나는 일주일짜리 코칭을 위해 볼더의 집에서 뉴욕으로 돌아갔다. 뉴욕의 하늘도 콜로라도의 하늘처럼 맑고 깨끗하고 파랬다. 겨울이면 늘 뉴욕을 뒤덮던 잿빛 구름은 어디에도 보이지 않았다.

나는 창문이 없는 회의실에서 클라이언트 사의 고위 리더들을 만났다. 총 25명이 둥그렇게 놓인 의자에 앉아 서로에게 더욱 진솔해지는 연습을 했다. 책상이나 회의 테이블 뒤로 숨을 수도 없었다. 지적인 척 장황하게 늘어놓는 이야기 뒤에 진짜 일어나고 있는 일을 숨길 수도 없었다.

나는 그룹 코칭에서 종종 그러듯 노자의 시구를 낭송하는 것으로 코칭을 시작했다.

우리는 언제나 바라지
다른 누군가 답을 가지고 있기를, 다른 어딘가가
더 나은 곳이기를,
언젠가 알게 될 것이네
지금 여기에 있다는 것을.

노자는 해답을 찾기 위해 창밖을 내다보거나 누군가를 바라보는 것은 소용없는 일이라고 충고한다. 나도 해답은 바로 여기, 이 방 안에 있다고 사람들에게 말했다.

해답을 찾아야 할 문제는 무엇이었을까? 왜 이 회사는 지독하게 갈등을 회피할까?

회사 자체는 아주 성공적이었다. 창업한 지 얼마 지나지 않아 총매출이 10억 달러를 넘을 만큼 성장했고, 비즈니스 모델은 다른 사업 영역에서도 널리 복제되고 있었다. 이 회사는 사업을 잘하는 동시에 좋은 영향력을 미치려 노력하고 있었다.

간단히 말하면, 이 회사는 사랑받고 있었다. 겉보기에는 나무랄 것 없는 훌륭한 회사였다. 그러나 수면 아래에는 다른 진실이 숨겨져 있었다. 대부분의 리더들이 갈등을 회피하고 있었을 뿐만 아니라 (탐욕스러운 영업 임원을 채용한 부트캠프 참가자가 그랬듯) 받아들이기 어려운 감정이나 자연스럽게 나타나는 공격성을 모두 외부로 떠넘겨 두 명의 고위리더들에게 투영하고 있었다. 그들은 서로, 그리고 서로의 팀과 끊임없이 싸워댔다.

게다가 두 리더들은 두 공동 창업자들 가운데 각자 한 명에게 보고하고 있어서, 그들 간의 분열과 분쟁을 개인화하고 더욱 증폭시키고 있었다. 경영진은 공공연하게는 좋은 관계를, 은밀하게는 기만적인 관계를 유지하면서 조용히 분노를 끓이고 있었다. 퍽도 '좋은' 관계였다.

방 안을 왔다 갔다 하면서 나는 사태를 파악했다. 나는 이미 답을 짐작하며 공동 창업자 중 한 명에게 물었다. "폭력적인 가정에서 자랐나요?""폭력이요?" 그가 되물었다. "아뇨, 폭력은 없었습니다."

내가 혼란스러운 상태로 돌아서는 순간 그가 나의 등에 대고 말했다. "하지만 서로 소리를 많이 질러대긴 했죠."

걸음을 멈춘 나는 방 안을 둘러보며 다시 한번 추측해보았다. "그러면 서로 소리를 질러대는 가정에서 자라신 분은 손을 들어보세요." 25명 중 23명이 손을 들었다.

나는 갈등의 회피가 문제가 아니라고 지적했다. 문제는 두려움이었다. 아직 사라지지 않은 어린 시절의 두려움 말이다. 분노가 가져오는 결과물에 대한 두려움. 고위 임원들은 아무도 리더십 스타일의 문제점을 인정하지 않았기 때문에 계속 오래된 패턴에 뿌리내린 결정을 내리고 있었다. 그 패턴은 계속 복제되고 증폭되었다.

내가 덧붙였다. 서로 잘 어울리지 못하는, 두 명의 조직 부적응자가 문제가 아니라고. 문제는 모든 리더들이 다 함께 진실을 숨기는 게임에 빠져 있는 것이라고.

리더들이 자신들의 과거를 완전히 껴안고 받아들일 때까지, 모든 갈등을 양탄자 아래에 숨기고 싶어 한다는 사실을 인정할 때까지, 갈등은 계속 숨겨져 있을 것이다. 하지만 그대로 묻혀 사라질 거라는 의미는 아니다. 갈등은 다시 수면으로 떠오를 것이다. 누군가가 또 분노와 불만의 대리인 역할을 맡을 테니까.

우리가 충분히 멈춰 서서 내면을 들여다보고 과거를 기억해내기 위해서는 전사의 용기가 필요하다.

이것이 현실이라면

어느 날 밤, 집에 돌아오신 아버지가 곧 직장을 잃을 거라고 말씀하셨다. 그때 나는 열 살이었고 크리스마스가 다가오고 있었다. 아버지가 30년 동안 일했던 회사는 문을 닫았다. 이후 몇 년간 아버지는 노동조합이 소개해주는 일거리를 따라 이 일 저 일 옮겨 다니셨다. 나는 누가 아버지를 고용해줄지 의심스러웠다. 아버지가 그나마 가지고 있던 자신감을 잃어가는 모습을 보면서 나에겐 절대 이런 일이 일어나지 않게 하겠다고 맹세했다. 자신의 일자리는 자신이 책임져야 한다는 관점이 나의 커리어 선택을 결정지었다. 이 관점은 어두운 면과 밝은 면을 모두 가지고 있었다. 모든 슈퍼파워가 그렇듯 말이다.

밝은 면은 강한 자립심으로 나타났다. 어떤 일이 있어도 나는 돈을 벌 수 있었다. 무엇을 어떻게 할지 모르더라도 나는 배울 수 있었다. 충분히 지식을 쌓고 나면 뭐든 할 수 있고 고칠 수 있었다.

어두운 면은 자립심이 불안정하고 안절부절못하는 모습으로 나타났다는 것이다. 어떤 일도 오래하지 못했다. 하지만 이런 어두운 면조차 밝은 면을 가져온다. 안절부절못하는 성향 덕분에 여러 종류의 삶을 헤쳐올 수 있었으니까.

우리에게 일어나는 여러 사건들이 우리의 커리어와 삶을 빚어낸다. 하루가 저물 무렵, 커피와 함께 나눈 작은 대화가 모든 것을 다른 눈으로 바라보게 한다. 어린 시절에 품었던 일상의 만트라는 우리의 가치관과 믿음을 형성하는 바탕이 된다. 그리고 큰 사건들이 있다. 아버지의 실직처럼 완전히 다른 삶의 관점을 갖게 하는 사건들 말이다. 어려움 덕분에 나는 앞으로 나아가고, 새로이 시도하고, 탐구하고, 위험을 무릅쓸 수 있었다. 아버지가 실직과 변변찮은 직업 사이를 오가던 모습을 지켜보지 않았더라면, 원숭이가 기둥을 높이 기어오를수록 엉덩이를 더 많이 내보이게 된다는 아버지의 경고가 없었더라면, 나는 지금의 모습이 아니었을 것이다. 아버지에 대한 반항심 때문에 나는 내 엉덩이가 더 드러나는 자리로 가는 것을 두려워하지 않았다.

이제 코치로서의 나는 나 자신을 세계 최고의 행운아라고 생각한다. 나는 사람들이 자신들의 일을 하는 동안 그들의 이야기를 깊이 들어주고 대신 담아줌으로써 그들을 돕는다. 과거에 대한 대화가 어떻게 우리의 삶을 새롭게 빚어내는가를 보면 정말 놀랍다.

우리 삶의 이야기들을 이해하는 것은 도움이 된다. 한두 마디의 말이 어떻게 모든 것을 바꾸어놓는지를 분명히 볼 수 있다. 돌멩이를 던지듯 삶에 던져진 사건과 대화, 그리고 상호작용의 패턴을 봄으로써 적어도 우리는 어떻게 오늘의 우리가 되었는지를 분명하게 기억하게 된다. 여기까지 어떻게 왔는지를 기억하는 것은 어디로 가고 싶은지 알아내기 위한 중요한 첫 단계다.

리더는 용감하게 진실을 말해야 한다는 사명을 지켜야 한다. 사실은 나도 두렵지만 여전히 믿음을 품고 있다고 동료들에게 말해야 한다. 투자자들이 우리를 믿지 않아서 회사가 죽어가든, 아니면 자신이 죽어가든, 뭔가가 죽어가고 있다는 것을 말하는 것이다. 그러려면 인생의 진실을 있는 그대로 받아들여야 한다.

몇 년 전, 나는 우연히 알게 된 선불교의 오랜 가르침을 내 식으로 바꿔보았다. 내가 바꾼 버전을 너무 여러 차례 말하다 보니 원래의 가르침이 무엇이었는지 기억나지도 않는다. 하지만 내 버전이 더욱 가슴에 와 닿는다. 평생 숨어왔던 경험에서 우러난 것이기 때문인지도 모른다. "이게 나라면, 이제 어떡할 것인가?"

나는 사람들의 마음이 깨어져서 열리고 진정한 리더가 나타나는 것을 몇 번이나 지켜봤었다. 이 과정은 용감하게 내딛는 첫 단계에 달려 있다.

리더가 되기 위한 첫 번째 행동은 이것이 현실이라는 것을 인식하는 것이다. 거기서부터 우리는 어떤 스킬을 개발해야 하는지를 탐색할 수 있다. 우리가 리더로서 진정 어떤 사람이고 어떤 사람이 아닌지를 인식하게 되고, 우리의 진실을 사람들과 나눌 수 있게 된다. 그럼으로써 우리의 친구와 동료 그리고 가족들과 진실되고 강력한 관계를 형성할 수 있게 된다. 리더로서 이런 행동을 할 수 있다면, 우리 자신과 커뮤니티 그리고 우리 행성에 덜 폭력적인 조직을 창조할 수 있을 것이다.

있는 그대로의 삶의 현실에 마음을 여는 것. 이것이 가장 어려운 일이다. 당신이 누구인지, 세상에 대해 무엇을 믿고 있는지를 기억하는 것이다. 그리고 위험 따위야 어떻든, 깨어져 열린 마음의 전사로서 리더가 되는 것이다.

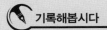

기록해봅시다

● 나는 평생 누구로 살아왔는가?

● 내가 되고 싶은 리더가 되기 위해 그 사람에게서 무엇을 배울 수 있는가?

● 약한 부분을 드러내고 진실한 사람이 되는 것에 대해 나의 가족은 어떤 이야기를 들려주었는가?

● 나는 약한 부분을 드러내는 것에 대해 어떤 생각을 가지고 있는가? 그 생각에서 어떤 영향을 받았는가?

5장

나를 미치게 만드는 사람들
— 타인을 포용한다는 것

식탁 위의 재떨이에서 윈스턴 담배가 타들어가고 있었다. 아버지는 늘 앉던 자리에, 나는 그 오른쪽에 앉아 비닐 테이블보의 찢어진 곳을 잡아당기고 있었다. 엄마는 앞치마를 걸치고는 담배 연기 속에서 부엌 여기저기를 왔다 갔다 했다.

"스나이더 애비뉴의 볼링장에서 아트 가평클을 만났어." 엄마가 입을 열었지만 누구에게 말하는지는 분명치 않았다.

나는 시리얼 그릇과 우유가 묻은 숟가락을 물끄러미 내려다보며 마음을 다잡았다. "어휴." 나는 혼잣말을 했다. "또 시작이네. 이건 어떻게 끝나려나?" 아버지와 눈을 마주치려고 했지만 아버지는 파커 펜을 손에 쥐고는 신문에서 오탈자를 찾고 있었다.

"네 아버지가 공을 칠 순서였어. 나는 네 아빠가 빨리 공을 치기를 기다렸지. 나는 그전에 154점을 내서 기분이 좋았단다. 그때 154는 내 최고 기록이었지……."

내 몸이 굳었다. 나는 아버지의 반응을 지켜보았다. 펜이 종이에 사각거리는 소리밖에 들리지 않았다. "어쨌든 거기에 앉아서 네 아버지를 기다리는데, 키가 크고 몸이 마르고 머리가 헝클어진 애가 내 옆에 앉아 있었거든. 네 형 나이였을 거야. 열여덟인가 열아홉인가. 그런데 너무 말랐어. 그렇게 마른 애들은 보통 약을 하거든. 약을 하면 어떻게 되는지 알잖니, 그지?"

엄마는 계속 말해도 되겠냐는 듯이 나를 보았고 나는 고개를 끄덕였다.

"그래. 그렇게 네 아버지를 기다리는데, 그 비쩍 마른, 노란 더벅머리의 애가 통로를 걸어와 스낵바의 내 옆자리에 앉았던 거야. 그러고는 '버거만 주세요'라고 그러잖아. '버거랑 물만요.' 그래서 내가 물었지. '감자튀김 같은 건 필요 없어?' 걔가 나를 돌아보더니, 마치 유령이라도 보듯이 쳐다보는 거야. '아뇨.' 걔가 그랬지. 진짜 느리게, 귀신처럼 말했어. '너 괜찮니?' 내가 그랬지. 그러니까 걔가 갑자기 생기가 돌면서 이야기를 시작하더라. 걔가 자기 이름은 가펑클이라더라. 아트 가펑클. 웃긴 이름이라서 절대 잊지 않았지. 나중에 온 세상에서 그 이름이 들리더라고."

나는 고개를 끄덕였다.

"그래서…… 걔가 그런 노래를 쓴 거야. 나 때문에. 알잖아, 〈미세스 로빈슨〉. 내가 미세스 로빈슨이라고."

나는 속으로 물었다. '젠장, 내가 미친 건가?'

"아버지." 나는 엄마의 말을 끊으려고 목소리를 크게 냈다. 대답이 없었다. "아버지!"

"으응?" 아버지는 신문에서 고개를 들어 내 눈을 보았다. 나는 뭐라도 해보라고, 아버지에게 눈빛으로 간청했다. 아버지는 어깨를 으쓱했다.

나는 시리얼을 다 먹고 그릇을 싱크대에서 씻고는 엄마를 돌아보았다. 앞치마가 엄마의 짙은 주황색 스웨터와 폴리에스터 바지를 감싸고 있었다. 엄마는 담배에 불을 붙이고 한 모금 빨아들였다. 내뱉는 담배 연기가 엄마의 머리 주변을 맴돌았다. 조용하고 차갑게, 내 발밑의 땅과 이곳의 현실을 다시 확인하면서, 나는 엄마에게 돌아섰다. "엄마는 미세스 로빈슨이 아니에요." 나는 엄마를 쳐다보면서 감히 입을 열었다. 엄마는 나를 쳐다보면서도 내가 누구인지 거의 알아보지 못했다.

"어이, 어이." 아버지가 말했다. "네 엄마에게 그렇게 말하지 마라."

"뭘요? 아버지, 이건 미친 짓이에요."

"엄마는…… 아냐. 그런 게 아니야. 그렇게 말하지 마라. 엄마를 화나게 하지 마."

네 엄마를. 화나게. 하지. 마.

나는 내 방으로 들어왔다. 동생에게 휘갈겨 쓴 쪽지를 남겼다. "더는 못 참겠어. 언제 돌아올지 모르겠다. 돌아오지 않을지도 몰라."

나는 웃옷을 집어 들고 문으로 향했다. 마구 쏟아내고 싶었던 말들을 삼키면서 나는 도망쳤다. A트레인을 타고 브루클린으로, 코니아일랜드로.

열다섯 살인 것은 힘들었다. 나는 자주 대들었다. 아버지에게, 엄마에게, 혼란스럽고 말이 안 되고 짜증나고 무서운 세상에. 엄마의 비이성적인 고함이 무섭기보다는 아버지의 으쓱하는 어깨에 더 화가 났다. '그래서 네가 뭘 어쩔 건데?'라는 표정도.

"그렇게 말하지 마." 아버지는 몇 번이고 이야기했다. "엄마를 화나게 하잖니. 엄마를 화나게 하지 마." 무슨 일이 있어도, 엄마를 화나게 하지 마라.

나는 갈매기 똥과 자동차에서 새어나온 기름으로 범벅이 된 코니아 일랜드 모래사장에 내 마음을 묻었다. 그러나 그렇게 숨기면서도 발견되기를 바랐다.

두려움에 사로잡힌 아버지의 책망은 내 몸에 인장처럼 낙인찍혔다. 아버지와 나는 엄마의 광증이 아버지에게 어떤 증상을 일으키는지에 대해 좀처럼 이야기를 나누지 않았고, 그래서 아버지와 나눴던 드문 대화를 선명하게 기억한다. 아버지는 당신의 몸에 어떤 영향이 미치는지에 대해 이야기했다. 하지만 엄마의 병에 대해 이야기할 때처럼 직접 언급하는 대신 에둘러 말했다.

우리는 또다시 식탁에 앉아 있었고, 역시나 윈스턴 담배가 까만 재떨이 위에서 타고 있었다. 나는 찢어진 비닐 테이블보에서 삐져나온 하얀 실을 잡아당겼다.

첫 직장을 잃은 후에 아버지는 사회의 사다리 아래로 밀려났다. 노동조합은 기껏 또 다른 인쇄소에 일자리를 찾아주는 것밖에 하지 못했다. 매일 밤, 정확히 9시 반이면 아버지는 집으로 전화를 걸어 우리의 안부를 물었다. "난 무슨 일이 있을지 짐작도 되지 않았어." 아버지가 말했다. "네 엄마가 화나 있을지 아닐지. 어떨 때는 너무 겁이 나서

위가 조여들고 장이 부글거리기도 했지."

모두들 그러하듯 나도 부모님을 사랑했다. 너무 사랑한 나머지, 위가 조여드는 두려움까지 아버지에게서 물려받았다.

'엄마를 화나게 하지 마라'는 내 몸으로 들어와 '다른 사람을 화나게 하지 마라'가 되어버렸다. 이 때문에 나는 다른 사람들의 발소리, 숨소리, 말소리, 눈썹을 치켜뜨는 행동 등을 작은 단서로 삼아 하나하나 강박적으로 살피고 경계하게 되었다. 이런 경계심은 다른 사람들이 절대로 화내지 않도록 무엇이든 하는 기술인 나만의 슈퍼파워로 연마되었다.

우리가 자기 자신으로 성장하는 동안 부모의 책망이나 가족의 규범이 절대적인 생존 규칙이 된다. 아버지의 경고는 내가 다른 사람들과 관계를 맺는 지침이 되었다. 그 상대가 미쳤나 싶을 정도로 비이성적일지라도. "다른 사람을 화나게 하지 마라."

어딘가에 소속되기 위해, 세상에 하나뿐인 가족으로부터 쫓겨나지 않기 위해, 우리는 타인을 이해하는 과업을 몸에 익힌다. 그러다 누군가 비이성적으로 행동하면 우리는 자기 논리의 덫에 빠진다. 상대를 화나게 하지 않으려면 내가 잘해야 한다는 생각을 하는 것이다. 나는 나를 지켜줬어야 할 사람들의 보호자를 자처했다. 불안정한 사람들이 바로 설 수 있도록 단단한 땅이 되어야 한다는 의무감을 짊어졌다.

열다섯 살의 나는 춥고 겁먹고 혼란스러운 상태로 코니아일랜드의 대관람차 그림자에 숨어서는 비이성적인 타인과 교류하려고 노력하는 것이 아무 소용 없음을 깨닫기 시작했다. 덫이 보이기 시작했다. 나는 그 자리에 서서 소리쳤다. "젠장!" 나는 바다 쪽으로 돌아서서 맹세했다. "이렇게 살지 않을 거야." 그리고 무릎을 꿇고 몸을 떨며 울었다.

지금 돌아보면, 그 순간은 내가 자유를 선언한 순간이었다. 그리고 가족이 규정한 행동과 믿음으로부터 벗어나겠다고 선언한 순간이었다. 그날 밤, 내가 집에 돌아가자 아버지가 깜짝 놀랐다. 아버지는 내가 집을 나간 것도 몰랐던 것이다.

동생 존이 내 방으로 왔다. "괜찮아?" "응." 나는 대답했다. 우리는 껴안고 울기 시작했다.

"다시는 그러지 마." 동생이 울고 웃으며 말했다. "나를 떠나지 마." 동생이 덧붙였다. "만약에 떠날 거면 죽어도 날 데리고 가."

존이 방을 나가는 것을 지켜보고 나서, 나는 일기장으로 쓰던 흰색과 검은색 얼룩무늬 공책의 한 페이지를 찢어내 글을 썼다. "비이성적인 사람과 이성적으로 논쟁하려는 것은 비이성적인 짓이다." 나는 오래된 투명 아크릴 액자에서 사진을 빼고 그 글을 끼워 넣었다. 그리고 매일 볼 수 있도록 서랍장 제일 위에 올려두었다.

엄마를 화나게 하지 말라고? 웃기시네. 비이성적인 사람을 화나게 하지 말라니, 개뿔. 나는 아버지처럼 위가 조여들고 장이 민감해지는 두려움을 안고 살지는 않을 거야.

몇십 년을 더 살아보니, 사실 그건 내가 할 일이 아니었다. 우리가 자유로워지기 위해서는 어린 시절 자신이 처해 있던 상황과 원인을 이해해야 한다. 그 상황과 원인이 규칙을 만들어내고, 우리는 어른이 되어서도 그 규칙에 맞추어 살기 때문이다. 이는 우리를 안전하게 지키기 위한 규칙이지만 나중에는 우리가 필사적으로 바꾸고 싶어 하는 상황을 만들어낸다.

기계의 망령

아서 케스틀러의 책에 등장하는 소프트웨어 개발자들은 낡은 코드를 '기계의 망령'이라고 부른다. 최신 버전의 프로그램 안에 들어 있기는 하지만 쓸모없어진 코드들, 한때 잘 쓰였지만 이제는 쓰지 않는 코드들은 기계의 작동을 방해한다. 다른 모든 사람들처럼 나도 이런 수백만 줄의 코드를 통해 움직인다. 인생을 어떻게 살아가고 타인과 어떻게 관계 맺을지를 결정하는 운영체제가 있는 것이다. 그 안에는 더 이상 쓰지 않는 수백 개의 망령들도 들어 있다.

나는 지금도 비이성적인 사람을 만나면 논쟁을 피한다. 내 첫 번째 반응은 감정을 억누르는 것이다. 그러지 못하면 도망친다. 그냥 그 자리를 떠나버리는 것이다. 자리를 피할 수 없는 상황이라면 나의 자아는 분리된다. '진짜 나'가 내 육신 어딘가에 숨는 것이다. 숨어 있지만 숨겨지지 않고, 거기에 있지만 거기 존재하지 않는다.

이 모든 전략이 실패하면, 나는 이 비이성적인 상황을 이해하고 받아들이려 애쓴다. 내 일기장에는 온갖 논쟁을 위한 도표와 변호사가 정리한 것처럼 간추린 자료, 수많은 논거들이 빼곡히 적혀 있다. 마치 법정에서 이상한 정의감을 불태우는 변호사나 검사의 수첩처럼 보인다.

계속해서 글쓰기. 비이성적인 상황을 만났을 때를 계속 반추하고,

그때 썼으면 좋았을, 아니 썼어야 할 논거들을 뒤늦게 다듬는다. 나의 망령은 내 모든 관계와 인생의 모든 측면을 형성했지만, 그 존재는 비이성적인 타인을 만났을 때 가장 강력하게 드러난다.

나를 미치게 만드는 사람들

사람은 왜 비이성적이 될까? 어떤 경우에는 정신이 온전치 않기 때문이다. 심각한 정신의 질병을 가지고 있는 경우다. 그러나 그보다 많은 경우 비이성적인 사람들은 삶의 규칙이 다르다.

심지어 그럴 때에도 단지 다르다는 이유만으로 사람들이 서로에게 비이성적으로 행동하진 않는다. 보통은 자신의 규칙의 근원을 설명하지 못하거나 설명하지 않으려는 태도에, 자신의 행동을 인지하지 못하거나 이해하지 못하는 문제까지 합쳐지면 비이성적이라는 느낌이 만들어진다.

예를 들어, 나의 공동 창업자들은 내가 지나치게 경계하거나 내 아버지처럼 다른 사람의 실수를 바로잡는 것에 집착하는 모습을 보았을 것이다. 근본적인 자아 성찰을 실천하고, 안전하고 어른스러운 관계를 만들기 위해 이런 경향들을 찾아내려는 의지가 없었더라면, 내 공동 창업자들은 수동적 공격성을 띤 '수정' 작업이 안전하고자 하는 욕구에서 비롯된 것임을 몰랐을 것이다.

스스로 뿌리를 성찰하는 작업이 없었더라면, 다른 사람들에게 비이성적이고 짜증스럽게 느껴지는 내 행동을 고칠 기회가 없었을 것이다.

안전감과 소속감을 느끼기 위한 행동이 역효과를 내면서, 내가 사랑받고 안전하며 소속되어 있다고 느끼게 해주는 가장 중요한 사람들을 떠나게 만들어버렸을 것이다.

기계에 깃든 망령들도 스스로를 수정한다. 코드는 복사되고 변화하면서 우리의 사랑과 삶을 결정하는 관계에 더욱 깊이 뿌리내린다.

이런 망령은 우리 마음의 운영체제에 뿌리내리고 무의식에서 우리가 누구를 동반자로 선택할지, 그리고 그들이 언제 나를 분노하게 하는지를 결정한다. 또한 우리의 일터에서는 복잡한 재연의 그물을 만들어 함께 일하는 동료들이 의도치 않게 내 과거의 트라우마를 끌어내게 한다.

내가 코칭하는 창업자들이 맞닥뜨리는 가장 어려운 문제는 끝없이 나타나는 듯한 비이성적인 사람들을 상대하는 일이다.

"그 사람이랑 같이 일 못하겠어요." 그녀가 전화기를 들고 방 안을 이리저리 돌아다니는 소리가 들려왔다. "자기가 어떻게 해보겠다면서 나가버려요. 금요일에는 일찍 퇴근하고요. 아니면 휴가를 가서는 계속 돌아올 날짜를 연기해요. 분명히 제때 돌아오겠다고 말해놓고는 말이에요." 흥분한 그녀의 목소리가 점점 빨라졌다. "그리고는 결국 돌아온 후에는, 일정을 안 지킨 것에 대해서는 한마디도 안 해요."

그녀는 CEO이고 '그'는 몇 년간 함께 일한 공동 창업자다. 나는 그녀를 1년 정도 코칭했는데, 가끔 공동 창업자와도 함께 걸으면서 깊은 대화를 나누곤 했다. 회사는 성공하고 있었지만 내부에선 회사가 정체되었다고 느끼고 있었고, 다들 우유부단한 의사결정, 사내 정치, 뒷

말의 진창에 빠져 있었다.

코칭을 위해 직원들과 인터뷰를 해보면 회사는 목가적인 곳으로 느껴졌다. 아름다운 사무실은 그들이 세상에 얼마나 중요한 일을 하는지를 드러내도록 장식되어 있었다. 그런데 몇 달간 일하면서 내 클라이언트의 동료들과 신뢰를 쌓아가다 보니, 나 또한 사무실에 스며들어 있는 어긋난 느낌을 감지할 수 있었다.

이런 어긋난 느낌은 두 리더 간의 불화를 암시하는 전조였다. 회사와 마찬가지로 외부에서 보기에는 그들의 관계도 그저 목가적으로 보였다. 그러나 두 사람 모두 속으로는 상대가 잘못하고 있다고 생각했다.

두 사람이 하는 말의 시비를 가리고 어느 한쪽의 손을 들어주는 식으로는 해결할 수 없었다. 나는 마치 잘못된 결혼생활처럼 보이는 이 관계 속으로 깊이 들어갔다. 서로를 "고집부리는", "꽉 막힌", "비이성적인" 사람이라고 부르는 관계 말이다.

대부분의 클라이언트들이 그렇듯이, 이 CEO도 비이성적인 상대를 분석해서 무엇이 문제인지를 알아내어, 그것을 고치고 변화시키고 개선하고 싶다는 충동에 빠져 있었다. 상대방이 뭘 잘못했는지를 밝힘으로써 죄책감 없이 관계를 끝내고 싶다는 충동도 숨어 있었다.

나는 이 CEO에게 질문을 던졌다. "그 사람이 그렇게 이상하다면 왜 몇 년 동안 그를 해고하지 않았어요?" 예전의 부트캠프에서 탐욕스러운 영업 임원에 대해 불평하던 참가자에게도 던졌던 질문이다.

우리는 그 관계를 들여다보기 시작했다. "언제부터 이랬어요?" 그녀가 말했다. "그는 선견지명이 있는 사람이에요. 정말로 그 사람이 필요했어요."

그녀는 이전에 유럽의 글로벌 100대 회사 중 한 곳에 다녔다. 어느 늦은 저녁 동료들과 회사에 대한 불평을 하다가 함께 회사를 떠나기로 의기투합했다. 천재 기술자인 또 다른 친구도 함께였다. 셋은 정말 멋진 팀을 만들었다. "그 친구는 어떻게 됐어요?" 내가 물었다. "1년 후에 저희가 내보냈어요. 그는 제 역할을 제대로 해내지 못했거든요."

세 명이 두 명이 되었다는 이야기는 흥미로웠다. 여기에 뭐가 작동했을까? 그 관계는 정확히 어떻게 된 걸까? 분명히 말하지만, 이 회사가 해낸 일은 놀라웠다. 그들은 수백만 명의 인생을 바꾸는 매우 성공적인 회사를 세웠다. 회사의 정신은 훌륭했지만 그 아래에는 불만과 억울함이 흐르고 있었다.

공동 창업자가 그녀에게 진심으로 그리고 진지하게 걱정을 나누면서 전환점이 찾아왔다. 그녀는 그게 얼마나 불편했는지 묘사했다. 그전 주에 내가 공동 창업자에게 CEO인 그녀와 직접 이야기를 나눠보라고 격려해준 후였다. 공동 창업자가 대화를 시도하자 CEO는 경멸감을 폭발시켰다. 그녀는 자신이 그 정도의 경멸감을 품고 있는 줄도 몰랐다.

"약속한 일정을 지키지 못하는 것보다 더욱 끔찍한 건 나한테 울면서 무섭다고 하는 거예요." 그녀는 거의 고함을 지르다시피 했다. 나에게도 화가 난 게 분명해 보였다. "그 사람은 나를 실망시키는 사람, 나와는 감정적으로 멀리 떨어진 사람이 되어야 해요."

나는 그녀의 말을 되짚어보았다. "그 사람이 당신을 실망시키는 사람, 당신과는 감정적으로 멀리 떨어진 사람이 되어야 한다고요?" "이런, 젠장." 그녀는 자기 내면의 망령을 느끼고는 그것이 이 문제와 어떻게 연결되어 있었는지를 깨달았다. "우리 아빠네요." 그녀의 아버지는 술의 힘을 빌려야 정서적으로 기능할 수 있는 사람이었다. 그는 가끔 술을 마시고 한동안 사라지곤 했다. 아버지의 귀환은 무척이나 비밀스러운 일이었다. 그녀의 부모님은 아버지가 사라졌다는 사실조차 입에 올리지 않았기 때문이었다.

그녀가 가진 문제는 물론 훨씬 복잡했다. 하지만 이것이 그녀와 공동 창업자의 10년에 걸친 상호 의존 관계를 설명할 무의식적이지만 중요한 조각 가운데 하나였다. 그녀에겐 자유를 약속해줄 파트너가 필요했지만("그는 선견지명이 있어요", "우리는 같이 도망칠 계획을 세웠어요", "그는 약속을 어기고는 그것에 대해서 말하지 않아요") 그는 계속 그녀를 실망시켰다. 그녀를 가장 실망시킨 부분은 정서적 친밀감이라는 환상이었다.

한편 공동 창업자는 자신에게서 빛나는 미래를 기대하면서 상황을 쥐고 흔들며 이끌어가는 여자를 실망시킬 수밖에 없었다. 그는 아들에게 커다란 희망을 품었던 어머니를 실망시키던 어린 시절의 행동을 무의식적으로 반복하고 있었다.

그들은 이 상황을 깨뜨리기 위해 몇 년 동안 노력했고 작은 조직구조를 바꾸기 위해 컨설턴트도 고용했다. 그들은 둘의 역할 구분이 명확하지 않은 것이 문제라고 생각했다.

하지만 그들은 일이 너무 많고 시간이 없어서 둘의 관계에 스트레스가 쌓이고 있다는 생각은 하지 못했다. 복잡한 가족사가 만들어낸 코드에 따라, 그들은 시간이 없다고 서로를 비난해야 했다. 만약 "저 사람이 더 많이/더 똑똑하게/더 오래 일하기만 한다면 내가 스트레스받을 일이 없을 텐데"라고 말이다.

서로에게 애정을 품은 두 사람이 서로에게 지닌 반감을 발가벗겨보면, 코딩된 메시지가 그들의 삶을 지배하고 있음을 발견하게 된다. 그들은 제3의 인물이 팀을 책임지는 것을 무의식적으로 거부했고, 그 때문에 사업도 제대로 성장하지 못했다. 설립된 지 10년이 지났는데도 이 회사의 책임자는 둘뿐이었다.

중요한 회사 일을 둘만이 공유하고 서로에 대해 끝없이 불만을 늘어놓으면서도 이 관계를 정리하지 않았던 것도 마찬가지다. 손가락은 언제나 서로를 향해 있고, 한 번도 자기 쪽을 가리킨 적이 없었다.

우리 마음에 깃든 망령은 모두가 잊어버렸어도 계속 조용히 작동한다. 더는 쓸모가 없고 우리의 성장을 방해하기만 하는 방식일지라도.

함께 창업해 공동 운명체가 된 두 벤처캐피털리스트가 있었다. 둘 중 나의 클라이언트는 평판이 좋았다. 친절하고 배려심 있고 사려 깊은 사람으로 사랑받았다. 그의 창업 파트너는 비이성적이라는 손가락질을 받았다. 창업자들의 커뮤니티에서 배척당하고 공동 투자자들로부터 미움받았다. 스타트업 업계 사람들은 수군거렸다. "왜 저 사람을 파트너로 골랐지? 완전 개자식이잖아."

함께 이 문제를 파고들기 전까지는 아무도 몰랐다. 내 클라이언트조차도 이해하지 못했다. 좋은 사람인 그에게 나쁜 사람 역할을 맡아줄 개자식이 필요했다는 사실을. 다른 사람의 기대대로 살아야만 하는 좋은 사람인 나의 클라이언트는 자신을 밤새 마약과 파티로 이끌어줄 사악한 도플갱어가 필요했던 것이다.

"그가 당신을 미치게 한다면, 그리고 회사와 당신의 평판과 당신이 만든 모든 것을 위험에 빠뜨리고 있다면 왜 그와 계속 일하죠?" 내가 물었다.

그가 웃었다. "와, 모르겠네요." 그러고는 다시 웃었다.

나는 그의 웃음을 지적하면서 말했다. "지금 몇 살같이 느껴져요?"

그가 멈칫하며 말했다. "잘 모르겠지만 중학생이 된 느낌이에요. 벌을 피해 도망치면서 걸리지 않기를 바라는 것이 말이에요."

우리는 그 감정을 파고들어 가서 그의 과거를 마주했다. 가톨릭교회의 성가대였고 복사까지 맡았던 그가 사실은 또래들 사이에서 멋지게 보이고 싶었던 소년이었음을 알게 됐다. 못된 파트너는 마침내 그가 멋진 또래들 틈에 낀 것 같은 기분을 주었다. 비록 내 클라이언트의 성숙한 부분이 위험을 감지하기는 했지만 말이다.

만약 비이성적인 타인이 형제이거나 사랑하는 사람이라면, 위험성은 순식간에 몇 배로 증가한다.

세 형제가 공동 창업한 팀이 있었다. 그들의 오래된 문제는 엄마랑 아빠가 누구를 더 사랑하는지를 두고 싸우던 침실에서 시작되었다. 그들은 형제간의 경쟁심은 장난감 자동차를 서로 비교하면서 "불공평해요!" 하고 소리치던 시절에나 문제였다고 생각했다. 형제간의 경쟁심이 어떤 제품을 개발할지, 어떤 투자자에게 투자받을지에 영향을 주리라곤 생각지도 못했다.

그중 특히 문제가 심각한 형제 공동 창업자와 첫 미팅을 했을 때에는 그들의 언쟁을 말리기 위해 소리를 질러야만 했다. 심판을 보는 부모 역할을 떠맡게 되자 그들을 질책하는 동안에도 웃음이 나왔다. "그만해요. 싸움을 그만두지 않을 거면 나는 이대로 나가버릴 거예요."

그러자 삼십 대 중반의 형제 중 하나가 유순한 눈과 처량한 표정으로 나를 쳐다보면서 말했다. "쟤가 먼저 시작했어요." "뭐라고?" 나머지 하나가 말했다. "내 평생 동안 네가 그러고 있잖아." 이 대화가 오간 곳은 직원 400명 규모 회사의 중역실이었다.

다른 회사에서는 형제 중 하나가 CEO를, 다른 하나가 제품 개발 책임을 맡았다. 상하관계가 깔끔했어야 했는데 그러지 못했다. 제품 개발 책임자가 이사회에 들어가 CEO인 형제의 상사 역할을 했던 것이다.

비즈니스 파트너가 인생의 파트너인 경우에는 이 의식적 또는 무의식적인 '춤'에 독특한 상황을 만들어낸다. 즉 그중 한 명 또는 두 명 모두의 가족, 이전의 연애, 이전의 업무에서 만들어진 유령이 인생과 사업의 파트너십에 관여하는 것이다.

버지니아는 창업자이자 CEO였다. 그녀의 아버지는 다정하고 성공적이었지만 감정적으로는 거리감이 있었다. 그런 아버지를 우러러보며 자란 버지니아는 아버지의 사업 스타일을 모방하려고 했다. 창업 직후 그녀는 최고 기술 책임자와 사귀기 시작했고, 곧 결혼까지 했다. 그녀가 아버지의 감정적 거리감까지 모방하면서 팀원들과 그녀의 남편은 긴장감에 에워싸였다. 그들은 상황을 파악하지 못한 채, 아무리 해도 버지니아는 만족하지 않을 거라고 넘겨짚게 되었다.

다른 사람들이 비이성적이라서 잘못을 저지르고 있다고 주장한다 해도 우리에게는 항상 우리의 망령이 있다.

많은 관계들이 그렇듯, 나의 자아와 비이성적인 타인이 복잡하게 얽히는 것은 심리적 전이의 조합에 달려 있다. 비이성적인 타인은 우리 인생에서 과거 누군가의 대리인이 된다. 그들은 우리가 차마 마주하지 못하는 자아의 부정적이거나 긍정적인 자질을 투영하는 막이 된다.

어떤 파트너의 이유 있는 조급함과 효율성에 대한 집착은 '비이성적'인 것으로 받아들여진다. 우리가 계속 부모를 실망시켰던 방식을 연상시키기 때문이다. 그들의 '비이성적인' 행동이 우리의 수치심을 자극하여 우리가 물러서고, 숨고, 상황을 복잡하게 만들게 함으로써 그의 조급함을 더 자극하게 한다.

그러나 빙글빙글 도는 전이와 투영의 회전목마는 여기서 멈추지 않는다. 종종 우리의 무의식은 실망하고-부끄러움에 숨고-더욱 실망하게 되는 구조를 고착화시키는데, 마음 깊숙이에서는 그 콤플렉스가 우리를 비참하게 만드는 동시에 묘하게 안심시키는 구석이 있기 때문이다.

우리 안에 있는 어린아이와 마음에 깃든 망령에게 이 복잡한 춤은 집에 온 듯한 기분을 느끼게 한다. 그 드라마와 비극이 안전하다는 감정을 불러일으킨다. 우리 인생 내내 반복해온 패턴이라서 익숙하기 때문이다.

불합리한 타인에 대한 쉴 새 없는 불평 뒤에 이런 복잡한 구조가 숨어 있음을 깨닫게 되면, 나의 일은 이제 쓸모없어진 복잡한 구조물을 볼 수 있도록 도와주는 것이 된다. "각본을 내려놓으세요." 나는 말한다. "이 드라마 속에서는 당신 역할을 연기할 필요가 없으니까요."

관계의 저주를 깨는 법

"더는 연기하고 싶지 않아요." 나는 계속 징징거렸다. "각본을 버리고 이 역할을 멈추고 싶어요." 내 대화 상대는 샤론 샐즈버그였다. 그녀의 책《행복해지고 싶다면 자신부터 믿어라》가 내 마음을 부수어 열어젖힌 후에 그녀는 내 스승이자 정기적으로 명상을 함께하는 동료가 되었다. 그녀는 내가 명상할 때마다 반드시 모습을 드러내는 망령을 알아보도록 도와주었다.

우리는 내가 꼬아놓은 또 다른 아프고 당혹스러운 관계에 대해 이야기하면서 내가 다른 사람을 화나게 할까 봐 두려워하는 이유를 이해하려고 노력했다. "엄마를 화나게 하지 마라." 이 말이 내 머리에서 맴돌았다.

"모든 사람은 자신의 카르마를 지고 있어요." 그녀는 원인과 결과에 대한 불교의 법칙을 상기시켰다. "그들의 행복과 불행은 내가 그들에게 품은 소망이 아닌, 그들 자신의 행동에 달려 있어요." 모든 존재가. 우리 엄마도, 비이성적인 타인마저도.

나는 스스로에게 자비(샤론에게서 배운 강력한 교훈)를 품고는 비이성적이고 당혹스럽고 고통스러운 관계에 대한 모든 감정들이 밀려오게 했다. 갑자기 모든 것이 명확해졌다. 나의 징징거림, 내가 관계의 덫에 빠졌다는 감정, 다른 사람의 불합리함에 대한 무력감은 모두 재연일 뿐이었다. 그런 관찰을 통해 나는 갑자기 불합리함을 이성적으로 바꿔보려던 무거운 짐에서 벗어났다. 비이성적인 타인과 논쟁하는 것도 비이성적인 일이지만, 그들을 내 관점에서 이성적으로 바꿔보려는 노력도 비이성적이다.

그 순간에 나는 타인과의 경험에도 선택지가 있다는 것을 깨달았다. 물론 우리는 막다른 골목에 부딪칠 수 있다. 그러나 비이성적인 타인과의 만남을 자극제 삼아 나의 반복적이고 고통스러운 습관에서 깨어날 수도 있다. 마음의 망령을 끌어안음으로써 고통과 부끄러움에서 벗어나 깨달음을 향해 갈 수도 있다. 우리는 묻는다. 어쩌다가 내가 원하지도 않는 삶의 조건을 만드는 데 힘을 보태게 되었을까? 이 상황의 공범이 되는 것을 끝내기 위해 무엇을 해야 하는가?

시인 릴케는 다른 사람을 사랑하는 일이 "우리가 하는 모든 일 가운데 가장 어려운 일"이라고 했다. 그리고 그는 타인과 관계를 맺는 것은 "광활한 하늘 아래에서 서로를 온전하게 바라보는 일"이라고 했다. 그렇게 하려면 가장 가까운 사람들 사이에도 존재하는 무한한 거리를 인식하고 받아들여야 한다. 광활한 하늘 아래, 이 거리 안에 우리의 가장 깊고 근본적인 자아 성찰의 가능성이 놓여 있다.

문제를 푸는 첫걸음은 나의 반응을 명료하게 보는 것이다. 분노가 솟구치거나 두려움에 압도되거나 탐욕에 사로잡혀 있다면, (못된 짓을 하고 싶었던 내 클라이언트의 경우에는 웃음을 터뜨렸다) 그 순간이 나 자신을 명료하게 들여다볼 때다.

근본적인 자아 성찰은 습관과 패턴을 보는 길이다. 이 깨달음으로 가는 질문들이 그 여정에 도움이 될 것이다.

- 내가 다른 사람에게 투영하는 나의 일부는 무엇인가?
- 어떻게 내가 그 부분을 다시 찾아올 수 있을까?
- 나의 반응이 나에 대해 무엇을 말해주는가?
- 나는 왜 그런 일을 할까?
- 그들은 왜 그런 일을 할까?
- 그 사람들은 그 비이성적인 행동을 통해 어떻게 자신의 사랑, 안전, 소속감을 확보하려고 하는 걸까?

깨달음을 얻는 것은 죽도록 어렵다. 올무의 줄이 당겨지고, 과거의 망령이 소리치는 순간 가만히 물러서서 내면을 성찰하기란 죽도록 어려운 일이다.

어떻게 하면, 타인이 사과를 하고, 이상한 일을 당장 멈추고, 영원히 바뀌어주기를 바라는 맹렬한 마음의 요구를 무시할 수 있을까?

비이성적인 타인의 실패와 실망스러움에 반응하여 우리가 스스로의 내면을 성찰하고 거기서 보이는 것에 이름을 붙일 수 있다면, 그리고 무슨 일이 진짜로 벌어지는지 안다면, 우리는 망령의 저주를 깰 수 있다.

타인이 지옥이라면

앤은 엄청나게 괴로워하고 있었다. 그녀의 공동 창업자인 폴은 그녀의 표현을 빌리면 "끔찍하게 우유부단하고 황소고집인데다 느려터졌다." 그녀가 CEO였지만, 회사의 전략 책임자인 폴이 이사진들을 이용하여 그녀를 '휘두르고' 그녀에게 '일을 지시함으로써 그녀를 무시'하고 있었다.

대학 시절부터 친구였던 앤과 폴은 하버드 비즈니스 스쿨을 졸업하고 같이 사업을 하기로 했다. 그들은 매일 늦은 밤까지 흰 종이에 자신들의 아이디어를 써내려갔다. "앤은 타고난 실행자예요." 폴이 말했다. "나는 큰 그림을 그리는 것만 하지만, 앤은 진짜 그 일을 실현시켜요." 그녀가 CEO가 되는 것은 당연했다. 앤이 빠르게 의사결정을 내리는 일에 더 능숙했기 때문이다. 그러나 최근에 그녀는 폴에게 묻지 않고 너무 많은 결정을 내렸다. 폴은 그녀가 자기를 무시하고 깔아뭉갠다고 느꼈다. 두 사람 간의 의사결정 방법이 무너져버렸다. 그들 간의 차이는 해소될 수 없을 것같이 느껴졌다.

두 사람 모두를 코칭하면서 나는 둘 다 진실을 말하고 있음을 알았다. 최소한 그들의 감정은 진짜였다. 물론 실제 벌어진 일은 그들 각자의 생각과는 조금 달랐지만 말이다. 나는 그들에게 근본적인 자아 성찰의 방법으로 명상 수련을 추천했다. 둘을 옭아맨 주문을 풀어내고 서로 간의 대화 방법을 개선할 도구였다.

그들이 상대가 얼마나 비이성적인지를 적은 이메일을 보내왔을 때,

나는 그들에게 똑같은 일을 하게 했다. 자극적인 이메일이 오가고 서로의 분노가 하늘을 찌를 때, 나는 그들에게 잠시 그들의 무기인 휴대전화를 내려놓으라고 했다.

"새 이메일이 왔음을 알리는 알림음이 나더라도 답하지 말아요. 휴대전화를 보지도 말고요." 나는 그들에게 각각 이메일을 보냈다. 나는 그들에게 가만히 앉아서 자신들에게 몰려오는 감정, 특히 몸의 반응에 대해 써보라고 했다. 당장 이메일을 읽고 싶은 욕망에 대해 써보고, 또 서두르지도 굴복하지도 말고 메일에 쓰인 말들에 대해 자신에게 천천히 설명해보라고 했다. 이 설명을 따라가면서 자신의 몸에 대해 질문해보라고 했다. "이 이야기가 내 몸 어디에 표현되지?"

내가 이런 이메일을 보낸 목적은 자극과 반응 사이의 거리를 넓히는 것이었다. '딩' 하고 이메일 수신음이 울리는 순간과 '이 사람은 완전히 틀렸군. 이 사람은 나를 절대 존중하지 않아'라고 생각하는 순간 사이에 틈을 만드는 것이다.

"정말 힘들었어요." 앤이 나중에 말했다. "나는 가슴에서 머리까지 열불이 솟구치는 걸 느꼈어요. 찻주전자로 변해 귀에서 김이 쏟아져나오는 만화 캐릭터 같았어요." 그녀는 조건반사처럼 예전의 반응이 다시 시작되려는 것을 느끼고는 미소를 지으면서 비이성적인 타인인 폴이 얼마나 틀렸는지를 한 번 더 설명했다.

폴은 화를 내는 대신 울었다고 했다. "나는 정말 깊이, 깊이 슬픔의 우물에 빠졌어요. 내 가슴 전체를 꽉 채울 정도였어요."

"그 슬픔은 얼마나 오래된 거지요?" 내가 물었다.

"아주 오래됐어요." 그가 훌쩍거리면서 말했다. "또 엄마에게 얻어맞은 것 같은 느낌이었어요. 내가 부족하다는 말을 또 들은 느낌이요."

나중에 둘이 함께한 코칭에서 나는 그들의 괴롭고 끔찍한 고통을 따라가 보라고 했다. 그들의 가장 깊고 약한 곳을. "몸의 반응을 따라가 보세요." 내가 말했다. "그걸 느끼되, 그 생각의 열차에 올라타면 안 됩니다. 역으로 끌려들어 가버리면 안 돼요."

나는 계속했다. "당신이 상대방에 대해 스스로에게 뭐라고 말하는지 생각해보세요. 당신이 상대에 대해 하고 있는 생각은 당신이 아무도 모르게 평생 간직해왔던 이야기와 관련이 있나요?" 둘이 바닥을 내려다보았다. 그들이 다시 고개를 들기 전까지 고통스러운 침묵이 흘렀다. 영원처럼 느껴지는 시간이 지나자 앤이 먼저 말했다. "네. 내가 차갑고 매정한데다 일만 생각하고 사랑하는 사람들에게는 신경 쓰지 않는다는 이야기와 관련 있어요."

"누가 당신에게 그러던가요?" 내가 물었다.

"전남편이요. 그는 그래서 나랑은 더 이상 살 수 없다고 했죠."

우리는 그녀가 밝힌 진실에 침묵으로 경의를 표했다. 우리는 폴에게 관심을 돌렸다.

"내가 잠재력을 다 발휘하지 못하고 살아왔다는 것." 그가 기억을 더듬었다. "그리고 앞으로도 그러지 못할 거라는 이야기요."

나는 고개를 끄덕이고는 앞으로 몸을 기울여 머리를 무릎에 묻었다. "폴, 그 이야기가 당신 몸에 처음 박힌 게 몇 살 때였죠?"

"아주 어릴 때였어요. 그렇게 느끼지 않았던 때를 아예 기억할 수도 없어요."

방 안에 공기가 흐르기 시작했다. 우리 모두 숨을 내쉬었다. 나는 두 사람에게 물었다. "당신 친구가 스스로에 대해 그렇게 생각하는 것은 알고 있었어요?"

그들은 서로를 바라보았다. 내게는 CEO나 공동 창업자가 아니라 오래된 대학 친구 두 명이 보였다. 미친 듯이 세상을 바꾸는 일에 도전할 만큼 용감한 두 명의 창업자가 보였다. 그들은 더는 미친 사람처럼 느껴지지 않는 상대를 바라보았다.

이것이 비이성적인 타인이 우리에게 주는 선물이다. 내가 타인에 대해 만들어낸 이야기에는 나 자신의 좋은 면과 나쁜 면이 투사되어 있다.

장 폴 사르트르의 말처럼 타인이 지옥이라면, 비이성적이고 왜곡된 거울로 보는 우리 자신의 모습이야말로 지옥일 것이다.

그러나 구원은 찾아온다. 우리가 이 왜곡된 이미지를 마치 광활한 하늘처럼 바라본다면, 자신과 타인의 좋은 것과 나쁜 것을 모두 보게 된다면 말이다. 왜 공동 창업자의 실패가 내게 혐오와 분노를 일으키는가? 그가 그녀를 안전하게 지켜주지 못할 뿐만 아니라 그녀 또한 그처럼 실패하는 모습을 보여서가 아니었을까?

앤은 폴의 행동을 통해 그가 할 생각이 없었던 말을 들었다. 폴은 앤의 반응에서 그가 가장 싫어하는, 왜곡된 자신의 모습을 보았다.

우리가 이런 왜곡된 모습을 충분한 호기심을 가지고 바라본다면, 서로가 버려진 코드와 망령의 조각에 훼방받았을 뿐인 완전한 존재라는 현실에 안도할 수 있다. 우리는 타인과 있을 때, 그들이 이성적이건 비이성적이건 간에 우리의 경험을 능동적으로 선택할 수 있다.

"당신의 실행 명령은 뭔가요?" 나는 문제를 겪고 있는 다른 공동 창업자들에게 물었다. 망령이 당신에게 소리를 지른다면, 올무의 줄이 팽팽하게 당겨진다면, 당신은 어떻게 하는가? 도망치는가, 아니면 상대를 몰아세우는가?

나아가, 당신은 타인이 어떻게 반응하기를 바라는가? 당신의 분노와 두려움을 가라앉힐 방법을 상대에게 제시하는가? 당신이 가장 편안한 곳에서 사랑받고 안전하고 소속되어 있다고 느낄 때, 이런 기분을 비이성적인 타인에게 전해보면 어떨까? 만약 그가 원하는 것이 그저 누군가 그의 고독을 이해하고 지켜주는 것이라면, 그래서 그의 망령이 요구하는 일을 하게 해주는 것이라면?

"제리, 저 미쳐버릴 것 같아요." 엘리자에게서 메일이 왔다. "제발, 시간 좀 내줄래요?" 새로운 클라이언트인 엘리자는 작고 빠르게 성장하는 회사의 공동 창업자이자 CEO다. 우리가 처음 만났을 때 그 회사의 직원은 20명이었다. 7개월 후에는 40명이 되었다. 그녀는 처음으로 최고 기술 책임자를 영입했고, 그 때문에 도움을 청하고 있었다.

그가 비이성적인 타인이었던 것이다.

"이번엔 그가 뭘 했는데요?" 내가 물었다.

"늘 이런 식이에요. 일을 다 끝내기 전에 '간다'는 말도 없이 가버렸어요. 무시하는 거죠. 내가 여자라서 그런가 봐요."

나는 숨을 들이쉬고는 무시당한다는 감정에 대해 좀 더 말해보라고 했다. "그 사람이 어떻게 느낄지 알아요." 그녀는 그의 입장에서 생각해보려고 애썼다. "여자랑 일하는 걸 견디지 못하는 거죠."

"그렇겠죠. 그런데 그럼 애초에 이 일은 왜 하겠다고 했을까요?" 나는 무의식적인 편견이 공공연한 성차별보다 더 만연하다는 점을 언급했다. 나는 최고 기술 책임자가 이제 막 채용되었을 뿐이고 더 높은 연봉을 제시한 회사를 거절하고 이곳에 들어왔다는 것을 알고 있었다. 그는 나에게 엘리자를 대단히 존경하고 있으며 함께 일하게 되어 기쁘다고 이야기했었고, 나는 그의 말이 진심이라고 믿었다.

나는 비폭력대화 모델인 OFNR을 써보라고 제안했다. OFNR 모델은 다음 네 가지 단계에 따라 말하고 듣는다.

관찰(Observation): 확실한 사실에 대한 관찰.

느낌(Feeling): 동기에 대한 느낌이나 추정. 그리고 사실에 대한 해석.

필요(Needs): 개인적인 필요와 공동의 필요.

요청(Request): 다르게 행동할 것을 요청.

"사실부터 시작해보죠." 내가 말했다. 그는 아무에게도 이야기하지 않고 일찍 퇴근했다. 나는 더 설명했다. "그의 행동이 당신에게 준 느낌을 말하세요." 이 경우에는 무시받는다는 느낌이었다. "그리고 그에게 공동의 필요를 말해보세요……. 회사의 모든 사람들이 존중받는다고 느낄 필요가 있지요." 나는 그녀에게 말했다. "그러면 요청하세요. 만약 일찍 퇴근해야 한다면 미리 말해달라고."

"잘 풀렸어요!" 몇 시간 후에 그녀가 메일을 보냈다. 그 최고 기술 책임자는 네 살짜리 딸이 심하게 열이 난다는 아내의 전화를 받았다고 한다. 그래서 아이를 데리고 병원으로 달려가야 했다. 왜 먼저 퇴근한다고 말을 안 했는지에 대해서는, 가족을 일보다 우선함으로써 약하게 보이고 싶지 않았다고 대답했다.

"가족을 일보다 우선한다고 해서 내가 그를 나약하게 여길 거라고 생각했다니, 믿겨져요?" 그녀가 물었다.

"당연히 믿겨지죠." 내가 답장에 썼다. "그에게도 자신만의 망령이 있을 테니까요. 당신은 다른 사람이 예상치 않은, 위협적인 행동을 하면 당신의 존재 자체를 무시하는 거라고 느끼잖아요. 그건 당신의 망령이 그러는 거라고요."

마음 깊은 곳으로부터 용서하기

엘리자, 버지니아, 폴, 앤을 비롯해서 모든 클라이언트들의 타인에 대한 비이성적인 경험은 성장의 기회가 된다. 그들은 고통스러운 관계의 경험을 성장의 기회로 활용하여 어린 시절의 한계를 넘어선다. 타인이 제공하는 이지러진 거울 속에서 그들은 자신의 망령을 보고, 그렇게 함으로써 타인의 온전함을 볼 수 있게 된다.

이제 생각해보니, 엄마가 망가진 어린 시절 때문에 '비합리적인' 사람이 되었음을 알겠다. 몇 년 만에야 엄마의 망령들이 어떻게 엄마를 두렵게 했는지를 이해하게 되었다. 눈을 가늘게 뜨면, 외할아버지 도미닉 귀도가 자신의 두려움과 당혹감 때문에 무력감 속에서 폭력을 휘두르던 모습이 보인다. 이제 되돌아보니, 광활한 하늘 아래에 어깨를 나란히 하고 서니, 엄마의 온전한 모습이 보인다. 상심하고 겁먹은 채, 엄마 자신의 대관람차 아래에 서서 비이성적인 세상을 감당해보려고 애쓰는 모습이.

엄마를 온전히 보게 되자 내 머릿속에 있는 비이성적인 타인의 원형이 그저 인간적으로만 느껴졌다. 나 자신도 완전히 똑같은 모습으로 보게 되었다.

2015년 후반에 엄마는 치명적인 낙상을 입었다. 우리는 엄마를 요양원에 모셨고 엄마는 1년 후에 거기서 숨을 거두었다. 엄마가 요양원에 들어간 지 얼마 후에 나는 그녀를 보기 위해 뉴욕으로 날아갔다. 난 엄마의 노쇠함에 놀랐다. 그리고 엄마가 그렇게나 중요하게 여겼던 머리카락이 언제나처럼 봉긋하지 않고 납작한 것이 신경 쓰였다. 이미 하얀 머리카락이 더 하얗게 보였다.

엄마가 곧 돌아가시리라는 현실과 그간 우리 사이에 있었던 일들이 그 순간에 얼어붙은 듯이 느껴졌다. 여기 그녀가 있다. 무섭고, 비이성적이며, 미친 타인. 계속해서 내가 정상인지, 내가 살고 싶은지 고민하게 만들었던 여인. 그런데 그녀도 약하고, 혼란스럽고, 겁에 질려 있었다.

그녀의 눈은 내 얼굴과 내 아이들의 얼굴을 쫓았다. 비이성적인 타인 대신 일요일마다 가족의 저녁상에 올릴 토마토소스를 새로 만들던 여인이 보였다. 겁먹은 눈동자에서 그녀의 강함이 보였다. 인생의 고통과 트라우마를 이겨낸 능력도 보였다. 또한 그녀가 겪어야 했던 불공평하고 불합리한 고통도 보였다. 불현듯 요양원의 소독약 냄새가 엄마가 만들곤 하던 미트볼 소스 냄새로 바뀌었다.

많은 것들이 떠올랐다. 냄비의 요리가 끓고 있는 동안 아버지가 〈데일리뉴스〉의 일요판을 들고 있다. "누가 만화를 빼갔니? 나 아직 퍼즐 안 끝냈는데."

누워 있는 엄마의 눈동자가 내게 묻는 듯했다. "나한테 무슨 일이 일어나고 있는 거야?" 나는 퀸즈의 우리 집에서 지하철 A트레인까지의 길고 어두운 길을 기억했다. 엄마와 나는 제빵사가 오븐 앞에 서 있는 옥스퍼드 베이커리를 지나쳤다. 거리는 애플 턴오버(사과 잼을 넣고 삼각형이나 반달 모양으로 접어 만든 파이─옮긴이)와 크럼 케이크 냄새로 가득 차 있었다. "독일 제빵사들이 최고라니까." 엄마와 내가 같이 이사를 나온 후에 아버지와 동생이 다시 합류하기 전까지 몇 달 동안 우리 둘은 A트레인을 타기 위해 계단을 오르내리곤 했다. 엄마는 사무 보조 일을 하기 위해 매일 아침 5시 30분에 월스트리트로 길을 나섰고 나는 브루클린에 있는 학교에 8시까지 가야 했다. 우리가 지하철에 같이 앉으면 의자 아래의 히터가 엉덩이와 종아리를 따뜻하게 덥혀주었다. 우리는 독일 제빵사가 만든 냄새에 감싸인 채로 서로에게 안전하고 따뜻하게 기대었다. 나는 엄마 어깨에 머리를 대고 잠이 들었다.

다시 요양원으로 돌아온 나는 현재와 과거 양쪽에 존재하고 있었다. 임종을 몇 달 앞둔 엄마의 침대 옆에, 그리고 분노와 고통에 휩싸인 어린 시절에.

낡은 비유이지만, 나는 어깨 너머로 아버지의 존재를 느꼈다. 25년 전에 이미 세상을 떠났지만 아버지는 거기에 우리와 함께 있었다. 고등학교 때 나에게 써주셨던 말을 속삭이면서. 개막 공연의 전날 밤이었다. 내 인생에 몇 번 안 되는 무대 중 하나로, 셰익스피어의 〈한여름 밤의 꿈〉에서 요정의 왕 오베론 역을 맡았었다.

아버지는 애지중지하는 파커 펜으로 짤막한 메모를 남겼다. 지금도 기울어진 글씨체가 생각난다. "행운을 빈다. 아니, 다들 이렇게 말하더라. 다리나 부러져라!"("다리나 부러져라"는 극장에서 행운을 빌기 위해 쓰는 말이다-옮긴이) 그리고 이렇게 덧붙였다. "오늘 밤, 네가 너무나 자랑스럽구나."

나는 아버지의 메모가 적힌 작고 노란 종이를 지갑 안에 넣었다. 시간이 흘러 종이는 해어져 사라졌지만 그 메시지는 내 영혼에 영원히 새겨졌다.

다시 엄마를 본다. 엄마는 두려움과 혼란 속에 누워 있었다. 나는 아버지가 보내준 메시지에 감사하면서 앞으로 몸을 숙이고는 보청기가 빠져 있는 엄마의 귀에다 말했다. "다 괜찮을 거예요, 엄마. 사랑해요. 엄마를 용서해요."

"뭐라고?" 그녀가 말했다.

나는 눈물을 흘리며 웃었다. 엄마는 듣지 못했다. 상관없었다. 내가 그걸 느꼈으니까.

코니아일랜드에서의 시간과 내가 도망쳤던 모든 시간들을 지금 돌아보면, 단지 용서뿐만이 아니라 감사가 밀려오는 것을 느낀다. 내가 엄마의 불합리함을 마주치지 않았더라면, 내가 적극적으로, 그리고 무의식적으로 비이성적인 타인과의 관계를 재정의하는 능력을 거듭 탐험하지 않았더라면, 나의 깊은 자아와 풍부한 자원들을 발견하지 못했을 것이다.

물론 나는 비이성적인 타인들에게 단련되지 않았더라도 좋은 사람이 되었을 것이다. 나는 좋은 사람이다. 그러나 그 고난이 없었더라면, 나는 지금의 내가 아니었을 것이다. 사실 나는 나를 좋아한다. 그러니, 고마워요, 미세스 로빈슨.

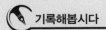

기록해봅시다

● 왜 나는 사람들과 어울리는 것이 어려운가?

● 왜 관계가 그렇게 어려운가?

● 내가 공동 창업자, 동료, 가족, 인생의 파트너에게 말해야만 하는데 말하지 않은 것이 무엇인가?

● 나에게 말했지만 내가 듣지 않은 것이 무엇인가?

6장

세상에 내 존재를 남기는 방식

– 길 없는 길을 간다는 것

Reboot

이제 내 나이는 처음 아버지가 되었던 나이보다 내 아버지가 돌아가신 나이에 더 가까워졌다. 로키산맥 언저리의 원더랜드 호수 주변을 걷는 동안, 마치 바람의 속삭임처럼 이 생각이 찾아와 나를 놀라게 했다. 늦은 아침 햇살이 가장 아름다운 분홍색과 회색으로 언덕을 물들이고, 밤새 내린 서리가 잔잔한 호수 위에서 반짝인다. 난 발밑에서 서리가 서걱대는 소리를 들으며 이 생각에 사로잡혔다. 아버지가 돌아가신 나이에 가까워지면서, 나는 우리의 인생에 미묘하고 흥미로운 대칭을 만들어내는 반복적인 패턴에 대해 생각했다. 나는 젊은 남자의 어린 아들이었다가 젊은 남자가 된다. 그러고는 다시 아들, 딸, 아들의 젊은 아버지가 되었고, 이 아이들은 이제 성인으로서의 모든 권리를 가진 어른이 되었다. 큰아들은 내가 처음 아버지가 되었던 나이가 되었고 곧 그의 아버지에게 작별을 고할 나이가 되겠지.

몽상은 질문들로 깨졌다. 한 걸음, 한 걸음, 와삭. 나는 어떤 사람이 되고 있는가? 한 걸음, 한 걸음, 와삭. 세상에서 내가 진실이라고 믿는 것은 무엇인가? 또 한 걸음, 한 걸음, 와사삭. 나이가 들어가면서 내 인생에 대해 뭘 할 수 있을까? 그리고 질문들에 이어 데이비드 화이트의 시구가 떠올랐다.

숲속 호숫가에서,
그림자에서,
너는
물속에 비치는
조용한 얼굴에
진실을 속삭일 수 있다

기억하라,
이곳에서는
누구도 네 소리를 들을 수 없다

그리고 침묵 속에서
너는 결코 깨지지 않을
약속을 할 수 있다

이 시는 이야기한다. "이렇게, 너는 무엇이 진실이고 무엇이 진실이 아닌지 알아낼 것이다."
무엇이 진실인가? 무엇이 진실이 아닌가? 나는 며칠 전 동료 앤드루와 원더랜드를 걸었다. 세 번째로 호수를 돌았을 때에야 그는 그동안 품고 있던 질문을 입 밖에 냈다. 내 인생을 어떻게 해야 할까요? 그 주의 초반에 그가 카페에서 나를 불러 세웠다. 그는 주문을 하다 말고 돌아서서 "언제 같이 산책이라도 할까요?"라고 했다. 그의 눈에는 두려움이 떠올라 있었다. 그는 내가 코웃음치거나 거부하거나 비웃을 것으로 생각하고 있었다.

"좋지요. 그럽시다. 금요일 11시에 원더랜드 어때요?" 내가 말했었다.

호숫가의 버들가지가 나부꼈다. 태양이 중천으로 이동하면서 서리들이 반짝거렸다. 그는 내게로 몸을 돌렸다. "내가 이걸 묻는 게 좀 말이 안 되기는 하지만…… 그게, 저는 코치잖아요. 그래서 다른 사람에게 조언을 하는 입장인데요. 그래도……."

그리고 말이 멈췄다. "뭐가요?" 내가 물었다. "앤드루, 당신이 지금 스스로에게 뭐라고 하든 그 말은 아마 틀렸을 거예요. 당신 말을 멈추게 한 생각이 뭔지는 몰라도 그건 오래됐고, 끝났고, 낡았어요. 이전의 프로그램은 당신의 안전을 위해 짜인 것이에요. 나는 당신을 판단하지 않아요. 나는 그냥 당신과 같이 산책하러 나온 친구일 뿐이에요."

그가 눈물을 쏟았다. "나는 뭘 해야 할지 모르겠어요. 나는 마흔네 살인데 내가 옳은 일을 하고 있는 건지 모르겠어요." 눈물이 흘러내리고 몸이 흔들렸다. 나는 그의 손을 잡고는 그를 마주 보았다.

"앤드루, 아무도 자기가 옳은 일을 하고 있는지 알지 못해요. 아무도. 당신이 실패에 대해서 스스로에게 뭐라고 이야기하건 간에…… 당신이 짊어져야만 했던 것들이 방금 확실해졌는데…… 음, 다 헛소리예요. 당신 마음의 망령이 지어낸 이야기예요."

그는 눈물에 젖어 흐릿해진 눈으로 나와 맞잡은 손에서 시선을 올려 내 눈을 보았다. 그는 내가 여전히 그를 평가하고 있는 것은 아닌지 불안해했다. "그런데 당신은 그걸 하나로 만들었잖아요. 당신은 자기가 사랑하는 일을 하면서 사는 방법을 알아냈잖아요."

나는 웃음을 터뜨렸다. "이런, 내가 당신을 속였군요!"

우리는 다시 걷기 시작했다. 그의 질문들은 실용적이고 구조적으로 바뀌어갔다. "도와줘요, 제리. 어떻게 고객을 만들죠? 어떻게 사람들에게 나를 고용하라고 하죠? 어떻게 사업을 일구나요? 어떻게 돈을 벌어요? 어떻게 사람을 고용해요? 어떻게 해고하죠?"

모두 진지하고 중요한 질문이었지만, 사실 훨씬 깊은 존재론적 질문을 대신하는 것에 지나지 않았다. 내가 잘하고 있는 건가요? 원래 이렇게 혼란스러운 건가요? 내가 언젠가는 안전하고, 따뜻하고, 행복하다고 느낄 날이 올까요? 나는 어디에 속해 있나요? 나는 이 생에서 무엇을 원하나요? 내가 가치가 있나요? 내가 이 행성에서, 이번 생에서, 내가 있을 곳을 가질 수 있을까요? 그리고 무엇보다도 내 인생이 내 생각대로 풀리고 있는 것이 아니라면, 그러면 나는 뭘 하고 있는 건가요?

"나는 모든 걸 벗어버리고 싶어요." 그가 말을 이었다. "내가 아닌 것을요. 그래서 진짜 나인 것만 남겨서 내가 가야 할 길을 확실하게 알 수 있도록요." 나는 그게 어떤 감정인지 알았다. 몇 년 전에 나는 페마 초드론 앞에 무릎을 꿇고는 이 고통에서 벗어날 수 있도록 나에게 길을 알려달라고, 내가 해야 할 일을 알려달라고 애원했다. 그녀는 내 손을 다정하게 두드리면서 길 없는 길에 대해 이야기해주었다. 이제는 이해할 수 있다. 당시엔 상실감을 느꼈지만 말이다.

"진전이 있는 건지 알고 싶은가 보군요." 내가 말했다. "길이 있는지, 그리고 당신이 그 길 위에 있는지 말이에요." 그가 안심한 표정으로 고개를 끄덕였다.

"우리 모두 인생이라는 그래프에서 상승곡선을 타려고 필사적으로 애쓰죠. 우리는 똑바로, 직선으로, 그리고 우상단으로 가지 않으면 길에서 벗어난 거라고 생각하도록 길들여졌단 말이에요." 내가 말했다.

만약 방향을 잃는 것도 길의 일부라면 어떡할 것인가? 만약 우리가 돛단배를 몰고 호수 건너편까지 가야 하는데, 뒤에서 순풍이 불기를 기다릴 수만은 없어서 이리저리 방법을 찾아 앞으로 나아가야 한다면? 만약에 길을 잃고 방향을 찾지 못한 채 제대로 나가고 있는 건지도 모르는 것이 성장의 척도라면? 만약 우리가 길 없는 길 위에, 우리가 있어야 할 곳에 정확히 있는 거라면?

얼마 전에 이메일을 열었더니 이런 메시지가 와 있었다. 길을 찾고 싶은 바람이 담긴 메시지였다. "친애하는 제리. 저의 개인적이고 현실적인 업무상의 목표에 도달하기 위해 의미 있는 다음 단계를 정의하고 싶습니다." 비슷한 메시지는 얼마든지 있다. "나는 길을 잃은 것은 아니지만, 누가 올바른 방향을 짚어주기만 한다면 (그리고 엉덩이를 걷어차 주기만 한다면) 미친 듯이 달릴 수 있을 것 같아요." 우리 모두는 우리의 경험에 의미가 있다는 것을 증명해줄 만한 움직임을 원한다. 그것이 우리를 어딘론가 데려다주기를 바라는 것이다. 더 똑똑해지고, 부유해지고, 건강해지고, 안전해지고, 덜 겁먹을 수 있는 곳으로. 위로, 위로, 오른쪽으로.

우리는 우상단으로 달려가지 못하는 것은 실패라고 여기는 세상을 살고 있다. 행복한 사람들은 우상단에 있으니 거기로 가라고 배웠다. 그곳에 있는 사람들은 두려워하지 않고, 실패하지 않고, 괴로워하지 않는다고.

우리의 경제는 이런 생각에 의해 움직인다. 이곳, 좌하단은 끔찍한 곳이지만, 올바른 비누를 사고, 올바른 차를 몰고, 올바른 회사를 만들고, 올바른 방식으로 사랑한다면, 우리는 안전해지고 사랑받으며 영원히 행복할 것이라는 생각 말이다. 우리는 평화롭고 만족스러워 보이는 우상단의 세계를 상징하는 사람들을 우러러본다. 그러나 그들이 살아내는 고난의 과정을 보지는 못한다. 우리는 모든 것이 평화롭고 땀 냄새 없는 세상이 어딘가에 있는 것처럼 그들에게 우리의 바람과 기대를 투영한다. 다른 사람들의 길은 훨씬 더 쉬워 보이고 다른 사람들의 사업은 훨씬 더 성공적인 것으로 보인다. 만약 누군가 나에게 어디로 가야 할지 알려주고 지도를 준다면, 나도 그곳에 갈 수 있을 텐데.

그러나 실제 삶에서 지도는 쓸모가 없다. 가장 훌륭한 길잡이는 구루의 머릿속이 아니라, 당신의 부서지고 상처 입고 겁먹은 외로운 마음속에 있다.

아이러니한 것은 그렇게나 멋져 보이는 우상향의 길이 이별의 길이라는 것이다. 그렇게 바라던 그곳에 마침내 도달하면, 당신은 완전히 혼자임을 깨닫게 된다.

시장이 칼날처럼 추락했을 때

"절벽의 틈새에 끼어서." 시인 개리 스나이더는 그의 시 〈아나사지 (Anasazi)〉에서 말한다. 아나사지와 그들의 후손 하바수파이(그랜드캐니언 지역에 살았던 인디언 부족-옮긴이). 눈을 감고는, 그랜드캐니언을 방문했을 때를 회상하면 이 이름들이 떠오른다.

2001년 8월에 모든 것이 부서졌다. 내가 투자했던 회사인 〈인더스트리 스탠더드(Industry Standard)〉지는 떠오르는 '뉴 이코노미'의 상징이었다. 매주 지면마다 광고가 가득했다. 그러다 갑자기 모든 것이 멈췄다. 시장이 무너지면서 벤처캐피털에서 스타트업으로의 돈줄도 멈췄다. 스타트업들은 떨어지는 칼날처럼 추락했고 광고는 말라붙었다. 경영자들은 너무 많은 지출을 감당하지 못하고 문제에서 빠져나올 방법을 찾았다. (나를 포함한) 투자자들 간의 싸움, 공포감, 대립 때문에 손실을 메울 추가 자금을 구하지 못했다. 우리는 갑자기 파산했다. 업계의 큰 뉴스였다. 벤처 투자 분야에 관심을 갖고 있던 사람은 다들 〈인더스트리 스탠더드〉를 읽고 있었기 때문이었다.

2001년 8월 이 뉴스가 터졌을 때 나는 그랜드캐니언 남쪽 가장자리로부터 내려오는 카이밥트레일을 따라 하이킹을 하던 중이었다. 그다음 주에는 동행들과 함께 지구의 배꼽인 협곡 밑바닥에서 콜로라도강을 따라 래프팅을 할 예정이었다.

그라운드 제로에서 내가 죽음을 마주하고 숨을 헐떡이게 했던 불안과 고통은 2001년 3월에 시장이 '자유낙하'한 직후부터 시작되었다. 플랫아이언의 파트너였던 프레드와 나는 1996년에 시작한 투자 프로그램에 변화를 주거나 중단하는 것에 대해 투자자들과 논의를 시작했다. 나는 프레드에게 이제 무슨 일이 벌어질지, 그리고 장기적으로 뭘 하고 싶은지는 모르겠지만 내가 다른 투자 펀드를 만들 수 있을 것 같지는 않다고, 눈물을 글썽이며 말했었다.

깨닫지 못하고 있었지만, 그때 나는 안으로 죽어가고 있었다.

협곡에서 그 뉴스를 들었을 때 나는 한편으론 부서지기 시작했고 한편으론 다른 길이 있음을 감지하기 시작했다. 래프팅 여행을 시작한 지 사흘째가 되자, 절벽 너머의 삶에서 느낀 모든 스트레스가 사라지기 시작했다. 밤이면 잠자리에 누워서 별똥별을 보았다. 그러면서 별똥별을 보려면 눈의 초점을 풀어야 한다는 것을 깨달았다. 이후 별똥별을 잘 보려면 그 움직임을 쫓아서는 안 된다는 사실을 계속 되새기게 되었다.

디어크릭 협곡은 하바수파이족의 젊은이들이 성인식을 위해 좁은 틈을 뛰어넘어 반대쪽에 손자국을 남기던 신성한 장소다. 이곳을 방문하기 전날 밤, 나는 내 존재가 매우 희미해진 것을 느꼈다. 시인 데이비드 화이트의 시처럼 말이다.

얼마나 쉽게 그 연결이 끊어질 수 있는가
세계와
그 너머 사이에.

협곡 벽에 새겨진 손자국은 외로운 어른의 신전에 들어온 젊은 전사들이 고독과 싸우며 자신이 거기에 있었음을 기록한 것이었다. 새벽이 절벽을 가르는 동안 나는 어둠속에 누워서 흐느꼈다. "내 손자국은 어디에 있지?" 나는 스스로에게 소리쳤다. "머저리 같은 투자? 그게 이번 인생에서 내 존재를 남기는 방식이었단 말이야? 젠장!"

나는 코니아일랜드의 모래사장에 숨어서 내가 외쳤던 말을 기억했다. "이렇게 살지 않을 거야!" 나는 모래사장에 숨어서 눈물을 훔치는 삶을 살도록 운명 지어진 게 아니었다.

눈물을 흘리는 사이 큰누나 메리와 영화관으로 걸어가던 때가 기억났다. 누나는 이스트 26번가의 우리 집에서 몇 블록 떨어져 있던 플랫부시 애비뉴의 루스 킹즈 영화관에 일곱 살인 나를 데려갔다. 로렐과 하디 필름 페스티벌을 보여주기 위해서였다. 나는 로렐과 하디(무성영화 시대에 큰 인기를 끌었던 코미디언 콤비-옮긴이)를 좋아하는 이상한 아이였고, 나를 사랑하는 누나는 나를 기쁘게 해주려고 60년 된 영화를 보러 갔던 것이다. 우리는 어두운 킹즈 영화관에 몇 시간이나 앉아 있었다.

그 뒤에 우리는 서로 손을 잡고 팔을 흔들면서 아이스크림을 먹으러 갔다. 영화와 아이스크림과 맞잡은 손. 사랑, 안전, 소속감.

"제리는 나중에 크면 뭐가 되고 싶어?" 누나가 물었다. 방금 이십 대가 된 어린 누나도 자신의 직업을 교사로 선택한 지 얼마 되지 않았었다. "모르겠어." 나는 누나가 뭘 묻는 건지 제대로 이해하지 못하고 수줍게 이야기했다. 나는 잠깐 말을 멈추고는 가끔 밤에 잠들기 전에 느끼는 감정을 생각했다. 침대에 누워 있으면, 가슴의 검은 구멍이 입을 연다. 그건 단지 혼자 있음에서 비롯된, 무엇보다도 깊은 공허와 외로 움이었다.

이 구멍을 닫기 위해 나는 하우디 두디 인형을 꼭 끌어안았다. 이 인 형은 본래는 인형극에 사용되는 것이었다. 그러나 나는 그렇게 쓰지 않았다. 나는 인형을 꼭 끌어안았다. 일곱 살짜리에게는 가슴의 상처 를 메울 최선의 방법이었다.

나는 아버지가 되고 나서야 모든 사람이 가슴에 그런 구멍을 갖고 있는 것은 아니라는 사실을 알게 되었다. 또한 이런 구멍은 자신이 누 구도 사랑할 수 없을 만큼 망가진 증거가 아니라는 것도 알게 되었다. 나는 약간 머뭇대며 메리에게 말했다. "나는…… 나는 아마 잊히고 싶 지 않을 것 같아."

누나는 걸음을 멈추고 내게로 몸을 돌리고는 더 말해보라고 했다. "그러니까…… 100년이 지난 후에 누군가 플랫부시 애비뉴랑 킹즈랑 여기 살던 사람들에 대해서 이야기할 때, 나도 여기 있었다는 걸 알아 줬으면 좋겠어." 보이지만 보이지 않고, 거기에 있지만 거기 존재하지 않았다. 몸에 상처가 있는 소년은 손자국을 남기고 싶어 했다.

수십 년 후에 나는 그랜드캐니언의 깊은 밑바닥에서 벽에 나 있는 손자국을 바라보았다. 나는 페마가 자신의 책에서 말한 것과 같은 방 식으로, 그렇게 부서졌다. 나는 나의 손자국을 찾고 있었다. 내가 이 길 을 걸었다는, 그리고 내가 의미 있는 사람이었다는 증거를 찾고 싶었 다. 그리고 협곡의 밑바닥에서 나는 세상을 보는 새로운 시선을 얻게 되었다.

래프팅 여행이 끝나자 헬리콥터가 우리를 협곡의 바닥에서 들어 올렸다. 두 시간 후에 나는 라스베이거스의 매캐런 공항에 앉아, 그곳에서 끊임없이 울리는 슬롯머신 소리, 동전이 쏟아지는 소리에 망연해졌다. 모두 더 나은 삶을 꿈꾸는 소리였다. 나는 그랜드캐니언을 떠났지만 협곡은 나를 떠나지 않았다.

그라운드 제로 이후

옛날 옛적에 브루클린의 모래사장이 아니라 인도 북부의 왕궁에 한 왕자가 살았다. 어느 날, 그는 이대로 살지 않겠다고 선언하고는 자신을 찾기 위해 아버지의 성을 떠났다. 그리고 보리수나무 아래에서 삶을 마쳤다. 그는 "엿이나 먹으라지"라고 외치고는 별똥별을 보기 위해 애쓰는 대신 편안히 눈의 초점을 푸는 법을 배웠다.

협곡을 떠난 우리는 2001년 9월 11일과 그 후폭풍을 맞았다. 순진하게도 나는 주식시장이 무너지고 돈이 날아가고 스타트업 투자가 수직낙하하는 것이 나쁜 일이라고만 생각했다. 그라운드 제로가 내뿜는 거대한 공포는 생각지도 못하고 말이다. 내가 그걸 어떻게 알았겠는가?

2001년 봄의 시장 붕괴, 8월 말에 봤던 협곡 벽의 손자국, 그리고 가을에 (세계무역센터의) 빛이 꺼지고 안전에 대한 모두의 환상이 공포 속에서 사라져버린 일이 모두 합쳐지면서 나 또한 속절없이 무너졌다. 그리고 나는 변했다. 나의 목적, 카르마, 존재 이유를 받아들이게 되었던 것이다.

하늘에서 별똥별이 떨어지는 것같이 인생의 여정 한가운데에서 나를 덮친 일이었다. 이 모든 일은 단순히 인생의 경로를 바꿨을 뿐만 아니라 나를 새로운 궤도에 올라타게 했다. 내가 태어난 이유를 좇는 궤도였다. 되돌아보면, 당시에는 아무리 노력해도 내 길을 반듯한 선으로 그려낼 수가 없었다. 위로, 그리고 앞으로 내달리는 선 말이다.

분명한 직선 대신 길 없는 길이 모두에게 적용된다는 사실은 우리 경제 시스템의 메시지에 반하는 것이다. 소셜미디어가 매일 쉬지 않고 내보내는 광고에 반하는 것이기도 하다. 나의 친구와 가족들, 특히 이십 대들은 제대로 된 삶을 살아가야 한다는 비현실적인 기준에 맞추기 위해 스스로를 부정한다. 뿐만 아니라 인스타그램 피드의 행복한 삶과 자신의 모순되고 혼란스럽고 불안한 삶을 비교한다.

이런 쓸모없고 지속적인 비교 속에서 우리는 자신이 보잘것없고 부족하다고 느낀다. 그러니 자신은 사랑받을 자격이 없다는 생각도 하게 된다. 사랑하는 사람들이여, 스냅챗, 인스타그램, 페이스북은 거짓말을 하는 것이다.

목적에 충실하고 현실적인 삶으로 가는 길은 지저분하고 울퉁불퉁하고 미끄러운 진창이다.

멋진 여성이 부트캠프에 참가한 적이 있다. 그녀는 평생 자신이 남자보다는 여자를 좋아한다는 것을 알고 있었다. 그러나 기독교 가정에서 성장하는 동안 자신이 맡은 역할을 위해 진짜 자신을 억눌러버렸다.

또 다른 참가자도 평생 자신에게 지워진 성별이 잘못되었다는 생각을 해왔다. 자신을 '그녀'라고 부르는 것은 잘못된 일이었다. 그 참가자는 다른 사람들의 인식이라는 철창에 갇혀 있었다. 그녀는 평생 소속되기 위해 연기를 해왔고, 지금도 연기를 하고 있었다. 그러면서 자신이 조금씩 죽어가고 있음을 느꼈다. 어느 날, 별이 총총한 콜로라도의 맑은 밤하늘 아래에서 그녀는 다른 사람들의 경험에 귀를 기울이고 있었다. 그들은 타인의 인식 틀에 맞게 자신을 누르고 망가뜨렸던 날들에 대해 이야기했다. CEO란, 창업자란, 착한 소녀란, 착한 소년이란, 사랑받을 자격이 있는 사람이란, 소속된다는 것이란, 안전하다는 것이란 무엇이라고, 누군가가 정해둔 틀에 맞추기 위해 분투하던 시간들이었다. 그녀는 거대한 거짓의 틈을 뛰어넘었다. 다른 사람의 이야기는 나의 이야기가 아니고, 우리의 이야기는 모두 특별한 방식으로 나쁘거나 다르다고 말하는 틈을 뛰어넘은 것이다. 그건 우리의 가슴 한가운데 파인 깊은 틈이었다.

그런 틈을 뛰어넘음으로써 그녀는 다른 사람들이 남긴 손자국에 닿았고, 그럼으로써 자신을 떠날 수 있었다. 그렇게 자신의 낡은 정체성을 벗음으로써 자신을 규정하고 얽어매고 가뒀던 것들을 버릴 수 있었다.

그녀는 현재의 자신이 누구인지를 발견하고는 나중에 자신이 무엇이 될지를 알려고 애쓰던 마음을 내려놓았다. 그녀는 가장 새로운 협곡 벽에 보다 진실한 손자국을 새로 남기기로 했다.

그녀가 택한 길을 가기 위해서는 자기 자리에 그대로 서서 스스로를 근본적으로 탐색하며 불명확함이라는 고통을 견뎌야 한다. 자신의 목적을 발견하고 자신이 살아 있음을 느끼기 위해서는 울퉁불퉁한 절벽을 기어 올라가야 한다. 그리고 균열을 뛰어넘어, 아찔하게 깊고 깊은 지구의 틈새 위로 몸을 던져야 한다. 그러기 위해서는 나무 틈에 발을 디딜 용기와 거기서 빠져나갈 용기가 필요하다. 이 모든 일을 해내야 한다. 바닥이 튼튼한 하이킹 부츠를 신고서.

"그래도 계획이 필요해요!"

앤드루와 내가 탑돌이를 하듯이 원더랜드의 가장자리를 도는 동안, 바닥이 단단하고 목이 낮은 내 하이킹 부츠가 이리저리 미끄러졌다.

"그런데 당신은 그걸 해냈잖아요. 당신은 좋아하는 일을 하면서 살아가는 방법을 알아냈잖아요……" 다음에 뭐가 나올지 뻔했기 때문에 나는 슬며시 웃음이 났다. "……나는 계획이 필요해요."

"당신 계획은 이거예요." 나는 짜증 섞인 목소리로 크게 소리쳤다. "별똥별을 똑바로 바라보지 않는 거요." 그에게는 수수께끼처럼 들릴 말이었다.

나는 그에게 콜로라도 강둑에 누워서 눈의 초점을 편안하게 풀었던 밤에 대해 이야기했다. "알고 싶다는 욕구를 없애면 어떤 기분일까요?" 내가 물었다. 그는 걸음을 멈추고는 전진해야 한다는 필요가 아니라 전진에 대한 믿음을 버린다는 것이 무엇일지를 느꼈다. "몸으로는 뭐가 느껴지나요?" 내가 계속 말했다. "옳은 방향으로 조금씩 나아가기만 하면 충분해요? 만약에 호수의 반대쪽으로 가장 가까이 다가가는 방법이 반대편을 똑바로 바라보는 것이 아니라 (바람을 따라) 호수 위에서 이리저리 방향을 잡아가야 하는 거라면 어떤 기분일 것 같아요?"

그는 자신에게 집중하고 그 기분에 대해 생각하고 있었다. 침묵 속에서 걷다가 그가 입을 열었다. "좀 풀렸어요."

나는 수수께끼 같지만 애정이 담긴 미소를 지었다. "당신이 측정 가능한 전진을 이루겠다는 생각을 버리고, 목적과 의미를 찾겠다는 시도를 포기한다면……." 거기에 나는 혼잣말처럼 조용히 덧붙였다. "엄청난 양의 레몬 사탕을 모아야겠다는 생각도 버리고 매일 옳은 일과 진실한 일을 하는 데만 집중한다면, 당신은 진정한 자신과 일치하는 삶을 살 수 있을 거예요. 매일 의미를 더하면 그것이 삶의 의미가 되고, 매일이 당신 삶의 표현이 되겠지요."

2017년 초에 나는 위수티베트족자치주로 돌아가 외곽의 계곡을 하이킹하는 꿈을 꾸었다.

2010년 가을, 수백 채의 가옥을 무너뜨리고 수천 명의 사람들을 죽게 했던 대지진이 일어난 지 다섯 달쯤 지났을 무렵 그곳을 처음 찾아갔다. 우리는 재건에 힘쓰는 공동체를 위해 몇 달간 돈을 모아 겨울용 텐트, 담요, 물 등의 구호물품을 가져갔었다.

그 꿈에서 나는 목이 낮은 하이킹 부츠를 신고, 티베트 성인의 모습과 옴 마니 반메 훔('우주에 충만한 지혜와 자비가 지상의 모든 존재에게 실현될지어다'라는 의미의 주문-옮긴이)이라는 글자가 새겨진 계곡의 암석지대를 기어오르고 있었다.

꿈에서, 내가 목을 축이기 위해 앉아 있을 때 무릎 사이의 땅이 벌어졌다. 나는 그 구멍이 무한히 깊은 수직 갱도임을 알아차렸다. 작은 기도용 깃발들이 갱도 안에서 휘날렸다. 룽타였다. 티베트인들은 과거, 현재, 미래의 붓다에게 자신들의 바람이 가 닿기를 바라며 작은 기도용 종이 깃발인 룽타에 기도를 실어 보낸다.

나는 깊은 틈을 내려다보면서 룽타가 내 인생을 담은 책장들로 변하는 것을 보았다.

사춘기의 방황 속에서 대학에 갈 것인가, 아니 계속 살 것인가를 고민하던 겁먹은 작은 소년. 그는 영어를 전공하면서 시를 배우고 마리퐁소에게 반했다. 그는 장학금을 받고 갑자기 운석에 맞고는 방향을 틀어 기술 잡지의 기자가 되었다. 이후 인생이 풀려가면서 그는 자신을 찾았지만 여전히 길을 잃은 느낌에 몸부림치고 있었다.

이십 대가 삼십 대가 되었다. 삼십 대에는 성공한 것같이 보였다. 레몬 사탕을 모으기 시작했지만 다시 운석에 맞고는 협곡에서 눈물을 흘리고, 그라운드 제로에서 무릎을 꿇었다. 페마 초드론의 눈을 따라 공감과 현실의 본질을 발견하고, 파커 파머의 글에서 용기를 찾아냈으며, 샤론 샐즈버그의 말에서 믿음과 자애를 보았다.

나는 여전히 길을 잃었고, 여전히 찾고 있으며, 여전히 옳은 전진보다는 나은 진전에 대한 요구를 놓아버리지 못하고 있다. 나는 앞으로-그리고-위로 가는 길을 찾으면서 내 커리어를 떠나버렸다. 특별한 신발이 필요하지 않은, 잘 닦이고 편한 길을 찾으면서. 이후 나는 그린란드의 빙벽을 건너고, 칠레의 푸탈레우푸강에서 노를 저었다. 그리고 무엇보다 명상하는 법을 배웠고, 빈 시간에 멈춰 있는 법도 배웠다.

나는 앤드루에게 말했다. "내 삶은 결코 직선이 아니었어요."

나는 물었다. "만약 우리가 목표로 삼은 종착지를 잊고 산다면, 매일 아침 오늘은 무슨 일이 일어날지만 생각하면 된다면 어떨까요?"

나는 계속 걸으면서 조지프 캠벨을 떠올렸다. 그는 목적과 의미를 쫓는 것은 사실 살아 있다는 황홀감을 쫓는 것이라고 했다. 앤드루가 눈을 빛냈다.

"그리고 살아 있음은…… 나는 어떻게 한 사람이 그렇게 많은 에너지를 억누르고 자신의 다양한 부분들을 부정하면서 완전히 살아 있을 수 있는지 모르겠네요."

친애하는 캠벨 교수님, 당신이 맞아요. 목적을 추구한다는 것은 사실 살아 있음을 추구한다는 말에 지나지 않지요.

그러나 살아 있음이란 우리의 가장 부끄러운 부분까지 받아들인 다음에야 온다. 우리의 오판, 실수, 잘못까지 모두 받아들이고 우리 자신을 용서하는 법을 배움으로써.

"당신이 나에 대해 알아야 할 것이 있어요." 내가 말했다. "나는 오레오 중독이에요."

그라운드 제로에서 무릎을 꿇기 전에 내 몸무게는 지금보다 34킬로그램이나 더 나갔다. 나 자신에게 좌절하고 분노하고 실망해서, 나는 내 (뚱뚱한) 엉덩이를 영양학자 앞으로 끌고 갔다. "에리카는 음식에 대한 새로운 관점을 포함해서 다양한 다이어트 방법을 알려줬어요." 그러나 그녀의 가장 큰 선물은 '다시 하기'의 힘이었다. 어느 날, 나는 낙담하고 포기할 마음으로 그녀를 찾아갔다. 나는 징징거렸다. "어젯밤에 오레오를 12개나 먹었어요. 에리카…… 12개나 먹어버렸다고요."

"흐음, 설탕과 소금을 섞은 것은 당신에게 치명적이에요. 어떤 사람은 단걸 좋아하고, 어떤 사람은 짠걸 좋아하는데, 당신은 선택받은 소수죠." 그녀는 달콤한 비난을 담아 말했다. "둘 다 좋아하잖아요. 오레오는 당신에게는 완벽한 마약이에요." 그리고 그녀는 나에게 선물을 주었다. "오늘밤부터 다시 해요. 또 시작하죠, 뭐."

갑자기 나는 브루클린의 열두 살짜리 아이로 돌아갔다. 이번에는 웨스트 7번가와 T 애비뉴 사이에서 폴리, 우고, 피노와 공치기를 하고 있었다. 우리는 폴리의 샷이 히트인지 반칙인지를 두고 싸웠다. 우고가 싸움을 멈추기 위해 "다시 해!"라고 소리쳤다. 그것만으로 모든 것이 용서되고 잊혔다. 아웃도 아니고, 반칙도 아니고, 히트도 아니야. 다시하자.

나중에, 아주 나중에 나는 스즈키 순류의 《선심초심(禪心初心)》을 읽고 초심으로 돌아간다는 것은 다시 하는 것이라는 사실을 깨달았다. 나는 앤드루에게 우리가 언제든지 그때로, 진짜 일어난 일들로, 진정한 현재로 돌아갈 수 있다는 것을 설명했다. 만약 스스로를 용서하고 무한히 다시 시작할 수만 있다면, 우리는 그 이메일을, 놓쳐버린 사분기를, 그리고 오레오를 몽땅 먹어버린 부끄러움을 떨쳐버릴 수 있다.

멈춘 곳에서 다시 시작하기

"그렇게 한다면, 모든 발자국이 '다시 하기'가 될 거예요." 나는 클라이언트이자 친구인 극지 탐험가 벤 손더스와 위성 통화를 하고 있었다. 그는 친구 헨리 워슬리의 남극 횡단 여정을 되짚어가고 있었다. 두껍게 쌓인 눈이 강한 바람에 물결 모양으로 깎인 융기부인 사스트루기가 생각보다 너무 단단해서 그는 거의 포기한 상태였다.

포기의 가능성이 그를 덮쳤다. 2016년 그의 친구이자 멘토인 헨리는 홀로 남극대륙을 횡단한 최초의 사람이 되기 위해 모험에 나섰다가 목적지를 200여 킬로미터 남겨두고 멈춰 섰다. 탈진한 헨리는 항공기로 이송되어 칠레에서 사망했다. 벤은 친구의 도전을 이루어주고 싶었다. 그는 사스트루기를 만날 때마다 저주를 내뱉었다. 그때마다 스키를 타는 대신 힘들게 걸어 넘어가야 했기 때문이다.

"초점을 편안하게 풀어요." 내가 말했다. 매일 아침마다, 모든 걸음마다 초심으로 돌아갈 기회가 있다고 나는 말했다. 내가 그의 여정에 스즈키 순류의 책을 가져가라고 추천했기 때문에 그는 내 말을 바로 이해했다. "아마 남극점에 닿을 때까지 더 갈지 말지 결정을 조금 미뤄도 될 거예요." 만약 목표가 너무 크게 느껴진다면, 매 순간 작은 걸음을 내디디면 된다.

내가 벤에게 들려준 조언은 내 책의 편집자인 홀리스가 하던 말과 비슷하다. 이 책을 쓰는 동안 나는 벤과 같은 신세였다. 매 페이지와 모든 단어가 나에게 사스트루기처럼, 영하 50도의 맞바람처럼 느껴졌다. "그냥 에세이를 쓰세요." 그녀가 조언했다. 그다음 주에 나는 앤 라모트의《쓰기의 감각》을 다시 읽었다. 그녀는 아버지가 학교 숙제로 새에 대한 에세이를 쓰는 오빠를 도와주던 이야기를 했다. "하나씩 하나씩,

한 마리씩 한 마리씩 차근차근 하면 돼."

"옛날에 IBM이 소프트웨어마다 하나씩 넣어주던 매뉴얼 기억나요?" 나는 오랜 친구이자 훌륭한 저자인 세스 고딘과 함께 피정 센터의 모닥불 앞에 앉아 있었다. 그는 나에게 포기하고 싶을 때 어떻게 해야 하는지 조언해주었다. "어딘가에 걸려서 멈췄으면…… 그냥 IBM 매뉴얼처럼 하세요. 멈춘 곳에서 한 장을 비우고는 '이 페이지는 일부러 비워두었습니다'라고 쓰는 거죠."

새 한 마리 또 한 마리. 빈 페이지 또 빈 페이지. 산등성이 그리고 또 산등성이. 필요하다면 다시 시작하고, 다시 시작하고, 또다시 시작할 수 있다. 한 걸음, 또 한 걸음이 자신의 삶, 쓰기로 약속한 책, 끝내기로 약속한 친구의 여정에서 옳은 방향을 향한 전진을 조금씩 이루어낸다.

막다른 길을 탈출하는 방법

그렇게 이리저리 호수를 건넌다. 새로 사업을 시작하고는 '아, 우리가 검색 비즈니스를 하고 있구나'라고 생각한다. 그런데 갑자기 우리가 제작한 툴을 보던 소비자가 "나는 당신네 제품 말고 저걸 사고 싶은데요"라고 말한다. 당신은 방향을 틀고, 당신의 사업은 완전히 달라진다.

가끔은 호수를 가로지르다가, 아주 오래전에 누나가 플랫부시 애비뉴에서 했던 질문의 답을 알게 된다. "나는 선생님이 될 거야. 누나처럼."

그러다 갑자기 당신은 지도교수의 방에 있다. 당신은 울먹이면서 학비가 없어 학교를 그만둬야겠다고 털어놓는다. 로버트 그린버그 교수가 말한다. "그런 일은 일어나지 않을 걸세. 내가 장학생 선정위원회의 유일한 위원이니 자네에게 장학금을 주도록 하겠네. 그걸로 학교를 마칠 때까지 학비를 댈 수 있겠지."

운석이 내리친다. 갑자기 당신은 학교를 계속 다닐 수 있게 되고 여름 인턴십까지 얻은 덕분에 인생의 항로를 완전히 다른 방향으로 바꾸게 된다. 몇 달 후에 당신은 주간 기술 잡지의 편집자로 일하게 되고, 당신을 벤처 투자자로 성장시킬 커리어에 들어서게 된다. 그리고 좀 더 나중에는 코치가 되어 클라이언트들의 이리저리 꼬인 인생 이야기를 나누게 된다.

많은 상을 수상한 영화 제작자이자 창업자인 제프 올로우스키(Jeff Orlowski)도 그렇다. 고등학교를 졸업할 무렵 그는 자신이 사진작가나 사이클 선수나 피아니스트가 될 거라고 생각했다. 엄마가 원하는 엔지니어는 절대 되지 않을 거라고. 스탠퍼드 대학교에 진학한 그는 기후과학자가 사진을 찍을 조수를 구한다는 공고를 발견하고는 웹에 익숙한 십 대답게 아버지 연배의 사진작가를 위한 웹사이트를 만들었다. 그 인연으로 그는 몇 달 후에 그린란드에서 기후과학자의 카메라를 설치하게 되었다. 그리고 몇 년 후에는 친구들과 만든 영화가 세계적인 필름 페스티벌에 초대받았고, 친구들과 함께 에미상 시상대에도 올라가게 된다.

그렇게 그는 갑자기 영화 제작자가 되었다. 더 나아가 이제는 창업자가 되었고 돈을 모았으며 세상을 바꾸기 위해 제품과 예술에 힘을 쏟는다.

"캠프에 갔어요." 제프가 말했다. "고등학교 때 라이징선이라는 캠프에 갔어요. 뉴욕주의 시골 지역에서 열리는 청년 리더십 프로그램이었어요. 그게 내게 엄청난 영향을 끼쳤죠." 그리고 그는 토요일 밤마다 열렸던 캠프파이어에 대해 들려주었다.

청소년 리더들은 불가에 모여 앉아, "평생 뭘 해야 하지?"라고 물었다. 누군가는 사이클 선수나 사진작가나 피아니스트가 될 거라고 생각했지만 다른 아이들은 자신의 미래에 대해 확신이 별로 없었다. "그 모임의 선배들이 지혜와 생각을 나눠줬지만 제 마음에 오래 남은 것은 친구가 멘토로서 나눠준 지혜였어요." 체스를 잘 뒀던 크리스가 인생을 체스에 멋지게 빗대었던 것이다. "그는 전략적인 후퇴에 대해 말했어요." 체스에도, 인생에도, 특정한 방향으로 가다가 막다른 길을 마주할 때가 있다. 미리 생각해뒀던 대로 움직일 수가 없어지는 것이다. "이럴 때는 그동안의 계획을 버리고 전략을 재설정해야 해요. 우선 전략적 후퇴를 하고 나서 새로운 공격 계획을 만들어야 하는 거죠."

나는 이 후퇴가 영리하고 안전한데다 지금까지와는 다르게 해야 한다고 인정하는 용기에서 나왔기 때문에 전략적이라는 점을 강조하고 싶다. 이 길은 똑바르지도 않고, 위로, 그리고 앞으로 나아가는 것도 아니다.

우리는 운석이 내리칠 것을 계획하지 못한다. 내가 콜로라도의 협곡에서 배웠듯이, 우리는 그저 눈의 초점을 풀고 우리 인생에 별똥별이 떨어질 여지를 열어두기만 하면 된다.

우리 인생의 과업

휴대전화가 울렸을 때, 나는 비행기에 탑승하려던 참이었다. 젠장, 누가 지금 전화를 하는 거야? 나는 휴대전화의 화면을 내려다보았다. 1996년이었고, 전화한 사람은 마크 핀커스였다.

젠장, 마크가 또 전화했네. 몇 달 전에 나는 그들의 첫 번째 스타트업인 프리로더의 투자를 유치하던 마크와 수닐 폴을 만났다. 수닐과 나는 CMP에서 만났고, 이후 내가 그곳을 떠나 작은 벤처 펀드를 만드는 동안에도 연락을 주고받았다.

마크는 유클리드파트너스라는 벤처 회사의 투자자인 프레드 윌슨을 알았다. 프레드는 프리로더에 투자했다. 나는 내 파트너들을 설득하지 못해 그들에게 투자하지 못했다. 하지만 나는 투자자가 아니었음에도 마크가 도움을 요청할 때마다 응답하곤 했다.

마크는 "이 수익 모델 어때요?"라는 이메일을 보내곤 했다. 나는 마크의 억척스러움에도 불구하고 그를 좋아했다.

비행기를 타기 위해 달려가면서도 결국 전화를 받기로 했다. 쾅, 또다른 운석이 내리쳤다. 내 경로는 갑자기 수정되었고, 의도치 않은 새로운 길이 나타났다.

"프레드가 새 펀드를 만든대요." 마크가 소리쳤다. "당신이 새 파트너가 돼야 해요."

6개월 후에 우리는 플랫아이언파트너스를 시작했다.

만약 내가 그 전화를 안 받았으면 어떻게 되었을까? 만약 내가 처음의 이기적인 충동대로 마크의 고집스럽고 끊임없는 도움 요청을 거절했다면? '뭐라는 거야. 내가 투자한 회사도 아니잖아. 내가 당신을 도와줘서 뭐 얻을 게 있다고'라고 생각했더라면.

만약 내가 그린버그 교수를 찾아가서 내 상황을 말하지 않았더라면?

그때부터 나는 플랫아이언파트너스를 경영하면서 콜로라도강을 따라 내려왔고, 벼락부자 증후군에 걸린 미치광이가 되었으며, 투자한 회사들이 추락하는 모습도 지켜보았다. 흉터가 생겼지만 단단하게 다시 일어났다. 나는 살아남았고 번창하고 있다.

나는 혼자 코치로 일한다. 프레드는 여전히 친한 친구다. 내 커리어 초반에 만난 또 하나의 운석인 브래드 필드도 그렇다. 그때는 우리 모두 검은 머리카락에 숱도 많았다. 우리는 인터넷이라는 신세계를 만들어나가는 재미에 푹 빠져서 열정적으로 웃고 떠들곤 했다.

프레드와 브래드 모두 나를 사랑하고 사방에 나를 칭찬할 정도로 친절하고 너그럽다. 나는 그들의 사랑을 어느 정도 받아들일 수 있게 되었고 이런 관계가 몇십 년간의 우정으로 만들어졌음을 이해하게 되었다.

어느 날, 칼리드 할림으로부터 이메일이 왔다. "프레드 윌슨의 블로그 포스트를 읽었습니다." 프레드가 나를 자신이 아는 최고의 CEO 코치라고 소개한 글이었다. 칼리드는 코치가 되고 싶다며 도와달라고 했다.

당시에는 부담스러웠다. "클라이언트를 또 하나 받을 시간은 없는

데." 성마르게 혼잣말을 했다. 너무 많은 사람들이 나에게 너무 많은 것을 바란다는, 아주 오래된 감정이 솟아났다. 그러나 할림의 간절함 덕분에 나는 그의 글을 읽고 또 읽었다. 그가 다른 사람을 돕고 싶어 하는 것이 보였다. 나는 그의 진심을 봤다고 생각했다. 나는 몇 주에 한 번씩 토요일 아침 일찍 통화할 수 있다고 답장했다.

지금, 그는 이 애정 가득한 회사의 파트너 중 한 명이다. 여기에서 우리는 마음을 닫고 두려움에 떨며 상처받은 리더들을 모아 그들의 심장을 열고 그 안의 전사들이 깨어나도록 돕는다.

리부트를 설립할 때, 칼리드는 그렇게 합류했다. 다른 파트너인 댄 퍼트도 내 클라이언트였다가 파트너이자 공동 창업자가 되었다. 그의 강인함과 다정함은 기업가로서의 자유, 열반, 영원한 삶으로 가는 길이 있을 거라는 완강한 믿음에 가려져 있었다. 그래서 내 눈에는 분명히 보이는 강인함과 다정함을 그는 인정하지 못했다. 그는 자기가 망가져서 자신의 길을 보지 못하는 거라는 믿음 탓에 자신의 능력을 발휘하지 못하고 있었다. 길이 없는 것이 아니라 자기가 그 길을 걸어갈 가치가 없을 뿐이라는 믿음 말이다.

그리고 네 번째 동업자인 알리 슐츠가 있다. 그는 아름다운 웃음과 예리한 심장을 가진 또 하나의 운석으로서 콜로라도의 볼더시를 둘러싼 구릉을 산책할 때 내 능력에 도전하는 간단한 질문을 건네왔다. "당신에게 진짜로 걸맞은 인생을 만들지 못하는 이유가 뭐죠?"

만약 내가 칼리드의 이메일에 대답하지 않았더라면? 댄의 코칭 요청에 응답하지 않았더라면? 함께 산책하자는 알리의 요청에 응하지 않았더라면? 만약 내가 댄과 칼리드와 알리를 함께 만나지 않았더라면, 그래서 우리 각자의 인생을 하나로 합쳐서 회사를 만들지 않았더라면?

언젠가 누나 메리가 나중에 자라서 뭐가 되고 싶으냐고 물었을 때는 삶이 이렇게 펼쳐질 것을 알지 못했다. 오래 기억되고 싶다는 소망 아래에 저도 모르게 작가가 되고 싶다는 생각을 품었을 뿐이었다. 그 꿈을 포기한 지 한참 지난 후에 한 통의 이메일을 받게 될 줄은 몰랐다. 영문학을 전공한 내가 기술 잡지의 기자가 되고, 벤처캐피털리스트가 되고, 상심한 코치가 된 후에, 저명한 출판사의 저명한 편집자에게서 메일을 받게 될 줄은 더더욱 몰랐다. "책을 써볼 생각이 있으신가요?" 용기를 내어 그 이메일에 답장한 덕분에 운석을 맞고 변화한 삶에 대한 이야기, 그리고 삶의 의미란 살아가는 것 자체에 있다는 이야기를 하게 될 줄은 몰랐다.

우리의 선택 능력이 마비되는 것은 구부러진 길이나 예측 불가능한 길을 만났을 때가 아니라 갈림길을 만났을 때다. 길 없는 길이란 절대 있을 수 없다고 믿는다면, 갈림길 중 하나는 절대 선택해선 안 될 나쁜 길일 거라고, 갈림길에서 현명치 못한 선택을 하는 경우 두고두고 인생을 후회하게 될 거라고 믿을 것이다.

잘못된 선택에 대한 두려움을 넘어서기는 어렵다. 우리 인생은 어쨌든 흘러갈 것이니, 어떻게 흘러가든 괜찮을 거라고 생각하면서 눈에 힘을 빼기는 어렵다. 우리가 갈림길에서 이렇게 선택하기를 혹은 저렇게 선택하기를 바라는 주변 사람들을 실망시키는 것은 더욱 어려운 일이다.

현자 조지프 캠벨은 우리더러 사랑과 기쁨으로 저마다의 지복을 따르라고 제안한다. 그러나 갈림길을 보았을 때, 교차로를 만났을 때, 왼쪽 혹은 오른쪽으로 진로를 결정해야 할 때, 우리는 어느 길이 우리를 지복으로 이끌지 간절히 알고 싶어 한다.

만약 우리가 어느 길이 맞는 길인지 알고 있다면, 교차로가 가진 신화와 마법도 사라질 것이다.

"거북이를 찾아봐요." 나는 댄 퍼트에게 말했다. 그는 안락의자에 앉아 어느 길로 가야 할지 고민하고 있었다. 나는 그렇게 말하고는 왠지 멋지고 지혜롭게 들린다고 생각했다. "거북이를 찾아봐." 유방암으로 돌아가신 댄의 어머니가 병중에도 그와 함께 근처 웅덩이에 가서 유쾌하게 했던 말을 떠올렸다.

거북이가 어느 길로 갈지 모르는데 어떻게 거북이를 찾을 수 있을까? 대체 어디에 가야 거북이를 찾을 수 있는 걸까?

이것은 우리 인생의 과제다. 그런 일을 하는 것이 우리 인생이기 때문이다. 댄과 나를 비롯한 모든 사람들은 페마 스님이 길 없는 길에 대해 이야기할 때마다 괴로워한다. 왜냐하면 우리는 성취의 길과 의미 있는 인생이 존재하며 어딘가에서 발견되기를 기다리고 있다는 말을 이미 믿고 있기 때문이다. 만약 그런 길과 인생이 찾아지기만 한다면 (혹은 어느 현자가 가르쳐주기만 한다면) 우리는 당장 그곳으로 달려가기만 하면 된다. 가차 없이, 확실하게.

우리는 "나는 무엇이 되어야 하지?"라고 물으며 어른이 되어간다. 가장 자연스럽고 나다운 모습으로 살게 된 후에는 "내가 무엇을 해야 하지?", "내 목적은 뭐지?"라는 질문을 하게 된다. 이후 나이 들며 얻은 지혜가 뼛속 깊이 배이면 아마 이런 질문을 할 것이다. "내가 친절했던 가?"

내가 코니아일랜드의 모래사장에서 하늘에 주먹을 흔들며 이렇게 살지 않겠다고 외친 후에 정말 내가 되었어야 할 어른으로 자랐던가? 이것이 내가 탄생의 순간에 받은 인생의 의미인가?

사실은 이 질문 안에 악마의 함정이 있다. 수많은 작가, 고행자, 현자, 돌팔이들이 공공연히 혹은 은밀하게 이런 길에 대한 경고와 조언을 늘어놓음으로써 더욱 위험하게 만들어놓은 함정 말이다. 이 함정은 질문 안에 숨어 있다. 목적은 우리 바깥에 존재하지 않는다. 이것은 도달해야 할 지점이 아니다. 다른 사람들의 경고, 지도, 조언은 최선의 경우에도 충분치 않고, 최악의 경우에는 사람들에게 자기 비판적인 기분을 불러일으켜 아예 질문을 꺼내지 못하게 한다.

현자 조지프 캠벨은 목적의 추구와 살아 있음의 추구가 합쳐진다고 썼다. 나는 여기서 더 나아가 보겠다. 살아 있다는 감정은 인생의 목적, 의미, 열반, 혹은 무한히 쏟아지는 레몬 사탕을 마법처럼 발견함으로써 생겨나는 것이 아니다.

살아 있다는 감정은 내면의 가치, 믿음, 바람, 꿈과 일치되는 진실한 삶을 살 때 찾아오는 것이다. 나는 글을 쓸 때 나의 목적대로 살고, 내 살아 있음을 산다. 우리 인생의 과업은 길을 발견하는 것이 아니라 (다른 사람이 그려준 지도를 따르는 것도 당연히 아니다) 존재의 방식을 찾는 것이다. 매일이란 내면의 나와 외면의 내가 일관되게 요구하는 삶을 살 수 있는 기회다. 우리가 이렇게 살지 않는 날들을, 주간들을, 달들을, 해들을 깨달았다면, 스스로에게 다시 시작할 기회를 주고 초심으로 돌아가 다시 일어서고 다시 노력하라.

일이란(그러니까 우리의 커리어, 기술, 직업이란) 깊은 존재 의미를 더없이 행복하게 표현하는 것도 아니고 우리 자신이 되기 위해서 짊어져야 하는 무서운 짐도 아니다. 일이란 자신의 내면과 외면이 합치될 기회이며, 진정성 있게 인생을 매일 다시 표현하는 것이다.

생의 변화란 위로, 그리고 앞으로 가는 길을 발견하게 되는 것이 아니다. 얼마나 많이 원더랜드 호숫가를 돌든, 우리는 가장 진실한 과업에 묶여 있다. 합일의 삶을 사는 것, 우리가 질문에 대답하도록 바람이 밀어주는 동안 호수 위에서 항로를 만들어가는 것이다. 우리는 누구인가? 우리가 오늘 진실이라고 믿는 것은 무엇인가? 그리고 우리가 매일 우리의 행동과 우리의 마음으로 만들어가고자 하는 세계는 무엇인가?

자신 안을 깊고 근본적으로 성찰하려는 소명은 단지 변신의 길이거나 의미를 찾는 길이 아니라 우리가 태어난 대로 강하고, 회복력 있고, 세상을 향해 열린 마음을 지닌 전사로서 성장할 길을 찾는 것이다.

우리는 주변 사람이라는, 상실이라는, 혼란이라는 운석이 떨어지는 것을 견뎌냄으로써 가슴의 구멍을 인형이나 차나 돈이 아니라 우리 자신의 영혼으로 채워나가게 된다. 우리는 매일의 상처를 타인과 자신을 위한 신성한 치유 연고로 바꾼다. 우리는 이런 운석의 내리침과 현명하고 전략적인 후퇴에 열려 있어야만 한다.

가만히 서서 몸을 기울이고는 아이들, 배우자, 사랑하는 사람, 직원들, 고객들, 그리고 무엇보다 중요한 우리 심장의 소리를 들음으로써 우리는 성장한다.

인생의 숲과 협곡과 좁은 길을 걸을 때, 나는 쪼개진 바위들에 경탄한다. 어떻게 저렇게 훌륭하고 강한 존재가 반으로 쪼개질 수 있었을까? 까마득하게 오래전부터, 한 방울 한 방울 떨어진 물이 작은 자국이 되고 홈이 되고 오목하게 파인 웅덩이가 되었다가 얼어붙고 팽창하여 결국에는 바위를 쪼개는 것이다.

우리는 바위다. 똑 똑 떨어진 작은 물방울들이 웅덩이가 되었다가, 추위에 얼어붙으면 우리 몸을 쪼갤 만큼의 압력을 만들어낸다. 그러면 우리 몸이 열리고 우리는 성장한다. 우리는 내리치는 운석과 구불구불 꼬인 갈림길을 받아들인다. 불확실성, 실수, 전략적 후퇴, 머릿속에서 현명하게 판단하라고 떠들어대는 고통스러운 목소리.

그러다 갑자기 바위가 쪼개지고, 공기가 몰려들고, 눈앞이 환해지면서 우리는 앞으로 한 발을 내딛는다. 이것이 나를 어디로 이끄는지 모른다고 해도 그 순간에는 모든 것이 의미로 넘쳐난다. 옳은 목적에 의해 훌륭한 일이 완수될 때에는 모든 것이 성스러워진다.

인간의 삶이라는 드라마는 위대하고도 복잡하다. 길 없는 길은 고통과 시달림으로 패어 있다. 그러나 시야가 트인 곳에서 돌아보면, 모든 걸음에는 명확한 목적이 있었고, 모든 것들이 가치 있었다. 그 모든 발걸음은 우리가 가치 있는지, 사랑받을 자격이 있는지 의문을 제기했던 사람들에게 영광스럽게 내지르는 삶의 반격이다.

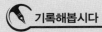
기록해봅시다

- 나의 목적은 무엇인가?

- 왜 앞으로 나가려고 하면 길을 잃은 것같이 느껴지는가?

- 어떻게 성장하고, 변화하고, 의미 있는 삶을 만들 수 있을까?

7장

가혹한 내면의 목소리들

— 자기 의심에서 벗어나기

Reboot

여러 해가 걸렸지만, 마침내 나 자신을 온전히 사랑하는 법과 전사가 되는 법을 배웠다. 만만치 않은 여정이었다.

십 대 시절의 나는 자기혐오에 사로잡힌 채 원고 뭉치를 불태워버리는 작가나 완성된 그림을 면도날로 그어버리는 화가에게 낭만적이고 숭고한 면이 있다고 생각했다.

삼십 대에 들어서면서는 달라졌다. 비판적인 내면의 목소리뿐만 아니라 사랑, 안전, 소속감을 집요하게 바라는 거미줄처럼 복잡한 마음을 이해하기 시작했던 것이다. 내면의 사랑과 갈등이 어떻게 관계와 회사와 일을 통해 세상에 투영되는지도 보이기 시작했다. 그리고 오십 대가 되어서야 스스로를 비판하는 목소리, 우리는 쓸모없는 가짜라고 속삭이는 목소리들이 사실은 아이러니하게도 우리를 진정시키고 안전하게 지키려는 목소리라는 사실을 이해하게 되었다. 가혹한 내면의 목소리는 우리를 망신과 부끄러움에서, 그리고 사기꾼이라는 정체를 발각당할 위험에서 보호하고 있는 것이다.

내가 만든 제품이
쓰레기처럼 느껴질 때

"제 거지 같은 제품이 싫어요." 나의 클라이언트 마리아가 말했다. 내 사무실에 놓인 연푸른빛의 안락의자에 웅크리고 앉아서 두 개의 진한 오렌지색 쿠션 중에 잉크 얼룩이 있는 쪽을 껴안고 말이다. 그 얼룩을 보면서 나는 불안증에 시달리는 아티스트를 다룬 영화와 책의 장면들을 떠올렸다. "일어나서 앱을 보면, 토할 것 같아요." 그녀가 계속 말했다. "다 부숴버리고 다시 시작하고 싶어요."

나는 그녀의 괴로움을 안다. 존재의 고뇌가 신체적 고통보다 아플 수도 있다는 사실을 다시금 떠올린다. 〈인포메이션 위크〉 지의 편집자로 일하던 시절, 몇 달을 공들여 잡지 디자인을 다시 한 적이 있었다. 모든 꼼꼼한 디테일들을 위해 몇 시간씩 회의를 했다. 글자 크기, 행간, 서체의 흘림 정도까지 토론했고, 수많은 색채 조합을 비교했다. 모든 일을 마친 후에 프린터에서 나온 첫 인쇄물을 손에 쥐자 그렇게 자랑스러울 수가 없었다.

다음 달이 되자, 새 디자인의 모든 것이 혐오스러웠다.

우리는 왜 그렇게나 오래 공을 들인 일을 싫어하게 될까?

실제로 만들어진 결과물이 머릿속으로 그렸던 노래, 잠들지 못하는 밤에 꿈꾸었던 애플리케이션, 집으로 운전해가면서 써내려간 이야기, 안전한 직장을 떠나면서까지 만들고 싶었던 바로 그 회사가 아니기 때문일 것이다. 자기 머릿속의 음악을 다른 누구도 듣지 못하는 것에 괴로워하는 예술가와 같은 나의 클라이언트들을 볼 때면 나도 고통스럽다.

드루는 최고 기술 책임자를 연달아 해고했다. "이렇게 만들어요." 나는 회의실에 모인 사람들이 마커 냄새에 살짝 메스꺼울 만큼 화이트보드를 빼곡하게 글자로 채우는 그의 모습을 상상한다. "이건 이렇게 되어야 해요. 그다음에 이거, 그리고 이거…… 사용자들이 이렇게 느끼게 했다면 다음에는 이렇게, 그리고 이렇게……." 직원들의 볼멘소리가 터져 나온다. 드루는 아랑곳하지 않는다. "아니, 아니, 그게 아니고." 그는 마커를 든 채로 말한다. "……이렇게요!"

프로덕트 매니저가 고개를 절레절레 흔들고 엔지니어가 테이블 뒤에 숨어 서로에게 속삭이는 광경이 그려진다. "대체 뭘 원하는 거야?"

가끔 우리의 좌절은 지루함에서 자라난다. 익숙함은 경멸을 낳는다. 우리는 우리의 창조물과 매일 함께 살아가다가 결국 그것을 싫어하게 된다. 자기 제품의 단점만 보다 보면, 결국에는 스스로가 물건을 만들 자격이 있는지에 대한 근원적인 불안과 의혹을 고통스럽게 마주하게 된다.

더욱 중요한 것은, 좌절감이 우리 내면의 은밀하고 집요한 비판의 목소리에서 온다는 것이다. "네가 뭐라고 생각하는 거야? 네가 이 대단하고 영광스러운 노래를 구현할 자격이 된다고? 누가 네가 만든 걸 쓰고 싶어 하겠어? 넌 그냥 틀렸어. 네가 뭘 하는지도 모른다는 걸 온 세상이 알아."

나는 글을 쓸 때 그 좌절감을 가장 날카롭게 느낀다. 어떤 날은 내가 적어 내려간 모든 글자들이 혐오스럽다. 나는 지금 쓴 이 문장도 마음에 안 든다. 이 문장도.

대학 시절 작문 수업들을 들었다. 훌륭한 시인인 마리 퐁소(Marie Ponsot)의 수업도 들었다. 그녀는 어깨에 앉아 있는 까마귀에 대해 이야기했다. 이렇게 지껄이는 까마귀다. "역겨워. 네가 그걸 어떻게 쓰겠다는 거야? 지금 장난해?" 자그마한 몸집에 줄담배를 피워대는 마리 교수는 담배에 찌든 손가락을 들고 단어 하나하나에 힘주어 말했다. "망할. 까마귀를. 쏴버리세요."

매일 우리가 하는 일들은 스스로의 기대치를 충족시키지 못한다(혹은 우리의 직원들, 투자자들, 동료들, 사랑하는 사람들이 실망했을 거라고 생각한다). 그러면 우리 내면에 있는 가장 복잡하고 이해하기 어렵고 두려운 믿음이 건드려진다. 나는 사기꾼이니까 결국 실패할 거야. 그리고 이 실패는 언젠가 그리고 언제까지나 내가 내내 걱정해오던 것에 확인 도장을 찍어버릴 거야. 나는 사랑받을 자격이 없고, 어디에도 속하지 못했다고. 그러니까 전혀 안전하지 않다고.

이런 매일의 실패는 우리가 안전하지 않을 뿐만 아니라, 안전을 바라는 것마저도 가당치 않다는 의심의 참호를 판다. 까마귀는 귓가에 우리의 실패와 우리 존재의 거짓됨에 대해 깍깍거린 다음 다른 쪽 어깨로 날아가서 너는 어디에도 속해 있지 못하다고 울부짖는다. 우리 안에 있는 나약한 어린아이들은 자기 자신이 되고자 하는 절박함과 그러려면 수치와 망신을 당할 것이라는 두려움에 사로잡힌다. 남들 눈에 띄지 않으려는 (그럼으로써 안전하려는) 욕망은 강하다. 까악, 까악, 까악.

만약 당신이 당신 자신이 되는 일에 성공하여 자신의 창조물을 세상에 내놓았다면, 당신은 망신당하고 거부당할 위험을 뒤집어쓰는 것이다. 까마귀는 따끔하게 충고한다. 만들지 마라, 네가 진짜로 누군지 드러내지 마라.

자신의 창조물을 혐오하는 고통은 우리가 회사에, 제품에, 창조물에 자신의 존재를 너무 많이 투사한 결과다. 우리의 자존감을 어떤 속삭임에 걸어버린다면, 어리석게도 사랑, 안전, 소속감이 우리가 무엇을 하느냐에 따라 달라진다고 생각한다면, 그리고 무엇보다도 내 감정과 행위와 작업에 대한 다른 사람들의 평가에 달린 일이라고 생각한다면, 우리에게는 쓰디쓴 존재의 고통만 남게 된다.

자아의 그림자

카를 융은 말했다. "무의식을 의식화하지 않으면, 무의식이 당신 삶의 방향을 결정하고 당신의 운명이 될 것이다." 융은 인간이 성격의 긍정적인 면과 부정적인 면을 자아의 그림자 안에 가둔다고 주장한다. 감정과 믿음과 강점과 약점들 중 스스로가 정의 내린 자아, 즉 내가 누구이고 어떤 사람이어야 한다고 느끼는지와 모순되는 모든 것들은 그림자로 들어가는 것이다. 이 추상적 개념 속의 그림자는 진짜 그림자처럼 그 존재가 거의 드러나지 않는 우리 뒤에서, 그리고 시야 밖에서 움직인다. 우리가 목을 빼고 돌아볼 때만 살짝 엿볼 수 있을 뿐이다.

사랑받고 소속되려면 우리가 어떤 사람이어야만 하는가에 대한 생각에 들어맞지 않는 자질과 특성은 거부되고 버려져서 우리 의식의 보이지 않는 어두운 곳에 묻힌다. 분노와 조바심과 죄책감 속에서 영원한 거부의 대상이자 방어의 대상이 되는 것이다.

그러나 이들은 계속 존재한다. 우리 인생에 계속 끼어들면서 우리를 넘어뜨리기에 충분한 폭탄을 제조하고 소중한 것들을 망쳐버린다. 거부되는 동안에 더욱 강하게 자라나면서 주기적으로, 폭발적으로, 비극적으로 그림자에서 뛰쳐나와 우리의 인생에 난입하여 문제를 일으키고 문제를 남긴다.

가난하고 궁핍한 어린 시절을 보낸 리더가 있었다. 그는 안전함을 느끼기 위해 그의 자질에 의혹을 품은 모든 사람이 틀렸음을 증명하겠다는 야망과 갈망을 키웠다. 그러나 그는 여전히 어린 시절과 가족의 영향력 아래 있었다. 자신이 알고 있는 유일한 공동체에서 축출될 것이 두려운 나머지, 스스로의 야망을 잠재우고, 돈에 대한 갈망을 '욕심'이라고 이름 붙이고는 눈앞에서 치워버렸다. 그는 시인 로버트 블리 (Robert Bly)가 "길고 검은 가방"이라고 부른 것을 그림자 속에 질질 끌고 다닌다.

중학교 시절 따돌림당할 것이 두려웠던 어떤 CEO는 자신의 똑똑함을 부정하는 것을 넘어서서 조금이라도 어려워 보이는 책은 아예 책상에서 치워버렸다. 그녀의 반짝임이 드러나거나 예술성이 표현되어 가족 내에서의 위치가 위험해지지 않도록 말이다. 그녀는 무의식적으로 중학교 시절의 따돌림으로부터 만들어진 고독을 내재화하고, 그녀의 편이 될 만한 사람들과 거리를 두면서 직원들 사이에서 고립되었다.

우리 성격의 모든 것, 즉 긍정적이거나 부정적인 면들, 우리를 사람들 가운데서 돋보이게 하거나 남들과는 달라 보이게 하는 면들은 길고 검은 가방 안에 던져진다.

중심이 아닌 주변부에서 별똥별이 가장 잘 보이듯, 우리가 던져버린 긍정적이거나 부정적인 면들이 우리의 의식적인 삶을 결정하는 과정을 보려면 다른 사람들의 도움이 필요하다. 얼마 전, 나는 심리치료사의 진료실에 앉아 있었다. 그를 마주하고 앉아 내 인생의 불공평하고 불가해한 부분을 한탄했다. 반복하고 반복해서 나에게 일어난 잘못된 일들을 자세히 늘어놓았다. 이럴 때면 나는 분노에 휩싸여 전략과 계획을 격렬하게 세워댄다. 마주 앉은 사람과의 전투에서 내가 둘 수와 그다음 수를 끊임없이 생각하는 것이다.

"그거 아세요?" 그가 묻는다. "더 열심히 계획을 세울수록 스스로 더 똑똑하다고 느낀다는 사실을요? 그리고 더 똑똑하다고 느낄수록, 점점 더 분노에 사로잡힌다는 사실도요? 지금 당신은 그 분노에 먹이를 주고 있는 거예요. 그림자가 당신을 완전히 조종할 만큼 커질 때까지 말이죠."

나는 놀라고 부끄러워하며 고개를 들었다. 간파당했다는 느낌이 들었다. 내 진짜 감정인 분노가 드러난 것이다. 훌륭하고 멋진 계획과 분석의 허울이 벗겨졌다.

버려진 자아가 주도권을 낚아챌 때, 여기서 벗어나는 방법은 한 가지뿐이다. 근본적인 자아 성찰의 발걸음을 내딛는 것이다. 명확하게, 우아하게, 공감하면서도 가차 없게 스스로의 허튼짓을 잘라내기 위해 노력해야 한다. 스스로 원하지 않는다고 말해왔던 상황에 자신도 일조했음을 인정해야 한다.

인생에서 반복되는 패턴을 확인해보자. 왜 우리는 언제나 욕심 많은 영업팀을 채용하는가? 왜 구조적으로 더 강력한 권력을 지닌 상대 앞에 서면 내가 아무것도 아닌 것처럼 느껴지고, 종속된 것처럼 느껴지는가? 성급하게 짜증을 내고 평정심을 잃는 상황에는 어떤 패턴이 있는가? 나는 가만히 멈춰 있는 것의 훌륭함과 아름다움에 대해 배우려고 그렇게 노력해놓고도 왜 계속 한밤중에 깨어나 오래된 상처와 모멸감을 곱씹는가? 우리 모두는 한탄한다. "인생은 개떡 같아. 왜 이런 일이 계속 나에게만 일어나는 거지?"

더욱 나쁜 것은, 우리가 부정한 자질들이 우리의 일상적인 시야 밖에 머문다는 것이다. 우리의 의식은 이들이 가져온 결과를 인정하지 못하고 외부에서 원인을 찾는다. 언제나 비이성적인 타인이 비난의 대상이 된다.

이를 이해하기 위해서는 자신의 반응을 관찰하는 것이 중요하다. 오랫동안 나의 심리치료를 맡아주었던 세이레스 박사에 따르면, "과잉 반응을 보인다면 오래된 문제가 있다는 뜻"이다. 좋은 쪽이든 나쁜 쪽이든 과하게 반응하고 있다면 당신은 그림자에 조종되고 있을 가능성이 높다. 더 나쁘게는 등 뒤에 늘어진 길고 검은 가방에서 자신의 자질을 꺼내어 우리 인생에서 중요한 사람들에게 흩뿌리며 내면의 불만을 전가하고 있을 수도 있다.

물론, 검은 가방을 풀어보기 위해서는 기술이 필요하다. 평소 우리는 회피와 날조의 명수다. 보이지 않는 것들을 햇빛으로부터 감추는 데에 뛰어난 재주를 발휘한다. 어느 클라이언트가 자신의 패턴을 돌아보기 시작하면 까마귀가 어김없이 나타난다. 날개를 파닥거리고 머리를 위로 젖히면서 새까만 눈으로 클라이언트가 자신을 드러내는 순간을 기다린다. 그리고 그 순간, 발견한 것을 바로 비판의 소재로 바꾸어 놓는다. "봤지?!" 까마귀가 클라이언트의 귀에 속삭인다. "우린 네가 원래 형편없는 인간이란 걸 다 알고 있었어."

까마귀는 여러 가지 협잡의 수단을 쓴다. 그중에는 근본적인 자아 성찰을 신문으로 바꿔버리는 기술도 있다. 나는 클라이언트의 눈을 들여다본다. 꿀꺽. 내 귀에 들릴 정도로 크게 침을 삼키는 소리가 들리면 자각이 시작되었다는 신호다. 그러면 나는 농담을 던진다. "그건 당신이 사랑받지 못할 사람이라는 뜻이 아니에요." 나는 성찰을 신문으로 바꾸려는 까마귀를 방해한다. "그저 당신이 사람이라는 뜻일 뿐이죠."

나는 한마디 더 덧붙인다. 그건 모든 인간이 가장 필요로 하는 기술, '생존'을 배웠다는 증거라고.

충실한 병사의 경고

그린란드에서 돌아오는 길에 처음으로 충실한 병사에 대해 읽었다. 애초에 내가 왜 그린란드에 갔는지는 잘 기억나지 않는다. JP모건을 그만두고 가만히 앉아 있는 법과 내 마음에 귀 기울이는 법을 배우던 시기였다. 그 과정에서 괜히 돌아다니고 싶어지고, 지구를 좀 더 깊이 알고 싶어졌던 것 같다.

나는 모험적인 계획을 세웠다. 그린란드 동부 해안에서 2주간 극지방의 삶을 체험하겠다는 것이었다. 매일 200킬로미터씩 스키를 타고 트래킹을 하고 나서 매일 밤 (혹은 4월의 북극 지방에서 밤이라고 불리는 때) 캠핑을 하겠다는 것이었다.

첫날 밤, 일행과 함께 두께가 1.5킬로미터는 될 듯한 천년 묵은 얼음 위에 텐트를 세웠다. 밤 10시였는데도 태양은 아직 밝았다. 우리는 그린란드 남동쪽 가장자리의 스코레스비순드(그린란드의 중동부 해안에 있는 도시로 1925년에 이누이트와 덴마크인이 건설한 촌락-옮긴이) 부근의 작은 활주로에서 스노모빌을 타고 다섯 시간 넘게 달렸다.

우리는 흥분하고 지친 채 각자의 텐트로 기어들어갔다. 몇 시간이 흘렀다. 흐린 밤하늘이 낮처럼 환한 빛으로 가득 찼다. 나는 오리털 재킷, 바지, 부츠에다 모든 옷을 껴입은 채로 침낭에 누워 있었다. 텐트 안에 걸린 온도계의 작은 수은주가 영하 6도에서 영하 17도 아래로 떨어지는 것을 보았다. 나는 며칠 지나지 않아 세게 넘어져서 골반을 다쳤다. 생각한 것보다 훨씬 빨리 비행기를 타고 아이슬란드로, 거기서 다시 집으로 돌아오게 되었다.

나는 집으로 돌아오는 길에 심층 심리학자인 빌 플롯킨의 《혼(Soul) 만남으로 가는 길(Soulcraft)》을 읽고 충실한 병사에 대해 알게 되었다. 충실한 병사는 평생 동안 내가 공동체에서 밀려나지 않고 안전하도록, 그리고 사랑받는다고 느끼도록 보호해왔다.

이 병사의 이미지는 가슴이 아플 정도로 단순하다. 분대에서 떨어져 나와 섬의 고립된 바위를 오래된 소총 하나로 지키고 있는 외로운 병사. 벌써 몇 달, 몇 년째 외부 세상과는 단절되어 있다. 유일한 먹거리는 지나가는 엘크뿐이다. 시인 로버트 블리가 썼듯이, 엘리베이터는 이용하지 않고, 단지 "당신을 죽음으로부터 구하기 위해" 온힘을 쏟는다. 그는 혼자 고립되어 옛날에 시작된 전쟁이 아직도 집을 위협한다는 확신에 빠져 있다. 고향의 한 조각 땅을, 이 바위를 수호하겠다는 오래된 맹세를 지키기 위해 총에 기름을 먹이고 매일 정해진 일과를 따르며 당신을 안전하게 해줄 규칙을 반복해서 훈련한다. "자신을 낮춰라. 튀지 마라. 조심해라. 실수를 저지르지 마라" 같은 규칙들 말이다.

충실한 병사의 생존 전략은 사람에 따라 이렇게저렇게 변형되어 인생 전반에 드러난다. 어떤 사람에게는 "언제나 다른 사람을 자신보다 우선하라"는 경고로 나타난다. 건강하고 헌신적인 이타주의 때문이 아니라 주변 사람들의 분노를 일으킬지 모른다는 두려움때문에 자기가 손해를 뒤집어쓰는 것이라면 우리는 온전한 자신으로 잘 지낼 수 없을 것이다. 어떤 사람에게는 반대로 "언제나 너를 먼저 생각해라"라는 경고로 나타난다. 그러지 않으면 저녁 식탁에서 가족들이 먹고 남은 찌꺼기나 먹게 될 거라고.

나는 부트캠프에서 충실한 병사 이야기를 꺼냈다. 캠프 참가자들이 자신의 삶과 살아온 방식 속에서 천천히 병사의 존재를 알아차리기 시작하자 침묵이 그들 위를 덮었다. 충실한 병사가 자신의 사랑, 안전, 소속감을 위해 (그리고 생존을 위해) 왜 필요했는지를 깨달은 사람들의 눈에서 눈물이 흘러내리기 시작했다.

한 참가자는 사람들과 관계를 맺고 돌보는 능력과, 끊임없이 사람들을 구해주고 고쳐주려는 욕구를 가진 사람이었다. 이런 자질은 그가 리더의 자리에 오르는 데 도움을 주었다. 하지만 캠프에서 그는 이런 자질이 어린 시절 계속 집을 나가겠다고 위협하던 엄마에 대한 집착에서 비롯되었을지도 모르겠다는 생각을 했다. 다른 참가자는 자신이 '활기차고 사교적인 사람'으로 자라난 것은 아버지의 분노와 폭력을 막기 위한 마지못한 (그럼에도 고상하고 진실한) 노력의 결과였다는 것을 깨달았다. 또 다른 참가자는 혼자인 것은 위험하다는 믿음에 붙들려 있었다. 내가 다른 사람들의 생존 전략을 엿볼 때마다 충실한 병사가 소총의 노리쇠를 철컥 젖히면서 무기를 준비하는 소리가 들려왔다. 그가 바다 건너 고향 쪽을 바라보며 말한다. "걱정 마. 내가 처리할게. 네가 사랑받고, 안전하고, 소속될 수 있도록 지켜줄게."

충실한 병사들은 하나의 기본 임무만을 가진다. 우리의 유년기를 위협하던 전쟁으로부터 우리를 안전하게 지키는 일. 이 전략은 이제 어른이 된 우리에게 끔찍한 기분이 들게 하지만, 병사들은 나름의 방식으로 훌륭했다.

나는 당신에게도 이것이 사실임을 안다. 당신이 여기에 있다는 것도 안다. 비록 자신이 망가지고 부족하다고 느끼기는 하지만, 그래도 충분히 사랑하고 사랑받을 수 있으며, 자신도 다른 사람도 안전하게 지킬 수 있는 어른이라는 것을 안다. 당신은 살아남았다.

당신은 어른으로 자라났다. 그리고 당신의 생존 전략이 한때는 성공적이었지만 이제는 낡았음을 알게 되었다. 당신의 충실한 병사는 훌륭히 임무를 수행했다. 단지 전쟁이 끝났다는 사실을 모르고 있을 뿐이다.

까마귀는 우리를 성가시게 하지만, 충실한 병사는 우리를 사랑하고 우리가 망신당하지 않게 지켜주고 있는 것이다. 그러므로 나는 경계를 풀지 않는, 나의 아름답고 자랑스럽고 충실한 병사를 집으로 맞아들인다. 나의 까마귀가 발치에 놓아둔 선물에도 감사하면서.

까마귀가 준 선물

레이캬비크에서 뉴욕으로 오는 비행기가 뉴펀들랜드를 건넜다. 엉덩이가 아파왔지만 집으로 향하고 있어서 마음이 놓였다. 북아메리카의 커다란 땅덩이를 흘끗 보면서 바이킹을 생각했다. "그때보다는 지금이 북아메리카에 닿기가 훨씬 쉽겠지."

비행기의 창밖을 내다보고 있으니, 온갖 생각이 머리를 스쳐갔다. 바이킹에 대한 생각부터, '그린'이라 불리는 얼음 덮인 땅과 '아이스'라 불리는 녹지에 대한 생각까지. 그때 까마귀가 잠에서 깨어나 움직이기 시작했다. "탐험대를 왜 먼저 떠났어? 마지막까지 완주할 수도 있었을 텐데. 골반을 다쳐서라고? 대체 뭐가 문제야? 너는 항상 그렇지. 뭘 시작하면 끝까지 해내지를 못해."

검은 북극해를 바라보면서 잠깐 보았던 빙산들의 모습을 기억하려 애썼다. 까마귀의 말을 듣는 내 눈에 눈물이 고였다. "대체 뭐가 문제야? 너 말이야. 내가 한 번만 말했으면 몰라. 백만 번은 말했어. 너는 사람들이 생각하는 그런 사람이 아냐. 그런 척하고 있을 뿐이지. 절대 그런 사람이 아니라고."

내 삶과 내 가족에게 돌아가는 비행기 안에서 내 마음은 지독한 자기비판을 더하는 것밖에는 할 일이 없었다.

10년이 지난 후에야 나는 까마귀의 자기비판과 충실한 병사의 방어 태세가 인생에서 살아남는 데 절대적인 도움을 주었다는 것을 깨달았다. 그러니 나는 이들을 내려놓거나 버릴 수 없는 짐이 아니라 선물이라고 생각한다.

지독한 자기비판? 좋다. 나는 내가 충분히 괜찮은 사람이고, 아버지이고, 인생의 파트너이고, 비즈니스 파트너이고, 리더인지를 매일 묻는다.

자기비판은 다양한 방식으로 표현된다. 하지만 나의 불교 스승인 샤론 샐즈버그의 말처럼 살을 에는 죄책감이 대표적일 것이다. 죄책감과 함께 오는 것은 공포다. 내가 쓸모없는 정도가 아니라 끔찍한 죄를 저질렀다는 생각에서 오는 공포.

내가 걱정을 멈췄더라면, 극도로 경계하는 방어심을 조금만 내려놓고 내가 충분하다는 느낌을 받았더라면, 비탄에 잠긴 내 부모들을 버리고 떠날 수 있었을지도 모른다. 까마귀는 내 가치에 대해 계속 물었고, 그래서 나는 내 부모의 자식으로 남을 수 있었던 것이다.

"내가 그럴 가치가 있나?"라는 중요한 질문으로부터 나를 안전하게 지키기 위한 다른 전략들이 흘러나온다. 예를 들어, 서로 관계를 맺고 돌보는 전략을 펴려는 나는 힘들게 분투한다. 당당하게 혹은 조용하게 수동적 공격성을 보이면서, 내가 원하는 것을 다른 사람이 주기를 헛되이 바라며 사람들과 관계를 맺는다. 사실은 내가 꽃을 받고 싶으면서 다른 사람에게 꽃을 보내는 것이다.

혹은 다른 사람을 유쾌하게 하는 페르소나라는 전략도 편다. 이때 나는 모든 것을 깨우친 행복한 불교도가 된다. 하지만 사실 나는 나에게 반박하는 모든 사람들을 때로는 분노 어린 엄청난 힘으로, 더욱 자주는 은밀히 꺼내든 단검으로 없애버릴 준비가 되어 있다.

어른이 되어가는 과정에서, 나는 방 안의 분위기와 사람들의 기분을 읽는 일에 경계심을 사용했다. 기자로서 나는 인터뷰 대상자들이 다른 사람에게 말하지 않았던 것을 드러내게 하기 위해 이런 민감함을 이용했다. 투자자로서는 창업자의 깊은 동기에 공감하고 그들과 일하는 최선의 방법을 직관적으로 찾아내기 위해 이 재능을 이용했다. 리더십 코치가 되고 나서는 까마귀의 선물을 이용하여 클라이언트들이 자신의 마음속 소리를 듣게 했다.

모든 생존 전략, 즉 경계를 늦추지 않는 충실한 병사와 인생의 까마귀들이 들려주는 모든 속삭임은 놀라운 선물을 품고 있다. 다른 사람을 기쁘게 하려는 욕구 때문에 나는 타인을 돕는 일에 인생을 걸게 되었다. 다른 사람들에게 침착하고, 성숙하고, 능력 있는 사람으로 보이려는 욕구 덕분에 몰아치는 폭풍 속에서도 다른 사람들을 진정시키는 능력을 발휘할 수 있었다.

가장 고통스러운 경고 속에도 선물은 있다. "사람들이 진짜 내 모습을 알게 된다면…… 사실은 내가 얼마나 무능하고 엉망진창인지, 망가지고 화나 있는지를 보겠지. 그들이 내 가면을 꿰뚫어본다면 내가 망쳤던 일들도 다 알아보겠지. 그들이 진짜 나를 보게 된다면 나는 이 공동체에서 쫓겨날 거야. 모든 것을 잃고 혼자가 되겠지. 사랑받지 못하고, 깊이, 깊이 수치스러움을 느끼면서 춥고 외롭게 죽어가겠지."

이 선물은 발견하기 어렵고 종종 잘못 해석되기도 한다. 가면 증후군으로 괴로워하는 내 클라이언트들이 믿고 있는 것과는 다르게 말이다. 이 선물은 쉽게 만족하고 나태해지지 않도록, 그리고 탁월함을 추구하며 끊임없이 달리도록 추동하는 힘의 원천이 아니다.

나의 클라이언트들이 지닌 이러한 믿음 또한 충실한 병사가 속삭이는 거짓된 경고다. 우리의 가면 뒤에 아무짝에도 쓸모없는 게으름뱅이인데다 안주할 곳만 찾으며 인생의 주도권을 포기해버린 인간이 숨어 있다는 믿음을 내재하고 있기 때문이다. 이보다 더 틀릴 수는 없다.

붓다는 우리가 인간으로 태어났기 때문에 본질적이고 기본적으로 선하다고 가르친다. 한심한 게으름뱅이가 아니라 공동체 안에서 사랑과 안전, 그리고 소속감을 누리고 싶다는 소망과 꿈, 욕망을 가지고 태어난 존재들인 것이다.

"겁에 질려 있다는 걸 인정할 만큼 용감한 분 계신가요?"

나는 많은 청중이 모인, 샌프란시스코 컨벤션센터의 연단 위를 이리저리 걸어 다녔다. 대다수의 청중은 처음 CEO가 된 사람들이었다. 나는 종종 그러듯 사람들이 자리를 잡고 조용해지길 기다렸다. 나는 강연을 시작하기도 전에 이미 첫줄에 앉은 몇 명이 웃음을 터뜨리게 했다. 신발을 벗어던지며 내 발이 너무 커서 신발까지 무겁다고 농담을 건넸기 때문이었다.

강연의 주제는 리더십의 어려움이었다. 나는 두 가지 질문으로 강연을 시작했다.

"여기 계신 분들 중에 자신이 겁에 질려 있음을 인정할 만큼 용감한 분이 계신가요?" 그리고 "(CEO라는) 일을 어떻게 해야 하는지 하나도 모른다고 인정할 만큼 똑똑한 분이 계신가요?"

모두 웃음을 터뜨렸다. 모두가 긴장을 풀었다. 근본적인 자아 성찰에서 얻게 되는 선물은 우리를 움직이는 시스템이 조작된 것임을 인지하는 것이다. 이러한 의심에 전혀 영향을 받지 않는 것은 극도로 정신이 건강하거나 극도로 불안한 사람들뿐이다.

공포, 불안, 자기 의심을 마주할 만큼 용감해져야 우리는 선물 상자를 열 수 있다. 충실한 병사가 잘 장식해둔 아름다운 포장지와 리본을 옆으로 치우고 우리의 인간됨, 약점, 온전한 자아를 받아들일 능력을 끌어낸다. 우리의 인간됨을 받아들일 때 우리 모두가 공유하고 있는 영광스럽고 놀라운 선물을 꺼낼 수 있다. "오, 당신도 망가진 것 같다고요? 좋아요. 우리 둘 다 인간이네요. 받아들입시다." 까마귀의 선물을 사랑함으로써 우리는 까마귀의 경고를 무력하게 만들 수 있다. 우리가 혼자가 되지 않도록 그렇게나 애써온 충실한 병사는 우리에게 우리의 의혹을 감추라고 계속 떠든다. 의혹을 받아들임으로써, 우리는 인간 됨의 가장 커다란 선물인 소속감을 얻게 된다.

까마귀의 선물을 사랑함으로써 나의 까마귀를 사랑하는 법을 배웠다. 까마귀를 사랑함으로써, 검은 가방 안에 들어 있는 나의 부분부분을 다시 꺼내는 고통스러운 작업을 시작할 수 있었다. 남을 이끄는 일과 성장의 기술은 우리 각자가 어린 시절부터 평생 짊어져왔던 가방에 담긴 물건들을 꺼내 정리하는 작업에 달려 있다.

리더십의 헝클어진 가방

권력을 가진 사람들이 헝클어진 가방을 지고 있으면 다른 누군가가 그 대가를 치르게 된다. 그와 매일 함께 시간을 보내는 동료와 친구, 팀원들이 말이다. 물론 모든 문제의 원인이 리더가 던져버린 것들, 그림자에 머물러 있는 것들에 있다고 말할 수는 없다. 그러나 조직문화, 즉 집단 무의식에서 가장 어렵고, 타협이 힘들고, 골치 아픈 면들은 리더가 자아 성찰 과정에서 효과적으로 풀어낼 수 있다. 거울 안의 자신을 마주 보기를 두려워하거나 아예 보려고 하지 않는 사람의 손에 있는 권력은 은밀하고 지속적인 폭력을 고착시킨다. 여기에 더해, 만약 리더가 자신의 그림자를 따라 다른 사람들을 이끈다면, 그가 던져버린 대혼란이 조직을 타고 내려간다. 그리고 회사와 공동체, 커뮤니티가 인생이란 본래 이래야 하는 거라고 생각하게 된다.

나는 어느 회사의 임원 워크숍을 의뢰받았다. 이 회사가 '논의하고 싶은 주제'라고 점잖게 표현한 문제는 회사의 성장이 멈추어 있다는 것이었다. CEO와 이사회는 충분히 혁신하지도 앞으로 나아가지도 못하는 회사의 상황에 대해 불만스러워하고 있었다. 회사 밖에서 워크숍을 열기로 했던 날 아침, CEO가 나를 한쪽으로 불러냈다. 영업 리더와 엔지니어링 리더가 둘 다 몸이 좋지 않아서 참석하기 어렵다고 연락했던 것이다. 문제 상황이었다. 모두들 이 두 사람이 문제라고 생각했기 때문이었다. 다른 모든 사람들은 이 두 사람의 공격적인 스타일 때문에 회사가 어떤 결정도 내리지 못하고 있다는 결론을 내린 상태였다.

"두 사람이 진짜로 아플 거라고 생각하지 않아요." CEO가 말했다. "내가 생각하기에는 당신이 사람들에게 끌어낼 감상적이고 감정적인 이야기들을 마주하고 싶지 않았던 것 같아요." 나는 고개를 끄덕이고는 내가 사람들을 울리는 페로몬을 내뿜는다는 농담을 던졌다.

워크숍을 시작하면서, 우리는 어떻게 들을지, 어떻게 말하거나 말하지 않을지에 대해 이야기했다. 나는 이 조직에서 실패가 어떻게 다뤄지는지 물었다. 나는 머리로, 귀로, 그리고 몸으로 다른 사람들의 말을 들었다. 내 머리는 만족하고 있었다. 잘되어가는 것 같았다.

"우리는 실패를 축하해줍니다." 어느 참가자가 말했다. 나는 미소를 지으면서 실패와 실수에 대한 이야기를 더했다. 여전히 잘되어가는 것 같았다.

하지만 내 몸은 다른 것을 느끼고 있었다. 마음속의 경계심이 치고 올라왔다. "서로 동의하지 않을 때는 어떻게 하나요?" 사람들은 혼란스러운 듯이 침묵을 지켰다. 나는 좀 더 밀고 나갔다. "직원이 1000명이 넘으니까 당연히 서로 동의하지 않을 때가 있겠지요. 이것도 축하하나요?" 침묵이 계속 이어졌다.

나는 직관대로 CEO에게 물었다. "가족들이 서로의 의견에 동의하지 않을 때는 어떻게 하시나요?" 나는 예전에 갈등 회피적인 팀에게 던졌던 질문을 했다. "가정에 폭력 문제가 있나요?"

그가 깜짝 놀라 소리쳤다. "전혀! 전혀 없어요." 나는 혼란스러웠지만 그저 직관의 소리에 귀를 기울였다. CEO가 재빨리 덧붙였다. "소리만 많이 지릅니다."

나는 미소를 지으며 방 안에 모인 모두에게 질문을 던졌다. "팀에서도 소리를 지르는 사람이 있나요?" 그는 잠시 말을 멈췄다가 대답했다. "오늘 안 나타난 두 사람만 그래요."

이것으로, 무의식적이고 암묵적인 조직문화의 퍼즐이 맞춰졌다. 무슨 일이 있더라도 갈등을 피해야 해. 그러지 않으면, 누군가가 소리를 지를 거야. 그건 너무 위협적이야.

그 결과 놀랍도록 자애로운 조직문화가 만들어졌다. 대부분의 사람들은 이 조직문화에 깊은 지지를 보내고 있었다. 그러나 항상 불만 속에서 새로운 것을 실험하고, 야망을 간직하고, 발전을 하려는 사람들은 무언가를 하려고 할 때마다 이러한 조직문화와 맞서야 했다.

실험은 긴장을 만든다. 실험은 실패할 위험과 함께한다. 실험이 성공하고 회사가 혁신되면 사람들은 변화를 받아들여야 한다. 실패의 가능성과 변화의 요구는 사람들을 두렵게 한다. 이는 인간이 피하도록 프로그래밍된 어린 시절의 갈등 상황처럼 느껴진다.

조직 내에서 변화의 요구를 명확히 느끼는 사람들은 무의식적으로 긴장을 유발하는 존재가 된다. 회사가 변화하고 혁신하도록 밀어붙이던 불만은 제거된다. 거짓된 안전과 사랑의 문화는 유지될지 몰라도 회사는 새로운 아이디어가 고갈되고 경쟁력이 약해져간다. 그리고 조금씩 가라앉는다.

리더가 사라진 것들을 포용할 마음을 가질 때, 예를 들어 실패의 가능성이라는 공포를 수용할 때, 회사는 갈등을 회피하며 만들어낸 가짜 안전으로부터 벗어나 변화하고 성장할 수 있게 된다.

줄리를 생각해보자. 그녀는 투자자들에게 언제나 완벽한 프레젠테이션을 한다. 그녀는 시장을 혁신하여 가난한 사람들이 양질의 음식을 먹게 한다는 미션을 가지고 멋진 회사를 만들어가고 있다.

발표 준비를 하기 위해 그녀는 90년대 음악을 크게 틀어놓고 스스로에게 시동을 건다. 그런데 계약의 최종 단계에서 자꾸 문제가 생긴다. 투자자들이 회사가 지금 보이는 성장이나 투자 기대 수익에 대해 쉽게 수긍하는데도 정작 돈이 입금되지는 못한다. 심지어 투자가 마무리된 후에도 투자자들이 적대적인 태도를 갖는다. 그녀의 어깨 위에 올라앉은 까마귀가 날개를 펴고 눈을 들어 뭐가 문제인지를 탐색한다.

그러던 어느 날, 다른 CEO가 투자 미팅 전에는 아무것도 하지 않고 명상을 한다는 이야기를 우연히 듣게 된다. 그녀는 이전에 참가한 부트캠프에서 자신이 왜 이 비즈니스를 시작하게 되었는지를 털어놓았을 때를 떠올렸다.

다음날, 줄리는 평소 듣던 90년대 팝 음악을 듣고 싶지 않았다. 대신 그녀는 조용히 앉아 과거의 기억을 떠올렸다. 부모님이 경제적으로 어려웠던 시절, 가난에 대한 부끄러움과 두려움이 자신의 내면으로 스며들어왔던 것을 기억했다. 그녀는 눈물을 흘리면서 유행이 지난 촌스러운 옷 때문에 놀림당하던 일곱 살의 자신을 떠올렸다. 그녀의 머릿속에 울려 퍼지던 90년대 음악은 더 이상 생존의 찬가가 아니었다. 자아를 찾아가는 고통스럽고 절절한 발라드였다.

"너무 많이 울었어요." 그녀가 말했다. "미팅이 몇 분밖에 남지 않아서 너무 걱정이 됐죠." 그러나 그녀가 돈과 권력을 가진 사람들이 가득한 방으로 걸어 들어갔을 때 무언가가 달라졌다. 그녀는 엄청난 수익의 가능성에 대해 말하는 대신 단순한 선언으로 발표를 시작했다. "저는 가난하게 자랐습니다. 가난하다고 해서 영양가 있는 음식을 섭취할 수 없어선 안 된다고 생각했죠. 그래서 이 회사를 시작했고, 여러분과 파트너가 되고 싶습니다."

투자자들의 눈에 경탄의 빛이 떠올랐다. 그들은 투자하고 싶은 회사뿐만이 아니라 믿을 수 있는 리더를 찾은 셈이었다.

어떤 사람들에게는 자아의 버려진 부분들이 분노와 함께 나타난다. 나는 한 친구의 부탁으로 새 클라이언트인 패트릭을 만났다. 패트릭과 나는 리더십 역량에 대한 리뷰부터 시작하기로 했다. 우리 팀은 그와 가까운 사람들을 인터뷰하고 그를 어떻게 생각하는지 물었다. "이제까지 본 최악의 360도 다면평가가 나왔어요." 평가 결과를 공유하는 자리에서 내가 이야기했다. 그와 같이 일하는 동료들은 "괴롭힌다", "해롭다", "화를 잘 낸다", "무시한다" 등의 단어로 그를 묘사했다. 패트릭은 미팅 전의 보고서를 미리 보면서 의외로 부끄러움뿐만 아니라 호기심을 드러냈다. 그는 이 묘사들이 정확하다고 인정했다. 그는 전혀 방어적이지 않았다.

직관에 따라, 나는 숨어 있는 분노를 부인하지 말라고 격려했다. 나는 격렬한 논쟁을 통해 성장한 회사들의 이야기를 들려주며 그의 기분을 편안하게 해주었다. "어떤 회사들의 조직문화는 원석 가공 공정 같아요. 먼지투성이에 더럽고 울퉁불퉁한 돌들을 넣으면 몇 시간 후에 잘 깎인 보석이 나오는 공정 말이에요. 돌들이 서로 험하게 부딪쳐서 좋은 변화를 만들어내는 거죠."

그는 그 이미지를 마음에 들어했다. 나는 계속했다. "그런데 문제는 모든 사람들이 그런 곳에서 일하고 싶어 하지는 않는다는 거예요. 이대로 가면 당신은 혼자 일하게 될 겁니다."

우리는 오래된 친구를 찾듯 그의 사라진 분노를 탐색했다. 그는 사람들에게 화를 낸 것이 잘못이라는 지적을 받아들이는 듯했다. 그리고 그동안 사람들의 마음을 되돌리기 위해 동원했던 갖가지 방법들을 늘어놓았다. 나는 그가 다른 사람들에게서 그런 부정적인 피드백을 들은 후에도 전혀 자신을 방어하지 않았던 이유가 무엇인지를 깨달았다. 사실 그는 그걸 즐긴 것이다. 그는 내가 자신을 꾸짖는 부모나 교사의 역할을 해주길 바랐던 것이다. "나쁜 녀석"이라고 꾸짖은 후에 방으로 쫓아 보내는 또 다른 어른의 역할을.

거기에 장단을 맞추어주는 대신 내가 말했다. "당신은 분노할 권리가 있어요. 어린 시절을 생각해보면 열 받을 만도 하지요. 그런데 내 질문은 이거예요. 패트릭, 이제 어른이 된 당신은 그 분노로 무엇을 하기로 선택하시겠습니까?"

패트릭은 자기 팀의 성공을 축하하지 못하고 있었다. 패트릭과 나는 그 문제를 탐색하면서 나치 점령하의 폴란드에서 살아남은 조부모에게까지 거슬러 올라갔다. 그들은 몸을 낮추고 감추어 눈에 띄지 않음으로써 살아남았다. 패트릭은 회사의 경쟁자들에 대한 자신의 편집증이 조부모의 생존 본능에 새겨진, 세상이 적개심으로 가득하다는 확신에서 비롯되었음을 알게 되었다.

왜 어떤 리더는 일을 잘하는 팀에게 권태를 느끼고 굳이 흔들고 싶어할까? 그 근원에는 현실에 안주하면 적들이 자신의 가족들을 덮칠지도 모른다는 두려움이 있다. 공동 창업자와 성적인 관계를 맺은 CEO의 문제를 파고들어가 보면, 아버지보다 나은 결과를 내지 못하는 자신을 파괴해버리고 싶다는 충동과 마주하게 된다. 나는 수없이 말한다. "스스로가 쓰레기처럼 느껴진다고 해서, 당신이 진짜 쓰레기인 것은 아닙니다."

그들은 내 말에 놀라워하며 웃는다. "무슨 일이 벌어질 것 같아요?" 내가 어떤 리더에게 물었다. "당신이 근본적으로 망가져 있다는 믿음을 떨쳐내면 무슨 일이 벌어질 것 같습니까?"

굳이 망가졌다고 믿을 필요가 없어진다면, 당신의 인생은 어떻게 될까? 인생의 좋은 것들이 대재앙 이후에만 오는 것은 아니라고 믿게 된다면, 당신 삶의 경험은 어떻게 변할까? 당신 자신이나 파트너나 미래에 대해 굳이 부정적인 감정을 가질 필요가 없어진다면, 좋은 일 뒤에 반드시 나쁜 일이 따라오는 것이 아니라 나쁜 일 뒤에 좋은 일이 올 수도 있다는 사실을 알게 되면, 당신의 몸은 무엇을 느끼게 될까? 우리를 진실로 아는 사람들이 우리를 여전히 좋아할 거라고 믿을 수만 있다면 어떤 기분일까? 나쁜 짓을 저지르고, 까마귀와 충실한 병사만이 아는 비밀이 드러난 다음에도 그들이 변치 않는다면.

우리가 내면이 아닌 외부로 모든 책임을 돌리고 '비이성적인 타인'을 손가락질하는 것을 멈춘다면 어떨까? 사랑받는 느낌을 받기 위해 다른 사람들에게 책임을 전가하는 대신 우리는 태어날 때부터 사랑받을 자격이 있다고 믿는다면? 망가졌다는 기분을 어떻게든 가라앉히고 싶어서 남들을 이리저리 비틀어대지 않는다면?

우리와 우리 문화를 이해하지 못하는 사람을 찾아내 따돌리지 않는다면 우리 조직은 어떤 곳이 될까? 우리 무의식의 뒤틀림을 비추는 코니아일랜드의 도깨비집 거울을 없앤다면 우리 동료들의 삶은, 그리고 그 아이들의 삶은 어떻게 펼쳐질까?

"당신의 레인에서 헤엄치세요." 나는 종종 클라이언트에게 제안한다. "물속에 있을 때는 당신의 목표인 고객에게만 집중하세요. 경쟁자가 뭘 하는지는 신경 쓰지 말아요." 우리의 꿈과 희망을 위협하는, 이름 없고 얼굴 없는 경쟁자에 대한 편집증은 너무나 오랫동안 사업의 만트라가 되어왔다. "편집광만 살아남는다"라는 말이 너무 오랫동안 아무런 의구심 없이 반복되어왔다. 충성스러운 병사는 '내 것'과 '네 것'을 단호하게 나누고, 우리 조직과 커뮤니티를 우리와 그들, 즉 비이성적인 타인들로 가른다.

아마 다른 레인에서 헤엄치는 사람들도 그저 자기들의 안전을 위해 경쟁하고 있을 것이다. 왼쪽에 있는 사람들과 오른쪽에 있는 사람들도 그저 자기들이 태만하고 아무짝에도 쓸모없는 게으름뱅이라는 사실이 발각될까 봐 겁에 질려 있을지도 모른다.

경쟁은 건강한 일이다. 잘 해내기 위해 노력하는 것은 그 자체로 삶을 고양시킨다. 하지만 우리가 타자의 존재를 통해서만 우리를 정의한다면, 우리는 우리의 조직에 어떤 영향을 미치게 될까? 옆 레인의 경쟁자가 잘못되고 나쁘고 위협적인 존재일 거라고 간주한다면, 우리는 우리가 지닌 가장 깊숙한 두려움, 즉 내가 회사의 '비전 선언문'이나 '전략 계획'을 지키기에 부족한 사람일지 모른다는 두려움에 굴복하게 된다. 그리고 이는, 의도하지 않았다 해도, 제품과 서비스와 회사를 함께 만들어온 친구들에게도 두려움을 불어넣는다. 그들도 당신에게는 옆 레인의 '저들'인 것이 아닐까 하는 두려움 말이다.

만약 '저들'이 없고 '우리'만 있다고 생각하게 된다면 우리의 리더십은 어떻게 변화할까? 우리의 리더들을 투영의 대상이 아닌, 매일 좀 더 나은 사람이 되기 위해 노력하는 상처 입은 전사들로 여긴다면 우리 조직은 어떻게 변화할까?

서로 강하게 결합되어 있어서 거의 종교 단체 같은 분위기를 풍기는 어느 커뮤니티의 창업자가 나를 찾아온 적이 있다. 왜 아무리 설명해도 동료들이 자신의 우려에 더는 귀를 기울이지 않는가에 대해 불만에 가득 차 있었다. "당신에 대해 자신들이 만들어놓은 생각이 너무 강해서 당신 말이 들리지 않는 것은 아닐까요?" 이 또한 그림자와 투영이 교차하는 회전목마다. 특히 가장 숭고한 목적을 가진 조직, 두려움을 가리기 위한 공격성을 제거해버린 조직에서 더욱 그렇다. 사람들은 오래된 망령들에 의해 프로그래밍되어서, 리더를 자신이 되지 못하는 모든 것들의 완벽한 본보기로 본다. 그래서 리더의 실패를, 그들 역시 인간이라는 증거인 피와 살을, 그들의 진흙 묻은 발을 보지 못한다. 그들도 찔리면 피가 나는 인간이라는 것을 도저히 받아들이지 못하는 것이다.

이러한 투영은 머리를 어지럽힌다.

자신의 가장 훌륭한 부분을 타인에게 투사하는 대신, 사랑과 웃음으로 그 부분을 되찾아오면 안 될까? 우리가 배출하지 못한 위험한 분노를 타인에게 투사하는 대신 끌어안으면 어떨까? 만약 타인을 우리의 성장을 위한 거울이자 경로로 본다면?

그럴 수만 있다면 우리 조직은 스스로와 커뮤니티에 폭력을 가하려는 충동에서 벗어나 우리 모두를 성장시킬 수 있을 것이다.

보물을 되찾는 일

세이레스 박사에게 받은 많은 선물 중에 내가 가장 감사하는 것이 있다. 바로 내가 충분하지 못하다고 끊임없이 걱정할 때마다 내 말을 끊어버리면서 "제리, 완전 구제불능이네요"라고 말해준 것이다.

시간이 흐르면서 내가 그녀의 말을 받아들이게 되자 내 까마귀는 까악 울고는 긴장을 풀었다. 나는 구제불능인 나를, 기본적으로는 팬

찮은 인간성을, 까마귀와 병사의 경고 속에서 헤쳐 나온 나의 길까지도 즐겁게 인정하게 되었다.

바로 이것이 전사인 리더가 응답해야 할 최고의 소명이다. 인간으로서 우리의 자리를 찾고 다른 사람들도 인간으로서 안전한, 인간적인 회사와 커뮤니티를 만드는 것.

리더는 성찰이라는 선물을 통해 어느 용으로부터 도망쳐 어느 공주에게로 가야 할지를 알아내야 한다. 부드럽고 열린 심장과 강한 등 사이에서 어느 한편으로 과도하게 기울지 않도록 애정 어린 시선으로 지켜보아야 한다. 인간적인 조직이란 강한 등(훌륭한 프로세스, 재정 투명성, 회사의 확고한 가치와 믿음)과 부드럽고 열린 심장(지혜, 공감, 관대함) 사이에서 단단하게 자리를 지키는 조직이기 때문이다.

타인에게 투사했던 자질을 회수하고 보물을 되찾을 때, 우리는 유년기의 전쟁을 흉내 내거나 더욱 강화하는 조직을 만들지 않아도 된다. 대신 소속감을 주는 커뮤니티를 만들고 우리 자신으로서 성장한 어른이 될 가능성이 높아질 것이다. 우리의 어린 시절에 필요했던 어른이 되는 것이다.

우리는 자기혐오라는 개념에 혼란스러워지거나 현혹되지 않을 것이다. 우리 자신을 포함한 좋은 사람들도 나쁜 행동을 할 수 있다는 점을 이해할 것이다. 많은 회사가 나쁜 일을 하지 않겠다(No evil)고 선언하는 조직문화를 만들려고 노력한다. 하지만 나쁜 일을 저지를 가능성을 인정하지 않는 것은 오히려 나쁜 일을 하게 만드는 일이기도 하다.

심약한 사람은 전사의 리더십으로 향하는 길을 갈 수 없다. 내가 말하는 리더십의 길이 요가에서 영향을 받은 말랑말랑한 리더십 코스냐고 물을 때면 나는 큰 소리로 웃는다. "나마스테 같은 소리." 나는 브루클린 토박이 기질을 단호하고 자랑스럽게 드러내며 대답한다. "동굴 안으로 들어가 어두운 구멍을 걸어보시죠. 그리고 저 안쪽 깊숙이에 있는 보물을 찾아오세요. 그러고 나서 말랑말랑한 게 뭔지 말해봅시다."

어린 시절부터 끔찍한 편두통에 시달리던 나에게 세이레스 박사는 세 가지 마법의 질문 중 첫 질문을 알려주었다. "말해야 하는데 하지 않는 말이 무엇인가?"

당신이 리더로, 어른으로 성장하기 위해 힘들고 구불구불한 길, 호수의 수면을 항해하는 듯한 길을 가려 할 때, 이 질문을 기억하라.

지난 몇 년간, 평생 말했어야 했지만 말하지 않은 것이 무엇인가? 이 질문에 대해 생각하면서 당신의 심장박동을 확인하라. 당신이 느끼는 심장박동은 사랑의 설렘이 아니라 강렬한 진실에 마주할 두려움에서 나오는 것이다.

당신의 헝클어진 가방이 어떻게 당신을 말하지도 듣지도 못하게 했는지 생각해보라. 당신이 어떤 말을 했을 때 사람들이 듣지 못했나? 당신이 내내 옳았다는 것을 증명하려고 팀을 조종할 기회를 기다리는 동안 조용히 끓어오르던 마음속을 생각해보라.

당신이 지닌 망령은 소총의 노리쇠를 철컹거리며 경고한다. 당신과 함께 여정을 가는 사람들의 말을 진심으로 받아들이면 위험하다고. 다른 사람들이 이야기해도 내게 들리지 않던 것은 무엇인가? 내가 사랑하는 사람들, 함께 일하는 사람들, 내 인생의 이야기를 함께 만들어 온 사람들이 말해도 내가 들을 수 없었던 이야기는 무엇인가? 내가 그들을 상처 입혔고, 실망시켰고, 위험하게 했다는 이야기였을까? 어떤 커뮤니케이션 방식을 택해도 내가 그들의 이야기에 귀를 막는 바람에 그들이 더욱 고통스럽지 않았을까 생각해보라.

이 모든 것을 생각해보고도 말랑말랑한 리더십 여정일 거라고 말할 수 있겠는가.

헝클어진 가방을 정리하겠다고 결심할 때, 리더십의 여정은 자기실현의 여정이 된다. 그때 일은 삶의 방해물이 아니다. 내면의 자기혐오를 반복적으로 드러내는 과정도 아니다. 그렇다고 나의 앞길을 막는 걸림돌도 아니다. 일은 우리 존재의 의미대로 살아갈 수 있는 길이 된다. 시인 존 오도나휴가 우리 모두를 위해 기도했던 대로.

당신에게 리더십이
진정한 성장의 모험이 되기를.

이런 내면의 작업을 통해 당신의 삶에 일치감이 만들어진다. 일치됨을 통해 삶의 목적과 의미가 강해진다. 충실한 병사를 집으로 맞아들이고 까마귀를 사랑할 수 있을 때 우리는 죄책감과 수치심에서 벗어나 내면의 전사에게 제자리를 찾아줄 수 있다. 까마귀를 사랑하라. 그리고 성장하라.

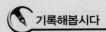
기록해봅시다

- 내가 누구이고 어떤 사람인가가 나의 리더십에 어떤 영향을 미쳤는가?

- 나의 무의식적인 패턴 중에 어떠한 것들이 나의 조직에 투영되어 나타나는가?

- 그렇게 드러난 패턴은 조직에 어떤 도움이 되었는가?

- 조직의 성장을 방해하지는 않는가? 어떻게 방해하는가?

회복력의 진정한 의미
—상심, 회복, 그리고 평정으로의 길

당신의 마음을 아프게 할 진실이 있다. 밤나무, 부모님, 아이들, 가족, 사랑하는 사람, 그리고 꿈은 모두 언젠가 죽는다.

우리의 발걸음을 따라오는 아이들은 어른으로 자라는 여정 위에서 흔들리고 발을 헛디디기도 한다. 벗겨진 살갗과 무릎의 흉터, 상심한 마음과 비참한 실망의 흔적을 안고서. 하지만 그들은 끊임없이 헤매고 자기가 아닌 다른 사람이 되라는 강요를 견디며 진정한 자신으로 성장하는 길을 찾아낸다. 그 과정에서 얻은 상심은 자신을 발견하고 결국은 자기 자신을 창조해내는 수단이 된다.

어느 CEO는 희귀한 혈액암에 걸려서 회사의 펀딩이 어려워졌다. 약혼자가 결혼식 한 달 전에 예식을 취소하기도 한다. 배우자가 세상을 떠나면서 결혼 생활이 끝난다. 소비자들이 우리 제품을 거부한다. 투자자가 우리를 버린다. 우리의 소망과 꿈의 결정체인 회사가 몇 년간의 롤러코스터 끝에 망가지고 사라져버린다. 사랑하고 사랑받을 능력, 안전하게 느낄 능력, 우리의 소속감은 매일의 상심과 분투 속에서 위협받는다.

우리는 고통스러운 생로병사의 현실에 맞서 싸운다. 이런 고통을 겪는 것이 우리가 쓸모없고 사랑받을 가치가 없다는 증거가 아니라고, 본래 인생은 이렇게 흘러가는 거라고 생각하려 하지만 대부분 실패한다. 그러다 보면 매일의 고통은 더욱 커진다. 인생이라는 롤러코스터를 그대로 받아들이는 것은 결코 쉽지 않다.

현실의 고통이 더욱 복잡해지는 것은 다시 일어나는 힘인 회복탄력성의 의미를 오해하기 때문이다. 다시 일어나야 한다는 말을 그렇게도 자주 듣지만, 정작 다시 일어서는 방법은 알지 못한다. 더욱 나쁜 것은, 다시 일어나는 일 자체가 가장 중요하다고 오해하는 것이다. 롤러코스터를 더 잘 타는 방법이 아니라 롤러코스터에 올라타지 않을 방법을 배워야 한다. 코니아일랜드의 롤러코스터 사이클론은 지상에서 볼 때 가장 멋지다. 회복은 목표가 아니라 여정일 뿐이다. 우리의 목표는 전사의 평정심을 얻는 것이다.

회복탄력성과 전사의 평정심으로 가는 첫 번째 발걸음은 아이들의 다친 무릎과 잘려나간 나무와 배우자의 죽음처럼 고통스러운 일들이 주는 매일의 상처에 우리의 심장을 깨뜨려 여는 것이다.

매일의 상심

시간의 흐름 속에서 만나는 가장 가슴 아픈 진실은 영원한 것은 없다는 것이다. 어린 시절 나는 가난이 주는 부끄러움과 집 안에서 들려오는 분노의 고함소리를 피해 말밤나무 둥치의 구멍에 숨곤 했다. 뾰족한 밤송이 깊숙한 안쪽에 새하얗고 보드랍고 차가운 존재가 있다는 것을 알게 되었다. 양말 서랍 안에 잘 묻어둔 새하얀 밤이 반짝이는 멋진 적갈색이 되어 나타나는 것을 보면 안전하다는 마음이 들었다. 제일 친한 친구인 마커스와 함께 손가락 모양의 나뭇잎을 펼친 나무 아래에서 놀면서 소속감을 느꼈다. 우리는 뾰족한 밤송이들이 떨어지기를 기다리면서 나뭇가지로 공을 쳐올리곤 했다.

그러던 어느 날, 뉴욕 공원 관리 공단의 주황색 중장비가 삑삑대는 소리가 들려왔다. 잘린 밤나무 토막들을 들어내기 위해 후진하는 소리였다. 내 성역은 사라져버렸다.

"나무가 없어졌어요. 이제 없어요. 없어져버렸어요." 나는 엄마의 앞치마에 매달려 울었다. 엄마는 내 머리를 토닥이고 목을 쓰다듬어주었다. "자, 자" 하고 나를 달래는 엄마의 목소리를 들으니 마음 아프고 혼란스럽고 두려운 세상에서도 나에게 사랑을 주는 집이 있다는 생각이 들었다. 마음이 무너진 바로 다음 순간 위안이 다가온 것이다.

아직도 갓 자른 나무 냄새를 맡으면 당시의 충격이 떠오른다.

극지 탐험가인 벤 손더스(Ben Saunders)가 나에게 처음 연락한 것은 2008년이었다. 나는 그때 막 코치로서 자리 잡을 기회를 찾고 있었고, 벤은 자신의 존재 이유인 자신의 꿈에 자금을 지원해줄 사람을 찾고 있었다.

"겨우 며칠이 지났는데, 스키 바인딩이 고장 나는 바람에 그만둘 수밖에 없었어요." 그가 말했다. 몇 달 전에 그는 스키로 캐나다를 출발해 북극점을 왕복하는 여정에 올랐다. 최단 시간 기록 경신이 목표였다. 그런데 며칠 만에 모든 일이 실패로 돌아갔다. 이제 그는 파산한 상태였고, 지원받을 곳도 없었다. 그러다 그의 친구가 자금을 모아 계속 도전할 방법을 찾아줄 거라며 나를 소개했던 것이다.

나는 그 여정을 중단한 것은 거지같은 일이었겠다고 말을 던졌다. 그는 내 말에 놀라고, 안도하며, 웃음을 터뜨렸다. "저런, 정말 안된 일이네요"라는 위로의 말을 듣는 건 좋은 일이다. 그런데 그 순간 그가 울기 시작했다. 그는 자신이 울음을 터뜨릴 거라고는 생각하지 못했을 것이다.

"저에게 슈퍼파워 같은 게 있긴 한가요?" 로우봇(Rowbot, 농업용 로봇 회사-옮긴이)의 CEO 켄트 카벤더-바레스(Kent Cavender-Bares)가 팟캐스트를 녹화하다가 물었다. 그림자에 던져 넣어버린 자질들을 인정하고 적절한 기술로 활용하면 창의성을 이끌어낼 수 있다는 이야기를 하던 중이었다. 내가 지금껏 애써온 과정이 괴로웠겠다고 말을 건네자 켄트가 조용히 눈물을 흘렸다.

그의 질문은 창업을 위해 힘들게 노력하는 과정에서 부서져버린 마음이 던진 질문이었다. 그는 농부들 대신 땅에 비료와 살충제를 더욱 효율적이고 안전하게 뿌려주는 로봇 사업을 하고 있었다. 켄트의 꿈은 더 많은 식량을 재배하는 동시에 토지도 치유하는 것이었다. 그의 질문 안에는 사실 이런 상심 어린 질문이 담겨 있었을 것이다. "제가 가진 깊은 진정성 때문에, 있는 그대로 말하려는 자세 때문에 우리 회사가 투자를 유치하지 못하는 거라면 어쩌죠? 저에게 슈퍼파워 같은 게 있긴 한가요? 다른 사람이 CEO가 되는 편이 회사에 나은 일일까요? 창업자가 되려고 애쓰지 말고 그저 시키는 대로 일하는 부속품으로 돌아가는 것이 우리 가족에게나 세상에 더 이롭지 않을까요?"

어둡고 두려운 여정

평정심으로 향하는 첫걸음이 상심이라면, 두려움은 행동하지 않게 하는 방해물이다. 마음속의 어두운 롤러코스터에 대한 두려움 때문에 우리는 행동하지 않기를 택한다. 스키가 부서질까 봐, 사업이 실패할까 봐, 벗겨진 무릎에 흉터가 남을까 봐, 우리는 작은 존재로 남기로 한다. 심장박동 소리보다, 충실한 병사가 두려움 속에서 속삭이는 경고에 귀를 기울이는 것이다.

완전히 실현된 자아, 평정심을 가진 자아가 나타나지 못하는 것은 투지나 회복력이 부족해서가 아니라 두려움 때문이다. 전사는 두려움의 벽 뒤에 웅크린다. 인생에는 커다란 경고판이 달려 있어야 할 것 같다. "주의하세요! 이 놀이기구는 어둡고 무섭습니다."

우리는 무엇을 두려워하는가? 처음에는 사랑, 안전, 소속감이 위협받는 것을 두려워한다. 그러나 우리가 정말 두려워하는 것은 죽음이다. 성역이 망가지고 땔감 더미가 되어버리는 고통 말이다. 우리는 수치심을 두려워한다. 우리가 누구일 수 있는가에 대한 감각을 찢어발기고 사랑받을 가치를 위협(한다고 생각)하기 때문이다. 우리는 사랑을 두려워한다. 사랑의 대상이 배를 타고 떠나가 우리를 버릴지도 모르기 때문이다. 피난처였던 나무의 잔해와 함께 버려진 열 살 소년이 느꼈던 상실감을 남긴 채 말이다.

우리는 변화를 두려워한다. 아이들이 성인이 되어갈 때, 가까운 사람들이 세상을 떠날 때, 오랫동안 맺었던 관계가 끝날 때 함께 올 수밖에 없는 변화. 영원한 것은 없다는 두려움 때문에, 달콤 씁쓸한 고통의 순간들도 호박 안에 담아 고생대의 곤충처럼 보존하고 싶어 한다.

오늘 아침에 신발에 발을 넣는 순간, 딸 에마와 가게에 갔던 추억이 몰려왔다. 아이가 다섯 살쯤 되었을 때였다. 에마에겐 새 운동화가 필요했고, 나는 효율적으로 쇼핑하는 사람답게 냉큼 딸을 데리고 쇼핑몰에 갔다. 다섯 살 아이가 마음에 꼭 드는 신발을 고를 수 있도록 인내심을 갖자. 나는 스스로에게 되뇌며 기다렸다.

에마는 마침내 자신이 고른 신발을 신어봤다. 나는 계산을 하고 아이의 작은 손을 잡고 상점에서 기분 좋게 걸어 나왔다.

"아빠," 내 걸음을 짧은 다리로 쫓아오느라 숨이 가빠진 목소리로 아이가 불렀다. "아빠, 혹시 뭘 산 다음에……." 에마는 잠시 말을 멈추고 숨을 고른 다음 이어서 물었다. "……사실 진짜로는 다른 걸 사고 싶었다는 걸 나중에 알게 된 적이 있어?"

이런, 멈춰! 나는 아이의 뺨에 겁에 질린 눈물이 흘러내리는 것을 내려다보았다. 효율적이고 효과적인 아버지가 되느라 아이와 정말 함께하지도 못했고, 아이의 마음을 헤아리지도 못했다. 나는 몸을 굽혀 아이를 단숨에 안아 올렸다. 그리고 세상에서 너무 빨리 움직이기 바빠서 어린 딸의 마음을 알아주지 못한 것을 사과했다.

나는 아이의 마음을 놓쳤던 순간의 씁쓸함과 전사 아빠로서의 소명을 받은 순간의 달콤함을 영원히 간직하고 싶다. 가게로 함께 돌아가 두 번째 신발을 산 순간을 영원히 기억하고 싶다. 첫 번째 신발은 이미 가게 밖에서 신어버려서 환불할 수가 없었지만 그런 것쯤은 전혀 문제 되지 않았다. 전사 아빠는 딸이 원하는 신발을 샀고, 어린 딸의 마음을 듣는 것이 중요하다는 사실을 다시 깨달았으니까.

나는 이 달콤 씁쓸한 시간을 영원히 간직하고 싶다. 상심의 순간을 통해 사랑하는 사람들이 마음속에 지닌 두려움을 듣는 법을 배웠고, 매일의 상심을 마주할 회복탄력성이 자라났다.

진정한 근성은 자애롭다

나는 회복탄력성에 대해 자주 이야기한다. 그런데 아무리 다르게 이야기해보려고 해도, 언제나 근성(Grit)에 대해 이야기하게 된다. 그러니 여기서도 근성에 대해 이야기하겠다. 진정한 근성이란 웃으며 버티는 것 이상을 의미한다. 진정한 근성이 무엇인지 이해하려면 가짜 근성을 먼저 이해해야 한다.

가짜 근성은 부서지기 쉽다. 얻어맞는 것을 버티지 못하면 우리가 아무것도 아닌 존재가 된다고 생각하기 때문이다. 우리는 '얻어맞고도 버틴다'는 말이 얻어맞으면서도 고통을 느끼지 않는 능력이라고 정의한다. 가짜 근성은 위험하다. 사람을 완고하게 만들고, 그 완고함은 다시 망상을 불러오기 때문이다. 우리는 스스로를 속이는 망상을 근성이라고 믿는 실수를 저지른다. 이제까지 해온 대로 하면서 두 배로 열심히 한다면, 관절이 하얗게 될 때까지 운전대를 쥐고 버티기만 한다면 우리의 관계는 개선될 것이며 회사도 성공할 거라고 믿는다. 하지만 완고함은 전사의 특징이 아니다.

완고함에서 벗어나지 못하면서 스스로 근성이 있다고 믿는 리더들은 기껏해야 망상에 빠져 있을 뿐이고, 최악의 경우엔 무모해진다.

가짜 근성은 까마귀를 깨운다. 가짜 근성이 주는 첫 번째 메시지는 까마귀가 주장하는 것처럼 내가 가치 없는 사람이 아니라는 점을 계속 증명해야 한다는 것이다. 그러나 다음으로 던지는 메시지는 우리가 얼굴을 한 대 얻어맞고 쓰레기 같은 기분이 든다면 그건 우리가 쓰레기라는 의미라는 것이다. 이 가짜 근성의 손아귀에서 벗어나는 유일한 방법은 가짜 근성이 허상임을 알아차리는 것뿐이다.

진정한 근성은 친절하다. 진정한 근성은 끈기 있게 계속하는 것이다. 진정한 근성은 모든 증거를 무시하고 가짜 믿음을 고집하는 것이 아니라 자신이 사랑할 수 있는 사람이며 가치 있는 사람이라는 것을 믿는 것이다. 진정한 근성을 보여주는 리더는 팀의 목적을 믿고, 팀이 장애물을 넘어설 수 있다고 믿는다. 팀이 추구하는 목적이 이 세상에 유의미한 일이라고 믿는 것이다. 진정한 근성이란 실패의 가능성을 인정하고, 실망할 수도 있다는 두려움을 받아들이며, 팀이 계속 더 멀리 달려나가도록 힘을 불어넣는 것이다.

진정한 근성, 즉 어떤 것을 끝까지 고수하는 능력은 자기 자신을 용서할 수 있을 만큼 자신을 잘 아는 것에서 나온다. 깊고 꾸준히 자기

리부트

자신을 성찰하여 미션 선언문을 넘어서는 깊은 존재의 의미를 발견해 내는 것이다. 그렇게 자기 자신을 잘 알게 되면, 우리는 상심한 리더들 사이에서 한 명의 전사로 단단하게 설 수 있다.

우리는 연민하는 리더들의 자비로움 안에서 근성을 발견한다. 보리심(Bodhicitta, 깨달음을 향한 마음, 혹은 이미 깨달은 마음을 뜻하는 불교 용어-옮긴이)이라는 불교 철학의 원리를 체화하고 다른 사람들을 섬기는 사람들에게서 진정한 근성을 본다. 나는 이것이 진리라고 느끼면서도 여전히 나 자신의 장벽에 맞서 싸운다. 나의 영혼이 고통스럽고 내 안의 전사가 겁을 먹었는데, 어떻게 다른 사람을 섬길 수 있단 말인가?

괴로움과 함께 앉아 있기

나는 8월의 견디기 어려운 열기 속에서 콜로라도의 산속, 답답한 천막 안에 가만히 앉아 있었다. 페마 초드론을 처음 만나고 6년이 지난 후, 다시 그녀의 가르침을 받으러 찾아온 참이었다. 더위를 식혀줄 늦은 오후의 뇌우가 멀리서 다가오고 있었다. 천막 안에는 300명의 학생들이 정좌하고 자신의 호흡에 집중하며 산란한 마음을 가라앉히고 있었다. 그중 많은 사람들이 조용히 훌쩍이고 있었다.

좌선에 이어진 대화 시간에 나는 마이크 앞으로 걸어 나가 질문을 했다. "페마 스님." 목소리가 조금 갈라졌다. "나를 그렇게나 아프게 한 사람들을 어떻게 용서할 수 있습니까? 어떻게 해야 지금까지도 저를 괴롭히는 어린 시절의 고통으로부터 풀려날 수 있을까요?" 질문한 사람을 확인하기 위해 햇볕을 손으로 가린 페마 스님이 미소를 지었다. "오, 제리, 안녕하세요."

페마 스님은 아이의 죽음으로 상심하여 붓다를 찾아온 여인의 이야기를 다시 들려주었다. 붓다는 여인에게 상심한 적이 없는 사람의 집을 모두 찾아가 겨자씨를 받아오라고 한다. "당연하게도 그녀는 빈손으로 붓다에게 돌아왔지요." 그녀가 미소 지었다.

다른 사람들에 비해 내 고통이 작다고 생각하라는 것이 아니다. 이 이야기의 요점은 고통의 보편성에 기대라는 것이다. "명상에 새로운 연습을 더해보라고 권하고 싶네요. 과거와 현재와 미래의 모든 아이들을 생각해보세요. 당신의 어린 시절을 포함해서요. 고통받았고, 고통받고 있으며, 앞으로도 고통받을 아이들을 생각하고 그 아이들에게 사랑을 보내주세요." 나는 스님의 조언대로 마음을 열고 찌르는 듯한 고통을 찾았다. 사랑받는다고 느끼지 못하고, 안전하다고 느끼지 못하고, 소속되었다고 느끼지 못하는 아이들의 보편적인 고통을. 그리고 나는 우리 모두의 고통과 함께 앉아 있었다.

몇 년 후에 위수티베트족자치주에 지진이 났을 때, 나는 그 사람들의 고통을 줄여줘야 한다고 생각하는 스스로에게 놀랐다. 이전에는 해본 적이 없는 일을 향해 강한 충동을 느낀다는 것이 놀라웠다.

지진이 일어나고 5개월 후, 나는 폐허가 된 도시로 들어섰다. 어느 곳에나 건물이 쓰러져 있었고, 한때 집, 병원, 학교, 도로였던 곳들은 쓰레기 더미로 변해 있었다.

"적어도 이제는 길에 시체가 널려 있지 않아요." 지진 직후 이곳에 왔다는 내 여성 가이드가 말했다. 이후 며칠 동안 우리는 사람들에게 두 꺼운 텐트, 담요 등을 나누어주었다. 우리는 도움을 주기 위해 돌 더미 사이를 헤매고 다녔다. 그러다 귀가 들리지 않고 말도 하지 못하는 비구니를 돌보는 남자를 만났다. 비구니에게서 풍겨오는 악취는 참을 수 없을 정도였다. 그는 지진이 난 아침에 아내를 잃었다. 아내가 기도를 위해 돌고 있던, 신성한 반구 모양의 탑인 스투파가 그녀 위로 쓰러졌던 것이다.

우리가 음식과 옷, 담요를 건네자 그는 고마움의 눈물을 흘렸다. 그는 손을 모으면서 티베트어로 빠르게 무어라 말했다. 그의 말을 듣고, 티베트인 가이드 소남이 울기 시작했다. 나는 그가 고맙다는 말을 했으리라 짐작하면서 소남에게 무슨 말이었는지 물었다. "그가 기도를 했어요. 만약 지진이 또 일어나서 누군가 죽어야 한다면 자기가 죽었으면 좋겠고, 자신이 지금 느끼는 슬픔을 다른 사람은 결코 느끼지 않길 바란다고요."

상심은 모두에게 일어나는 일이다. 자신의 회사가 망했을 때나 소중한 나무가 죽었을 때에도 다른 사람의 고통에 마음을 열어두는 것은 찾아보기 어려운, 진정한 근성이다.

진정한 근성이란 회복탄력성이 표현되는 것이다. 진정한 근성이란 밤나무가 죽어갈 때, 불탑이 쓰러져서 사람들을 덮칠 때, 롤러코스터가 낙하할 때 그 충격에 마음을 깨뜨려 여는 것만이 아니라 그 모든 상실에도 불구하고 마음을 열어두는 것이다. 보리심은 '깨달은 마음'이라는 뜻인데, 마음을 연다는 뜻도 내포하고 있다. 마음이 닫혀 있는 동안에는 아무것도 깨우칠 수 없다.

마음을 깨뜨려 열어두는 리더는 그들이 직원과 동료, 그리고 투자자들 사이에서 매일 마주하는 고통 또한 보편적이라는 것을 이해한다. 내가 실패할까 두렵다면 투자자도 같은 두려움을 갖고 있다. 투자자의 공포는 회사에 영향을 끼칠 수도 있는 힘의 구조 때문에 미로의 거울처럼 뒤틀려 보이겠지만, 그리고 투자자의 충실한 병사와 그림자들이 이를 더 왜곡시키겠지만, 그럼에도 그 두려움은 나의 두려움과 같다. 힘이 있는 사람이라 해도 무언가를 잃는 경험은 그의 사랑, 안전, 소속감을 위협한다.

다음번 이사회가 열릴 때, 회사가 실패할까 봐, 그래서 자신의 사랑, 안전, 소속감을 잃을까 봐 두려워하지 않는 사람이 있는지 살펴보라. 그런 사람이 있다면 그에게서 겨자씨를 얻어보라. 다음번 회사 전체 회의에서는 직장을 잃게 될까 봐, 사랑하는 사람을 실망시킬까 봐, 까마귀가 외치는 것처럼 사실은 자신이 사기꾼이라는 사실이 들통날까 봐, 혹은 인생의 계단에서 뒤로 굴러떨어질까 봐 두려워하지 않는 사람들에게서 겨자씨를 얻어보라. 그리고 빈손을 내려다보라.

리더로서 우리가 해야 할 일은 마음이 무너지고 공포가 몰려오는 롤러코스터를 타는 동안 모든 감정을 느끼는 것이다. 롤러코스터가 오르내리는 동안 토하지 않는 법을 배우는 것이다. 그런데 우리가 회복탄력성을 길러서 토할 것처럼 급격히 추락하는 상황을 극복할 수 있을 때쯤에는 그 힘이 더 이상 필요 없어진다. 롤러코스터가 멈추고, 우리는 현명하게 거기서 내려오기 때문이다.

내면의 목소리를 듣는 법

누나 니키는 내가 인터뷰에서 했던 말을 책상 위의 벽에 붙여두었다. 그걸 보면 내가 자랑스럽다고 했다. 평정심이 무엇인지에 대한 인터뷰였다. "모든 것이 잘 되어가도 나는 괜찮습니다. 되는 일이 하나 없어도 나는 괜찮습니다. 깨어져 열린 마음을 깊이 성찰한 지난 몇 년간, 가만히 앉아서 고통을 느끼고 고통이 보편적이라는 사실을 깨달으며 나는 가끔 진정한 평정심을 느낄 수 있었습니다."

가만히 앉아, 지구와 이 땅에 귀를 기울이면서 나는 자족적인 단순함의 힘을 배웠다. 10년 전, 내가 비전을 찾아 여행을 떠나겠다는 계획을 이야기하자 어느 스승이 크게 웃음을 터뜨렸다. 어린 시절 중국에서 이민 온 그는 50년 생애의 대부분을 미국에서 보냈다. 그래도 그는 중국 태생답게 "당신네 미국인들은"이라는 표현을 가끔 쓴다.

그는 고개를 절레절레 저으며 말했다. "당신네 미국인들은 비전을 계획할 수 있다고 생각한다니까." 그가 웃으며 물었다. "통찰이 휴가 기간에 맞춰 찾아와줄 거라고 생각해요?" 그가 던진 의문에도 불구하고, 나는 롱아일랜드의 집을 떠나 네바다, 콜로라도, 유타, 애리조나가 만나는 네 귀퉁이로 갔다. 스스로도 의문이 들었음에도 가이드(나중에 내 인생의 친구가 되었다)와 함께 키바(인디언들의 예배 및 회의장소-옮긴이)에 앉아 있었다. 두려움에도 불구하고, 어느새 나는 뒤틀린 소나무 가지를 임시 거처로 써도 될지를 묻고 있었다. 내 자의식에도 불구하고, 나는 주변의 소나무들을 흔들고 가지를 구부리며 지나가는 바람이 내 새로운 이름을 부르는 것을 들었다.

혼자 있는 시간. 금식과 고독의 시간을 보내면서 주변 사람들이 아닌 나의 자아로부터 오는 사랑, 안전, 소속감과 연결되었다. "아, 이게 나구나." 나는 내 발견에 놀랐다. "아, 이게 내 고통이구나." 나는 얇은 노란색 나일론 천으로만 가려진 거처에서 카키색 바지만 입고는 사막에서 탈수로 죽지 않을 만큼만 아주 조금씩 물을 마시며, 나 자신으로부터 관심을 가져갈 책도 일기장도 없이, 가만히 앉아 있었다. 맨살이 드러나 있었고 신경은 동물처럼 곤두서 있었다. 나는 모든 것을 들었다. 나는 우주를 도는 지구의 길을, 그리고 시간을 느꼈다. 인간보다 오래된 둥근 바위의 지혜를 들었다. 나는 미국보다 오래된 도기의 부서진 조각들 사이를 걸었다. 나는 사막의 틈을 넘어 협곡의 벽에 손자국을 남김으로써 삶의 덧없음에 저항하려고 했던 부족의 이야기를 들었다.

그 모든 것을 들으면서 강의 모래톱을 깊이 파내려가 물을 얻었다. 불을 피우고는 나를 인생의 이 지점에까지 오게 해준 사람들에게 감사했다. 몇백만 년의 시간을 입은 바위들이 지켜보는 가운데 나는 목구멍이 벗겨질 때까지, 뺨이 눈물로 화끈거릴 때까지, 텅 비고 고통스러운 위장에서 아무것도 나오지 않을 때까지 어린 시절의 상처에서 쏟아져 나오는 상심과 고통을 토했다.

얇은 나일론 천 한 장, 물 몇 모금, 그리고 내가 누구였고, 누구이며, 누가 될 것인지 지구가 바라보고 지켜줄 것이라는 믿음 외엔 아무것도 필요하지 않았다. 할아버지 바위가 "그럼에도 여전히 너는 내 아들이다. 너는 사랑받고 있고, 안전하며, 네 형제자매 바위들처럼 내게 속해

있단다"라고 말하는 것처럼 자애롭게 이 모든 것을 받아들이는 동안,
나는 자족적인 단순함 속에 앉아 있었다.

지구가 나를 안아주고 있었다. 나는 평온함이 듣는 것에서 온다는
것을 배웠다. 나는 감사함을 돌려주기 위해 시를 썼다.

듣기

밝아오는 아침

어둠이 가장 멀게 느껴지는 시간,

나의 형제 전사가 와서

내가 누구인지 기억하게 도와주었네.

그는 단단하게 서서

지구에 뿌리내리고는

팔을 내리고

손바닥을 밖으로 향한 채

강한 등으로

심장을 여네.

"너는 슬퍼만 하려고 삶을 얻은 게 아니다.

너는 애도하기 위해 삶을 얻은 게 아니다.

네가 얻은 것을 성스럽게 여겨라.

가서 들어보라."

그의 어깨 너머로

할아버지 바위가

영원의 미소를 지으며

땅의 두 아들을 내려다본다.

그리고 말한다. "듣는 것은 고통이 닫아버린 것을 다시 열어준단다.

들으면서 우리는 치유할 수 있지.

우리는 결코 완전히 치유받을 수는 없지만,

그래도 영원히 치유할 것이네.

우리는 결코 사랑받지 못하지만, 그래도 영원히 사랑할 것이네."

　　마음을 닫으면 우리는 자신의 감옥의 건축가이자 간수가 된다. 우리 마음이 만들어낸 수갑이 우리가 사랑받지 못하는 것을 두려워하고 부끄러워하며 철컹거린다. 듣는 것만이 수갑을 끊어낸다. 페마 스님은 다른 사람의 말을 듣는 것이 우리의 비통한 비가의 속박을 걷어낸다고 가르쳤다. 우리 자신의 말을 들을 때, 깊이 성찰할 때, 회복탄력성은 성장과 평정심으로 변한다.

　　어린 시절의 상처에 대한 자연스럽고 당연하며 건강한 반응은 화를 내는 것이다. 화를 내도 아무도 신경 써주지 않고 아무에게도 닿지 않자 화는 분노로 바뀌었다. 화와 분노를 다스리는 기술이 없기 때문에 안전과 소속감에 대한 불안감이 생겨났다. 화를 비틀어 불안으로 만들었다 해도 그 아래의 분노는 남아 있다. 헐크가 그대로 남아 있는 것이다.

　　나는 자아의 소리를 들어보라는 할아버지 바위의 가르침에 따라 내 분노를 성찰하기 시작했고 그 아래에 있는 공포와 고통을 들여다보았다. 나는 얼굴이 빨갛게 달아오른 채 땀을 흘리는 아이를 그려보았다. 그에게 유일한 생존 방식은 자기를 부끄럽게 만드는 사람들을 분노 속에서 뒤쫓는 것이다. 너의 분노는 정당한 거라고 안심시켜주면서, 나는 소년에게 어떻게 거부당하고 추방당했는지 물었다. 분노 뒤에 찾아온 상처에 대해 묻고는 가만히 앉아 그의 이야기를 들었다.

천천히, 천천히 같이 탐색하면서, 우리는 분노를 다스렸다. 빨간 얼굴의 소년은 더 이상 부끄러움을 감추기 위해 사람들을 쫓아다니면서 주먹을 내리칠 필요가 없었다. 그 격렬한 분노는 더는 위험한 적이 되지 않았다. 이제 분노는 겁먹고 약한 사람들을 위한 끈기 있는 수호자가 되었다. 빨간 얼굴의 소년은 나의 부드럽고 열린 가슴의 수호자로 변했다.

나는 내면의 목소리를 들었다. 나는 성장했다.

고통을 끌어안는 평정심

우리 부트캠프에서, 친구와 함께 걷는 일은 마법 같은 효과를 불러온다. "듣기만 하고 고치지 말라"는 등의 몇 가지 간단한 지침만 받고 20분 동안 산책한 참가자들은 눈물을 흘리며 돌아온다. 다른 사람의 말을 듣고 다른 사람이 자기의 말을 들어주는 것에 어떤 힘이 있는지를 경험한 것이다. 혹은 다른 사람의 안전을 위해 비밀을 나누어 짊어짐으로써 그 무게가 조금은 가벼워진 것일 수도 있다.

우리는 둥근 원을 그리며 모여 앉아 무슨 일이 있었는지를 회고하고 서로의 이야기를 나눈다. 알리샤는 그녀의 파트너가 '짐'이라는 단어를 말하는 것을 한 번, 두 번, 세 번째 들었을 때 울음을 터뜨렸다. "내가 '짐'이라는 말을 그렇게 무겁게 지고 있는지 몰랐어요."

그녀는 자신이 온 마을에 짐이 되는 가정에서 자랐다고 했다. 그녀의 가족은 사랑받았고, 타인의 친절에 의지했다. 하지만 알리샤는 친절을 나눠준 공동체에 대한 소속감을 키우기보다는 가난에 대한 부끄러움의 멍에를 졌다. 공동체의 중심이었던 아버지가 (자신의 행복, 안전, 소속감을 추구하기 위해) 가족을 떠났을 때, 알리샤는 어머니와 남동생을 돌봐야 했다. 너무 빨리 성인이 되어버려야 했던 어린 시절은 많은 창업가들의 특징이기도 하다.

그녀는 십 대에 시작한 비즈니스를 기반으로 회사를 만들었다. 아무리 작더라도 첫날부터 바로 이익이 나도록, 그리고 외부의 투자가 필요 없도록, 그래서 다른 사람에게 짐을 지우는 일이 없도록 만들어진 회사였다. 그러나 "결코 짐을 지지 말자, 다른 사람들의 짐을 덜어주자"라는 복잡한 마음은 그녀의 감옥이 되었고, 창살 뒤에서는 분노가 자라났다.

그녀는 걸으면서 그녀에 대해 사람들이 알아줬으면 하는 것을 이야기했다. 그녀의 파트너가 듣는 동안, 그녀도 자신의 이야기를, 그녀의 수갑이 철컥거리는 소리를 들었다. 그녀는 두려움, 부끄러움, 그리고 동생에 대한 분노 뒤에 숨은 고통을 들었다. 이후 그녀는 엄마와 동생과 함께 걸으면서 서로의 이야기를 들었다.

듣기에 따르는 치유 덕분에 어린 시절의 가난과 버려짐, 혼란과 부끄러움이 남긴 상심의 서사를 다시 이야기하고 다시 상상해보게 된다. 고통스러운 이야기의 족쇄를 풀고는 "우리는 절대 다른 사람들의 짐이 되지 않을 거야"라고 말하는 회복탄력성을 넘어 고통을 끌어안는 평정심에 이르게 된다. 과거의 경험에 대한 이야기가 이전에는 생존을 위한 도구였다면 이제는 평온한 삶에 더는 필요하지 않은 유물이 된다.

듣는 법을 배움으로써 자신의 방식을 성찰하고 내 존재가 프로그래밍된 방식과 그 망령을 볼 수 있었다. 판단하지 않는 열린 마음으로 듣는 경험을 통해 나는 이 세상을 충분히 겪었고, 그 과정에서 내가 진정한 내가 아닌 다른 사람으로 변해왔다는 것을 알게 되었다.

'충분하다'는 것을 깨닫고 선언할 때, 우리는 가장 근성 있고 가장 평정한 말을 할 수 있게 된다. 깨어져 열렸을지라도, 나는 충분하다고. 지금의 내 모습 그대로 충분하다고.

바다와 파도 사이

가수 데이브 매슈스(Dave Matthews)는 "옳고 그른 것 사이에 내가 숨어 있네"라고 노래했다. '사이에' 숨어 있는 나는 이미 충분하다.

여러 차례 다녀온 티베트에서 가장 강렬하게 남은 이미지는 경건하게 보존되어 있는 위대한 스승들의 두개골이다. 대개 마을 장로의 집에 보관된 여러 귀한 물건들 사이에서 두개골을 보게 된다. 뒷걸음질 치고 싶은 충동보다 강렬한 것은 두개골 안에 떠난 자들의 상서로움을 증명하는 무언가가 새겨져 있으리라는 믿음이었다. 사람들은 위대한 스승들의 두개골 아래쪽의 들쭉날쭉한 자국에 앉아 있는 붓다의 형상이 나타난다고 믿었다. 그들은 평정심의 힘, 모든 존재의 근원적인 선함, 모든 사물에 깃들어 있는 부처의 존재를 믿는다. 그리고 돌과 나무와 하늘과 오래전에 세상을 떠난 스승의 두개골에서 붓다를 볼 수 있다고 열렬히 믿는다. 부처의 마음은 가장 의외의 곳에 깃든다.

나를 포함한 모든 것이 근본적으로 선하다는 사실을 완전히 받아들이려고 애쓰다 보니, 마을 장로들이 자신의 귀중한 유물에서 확실히 본다는 무언가를 나도 봐야 한다는 부담을 갖곤 했다. 지금까지도 내 의식 속에는 그의 믿고자 하는 바람과 내가 믿길 바라는 바람이 야크의 마른 똥 냄새와 함께 강렬하게 남아 있다. 나에게 티베트란 그런 곳이다.

나는 티베트에서 처음으로 평정을 맛보았다. 죽음, 상실, 실패의 고통을 내가 짊어짐으로써 내 주위 사람들의 삶이 편안해지길 바라는 마음에서 우러난 평정이었다. 티베트에서 지내는 동안 나는 진정한 근성으로 고통에 맞서는 법에 대해 구름과 파도가 무엇을 가르쳐주는지 알게 되었다.

내가 아는 불교 성인들 중에 브루클린에서 자랐을 법한 사람은 밀라레빠뿐이다. 그가 플랫부시 애비뉴를 걸어 내려오는 모습이 상상된다. 하지만 그건 마귀 앞에서 "나를 먹고 싶다면 먹어보라"고 말하는 그의 태도 때문만이 아니다. 상심을 회복력과 평정심으로 바꾸어낸 그의 이야기 때문이다. 어린 시절 아버지가 세상을 떠나면서 부유하고 편안하고 쉬웠던 그의 삶이 송두리째 뒤집혔다고 한다. 그는 모든 것을 잃은 가족을 부양하기 위해 너무 빨리 어른이 되어야 했다. 비탄에 빠진 어머니는 밀라레빠에게 흑마술을 배우게 했다. 그의 리더십은 어머니의 괴로움과 분노 위에서 다듬어졌다.

그는 살인과 도둑질의 세계에 발을 디뎠다. 자신이 죽인 사람들의 손가락뼈로 목걸이를 만들어 걸었다고도 전해진다. 그러다 위대한 스승인 마르빠를 만나게 된다. 마르빠는 등골이 부서질 듯한 (그리고 자아를 허무는) 과업들을 통해 밀라레빠가 성스러운 시인이자 사랑받는 명상 스승이 되도록 돕는다.

밀라레빠의 가르침을 담은 많은 노래 중에 이런 것이 있다. 제자가 스승에게 묻는다. "하늘에 대해서 생각할 때마다 구름이 저를 괴롭힙니다. 밀라레빠, 제가 어떻게 해야 구름 위에서 명상할 수 있을까요?" 구름이 맑고 공활한 하늘을 가릴 때, 어떻게 평정심을 얻어야 할지 알려달라는 것이었다.

이어서 제자는 아름답고 평화로운 바다에 대해 명상하려고 해도 파도를 생각하면 괴롭다고 호소한다.

지혜로운 밀라레빠, 고통 때문에 폭력에 빠졌다가 자신의 고통과 함께하는 법을 배운 어린 소년은 이렇게 대답한다. "당신이 말하는 것만큼 하늘이 명상하기 쉬운 존재라면, 구름은 하늘의 움직임일 뿐인 것을." 그리고 덧붙인다. "파도도 바다의 움직임일 뿐인 것을." 우리는 하늘에서 구름을 분리하거나 바다에서 파도를 분리하지 못한다. 우리의 생각 사이, 우리의 마음 사이에는 공간이 없다. "마음을 바다 안에 머물게 하십시오." 그가 조언한다. "마음이 마음 안에 머물도록 하십시오."

상심을 메우는 지혜

매일의 삶에서 겪는 상심을 회복력과 평정심으로 바꾸려면 구름과 파도와 생각의 움직임을 볼 수 있어야 한다. 롤러코스터의 오르내림 또한 삶의 움직임이다.

그렇다면 평정심이란 무엇인가? 옳음과 그름 사이, 죄와 결백함 사이, 슬픔과 행복 사이, 탐욕과 만족 사이의 공간이다.

현실이 지금과 달라지기를 바라는 것과, 생로병사의 고통이 있는 젠장맞을 세상에 항복하고 포기해버리는 것 사이의 공간이다. 노력이 실패할 수도 있다는 걸 알면서도 지금에 만족하지 않고 전진해나가는 공간이다. 우리는 분명 바람의 방향이 바뀌고 모든 것이 사라질 것임을 알면서도 우리의 회사를, 하늘의 성을, 모래로 그린 만다라를 쌓아올린다. 평정심이란 나무가 죽어버린다 해도 모든 것이 괜찮아질 거라는 성스러운 위로를 믿게 되는 공간이다.

나에게 평정심이란 파도와 구름과 생각의 움직임을 보는 능력을 잃기 전에 집으로 돌아오는 것과 같이 느껴진다.

나는 10년간 벤 손더스를 알았지만, 그에게 한 번도 왜 극지 탐험을 하는지 물어본 적이 없다. 반은 그가 화를 낼 거라 생각했기 때문이고, 반은 그가 얼음 위에서 무언가를 찾고 있음을 알았기 때문이다. 하지만 나는 그가 정확히 무얼 찾고 있는지는 몰랐다.

혼자 북극을 가로지르려 했던 친구 헨리의 여행을 마무리 지으려는 벤을 보면서 나는 그가 뭘 찾고 있는지를 분명히 알게 되었다. 여행의 첫 구간 중간쯤에서 벤은 바위처럼 단단한 눈 위에 바람이 만들어낸 산등성이에 가로막혔었다. 그가 느리게 전진하면서 하루 식량을 절반으로 줄이지 않으면 다음 보급 전에 식량이 떨어질 것이 분명해졌다. 그는 선택의 기로에 섰다. 목표에 도달하지 못하고 탐험을 중단하는 것은 잘못된 근성의 관점에선 실패로 보였다. 그렇다고 계속 나아간다면 친구 헨리처럼 목숨을 잃을 위험이 있었다.

나는 위성 통화를 통해 그에게 '작은 발걸음만 내딛으라'는 선문답 같은 조언을 했다. 그러면서 내 역할이 무엇일지 이해하려 애썼다. 계속 용감하게 나아가라고 격려해야 할까, 아니면 그만두라고 말해야 할까? 나는 무언가 해결하려는 노력을 포기하고 그저 듣기 시작했다. 대화를 이어가는 사이에 그의 목소리에서 무언가 다른 것이 들려왔다. 그는 이전에도 종종 그랬듯이 상황이 얼마나 좋지 않은지 불평했다. 그는 배가 고팠다. 지쳤고 추웠다. 하지만 이번에는 그의 목소리에 평온함이 깃들어 있었다. 그는 여정을 중단하는 것에 대해 놀라운 말을 했다. 지금은 아내가 된 약혼녀, 필리파('핍') 이야기였다. "제리, 나는 이제 집으로 돌아가 만나야 할 사람이 있어요."

나는 그제야 무엇이 그를 계속 얼음 위로 내몰았는지 알게 되었다. 그는 집을 찾고 있었던 것이다.

모든 인간은 사랑, 안전, 소속감을 갈구한다. 벤은 사랑과 안전과 소속감을 찾아 얼음 사막 위를 떠돌았다. 눈 언덕 위에서 자신의 친구이자 멘토였던 헨리의 꿈을 완수하는 영웅적인 도전에 실패할지 모른다는 상심의 가능성과 싸우면서, 벤은 회복탄력성을 발휘해 계속 걸었다. 그러다 마침내 계속하는 것이 미친 짓이 될 무렵에 탐험을 끝내는 진정한 근성을 보여주었다. 그는 핍을 떠올리면서 집이 주는 사랑, 안전, 소속감, 평정심으로 가는 길을 찾았다.

나는 세이레스 박사의 안락의자에 누워서 내 가슴의 구멍이 영원히 닫힐 것 같지 않다고 이야기했던 것을 기억한다. 하우디 두디 인형에 대한 기억을 이야기한 날이었다. 하우디 두디, 내 가슴의 구멍을 막아주었던 60센티미터짜리 장난감. 나는 밤마다 하우디 두디를 꼭 끌어안고, 인형이 마음속으로 들어와 내 마음의 빈 곳과 깊은 공허를 채워주기를 바랐다.

"하우디 두디를 안으면 어떤 느낌이 들었나요?" 세이레스 박사가 물었다.

"제 것이라는 느낌…… 저라는 느낌. 잘 모르겠어요. 제가 잃어버린 조각 같은 느낌이랄까요?"

엄마는 아들이 인형에 애착을 갖는 것을 불편해했다. 나는 부끄러움에 인형을 옷장에 넣어버렸다. 소년은 울지 않는다. 소년은 인형과 놀지 않는다. 소년의 가슴속에는 구멍 같은 것이 없다.

"인형이 없어졌을 때 어떤 기분이었어요?" 그녀가 물었다.

"텅 빈 느낌이었어요. 상실감에 빠졌죠."

"말밤나무가 잘려나갔을 때처럼요?" 그녀가 부드럽게 말을 건넸다.

나를 이해하는 사람만이 건넬 수 있는 말이었다. 그렇게 나를 이해해 준 사람은 거의 없었다.

"바로 그거예요." 나무 없이, 친구 없이 나는 집도 숨을 곳도 없었다. 버림받았다. 세상에 제대로 맞설 준비가 되어 있지 않았다.

"제가 편안함을 느낄 자격이 있었을까요?" 눈물로 채워왔던 의심이었다. 내가 평정심을 가질 자격이 있나요?

세이레스 박사는 내 두려움을 가라앉히고 다시 한번 그녀 자신의 인생 경험에서 얻은 지혜를 나눠주었다. "오, 제리." 그녀는 이해심 많고 사랑 넘치는 부모가 아이를 꾸짖듯 이야기했다. "이 또한 지나가리라는 것을 모르나요(Gam zeh ya'avor)?"

여러 해 동안 그녀가 들려주었던 말이었다. "이 또한 지나가리라." 나는 열심히 싸워 얻어낸 인생의 성과에 고무된 채 그녀의 진료실로 걸어 들어가곤 했다. 그녀는 웃음을 터뜨리고는 내가 자랑스럽다면서 이 또한 지나가리라는 것을 다정하게 상기시켜주었다.

하지만 과거와 현재의 상심에 압도될 때도 많았다. 그럴 때면 세이레스 박사는 같은 지혜를 나눠주었다. "제리, 이 또한 지나가리라는 걸 알잖아요?"

물론 그녀가 옳았다. 나는 지난날의 상심에서 오는 상실감과 찢기는 듯한 아픔이든, 실망과 슬픔에 압도되는 현재의 경험이든, 모든 상심을, 이 지혜를 되새기는 기회로 삼는다.

내 마음의 구멍, 그러니까 세상이 이랬으면 하고 바라는 것과 세상을 있는 그대로 바라보는 것 사이의 공간은 사랑하는 사람, 꿈, 나무를 잃고 쓰러진 순간에 얻었던 평정심과 인생의 무게로 메워졌다. 진정한 근성을 만남으로써 나의 상심은 진정한 소속감과 마음의 평화와 집으로 돌아가는 길을 찾았다.

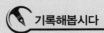
기록해봅시다

● 나의 마음은 어떻게 부서졌는가?

● 마음이 부서진 경험을 통해 나에 대해 배운 것은 무엇인가?

● 내가 회복탄력성을 구현하는 방식은 무엇인가?

● 평화와 평정이 깃든 인생은 어떤 느낌인가?

9장

리더십과 성장의 기술

차들의 물결이 브루클린 다리의 연결부를 덜컹덜컹 지나는 사이 라일락, 인동덩굴, 디젤 매연의 냄새가 공기를 채웠다. 늦은 봄밤, 채드 디커슨과 나는 우리 인생, 특히 최근 몇 주 동안 꼬여버린 인생을 돌아보며 눈물과 맥주를 나눴다. 무엇 때문에 채드가 엣시의 CEO에서 물러나야 했을까? 뭘 잘못한 거지? 채드는 우리 둘이 생각하던 모습의 CEO가 아니었던 건가?

나 또한 스스로에 대한 의심으로 괴로워하고 있었다. 그의 CEO 코치이자 고문인 내가 제 역할을 못한 걸까? 우리 둘 다 각자의 자리에서 충분히 잘하지 못했던 걸까? 우리는 어깨가 닿을 만큼 피크닉 테이블 위에 나란히 올라앉아 우리의 깨어져 열린 심장이 성찰과 전사의 장소로 우리를 이끌게 했다.

우리는 실패의 가능성을 하나씩 짚어보았다. 제대로 해낸 일과 후회스러운 일들을 되짚어보았다. 그리고 우리가 얼마나 성장했는지를 깨닫고는 등을 펴고 맥주병을 부딪쳐서 건배를 했다. 채드는 6년간 이끌었던 회사를 떠난다고 공표하는 과정에서 유년기부터 몸 안에 쌓아온 품위와 품격을 모두 발휘해야 했다. 우리는 그걸 알고 있었다. 부나 명예를 가져다줄 거라는 기대 때문이 아니라 자신의 일이기 때문에 눈앞의 프로젝트에 힘을 쏟았던 사람의 품위와 품격이었다. 그의 옆에 서서, 나는 그의 아버지의 힘을 엿보았다. 그는 도로를 까는 인부들을 이끌면서 사람들이 일터로, 학교로, 교회로, 빵가게로 오가는 노스캐롤라이나의 고속도로를 안전하게 보수했다. 옳은 목적을 위해 잘해낸 훌륭한 일이었다.

지금 되돌아보면, 그렇게 밝은 별 아래에서 몸을 일으킨 것은 채드의 전사만이 아니었다. 나 또한 변화했다. 나 또한 나의 자리를 찾기 위해 깊이 성찰해야 했다.

그 늦은 봄밤에, 자동차와 트럭들이 끊임없이 덜컹거리는 리듬을 만들어내는 브루클린 옥상의 피크닉 테이블에 두 사람이 앉아 있었다. 두 사람은 앞으로 나올 순간만 기다리던 진정한 리더, 진정한 전사, 진정한 어른을 다시 발견했다. 라일락과 인동덩굴과 매연이 섞인 냄새가 폐를 채우자, 끈적거리고 새콤한 레몬 사탕 향이 살짝 풍겼다. 두 사람은 별들을 보며 앞으로의 길을 찾았다.

채드가 CEO에서 물러난 다음 무슨 일을 해야 할지 생각하는 동안, 나도 내부의 전사를 다시 발견했다. 10년 전 유타의 사막에서 할아버지 바위는 듣기를 통해 괴로움이 닫아버린 것을 열라고 가르쳤다. 나는 채드의 고통이 나 때문인가라는 고민을 그만 끊어냈다. 나는 이 상황이 나 때문이 아님을 깨닫고 두려움을 떠나보냈다. 나의 일이 친구들을 실패로부터 구하거나 고치는 것이었던 적은 한 번도 없었다. 내가 하는 일은 앞으로도 같을 것이다. 그들의 이야기를 듣고, 그들의 증인이 되어줌으로써 전사를 탄생시키는 산파 역할을 하는 것이다.

나의 일은 누군가를 매일의 상심으로부터 구원하는 것이 아니다. 클라이언트든 아이들이든 친구들이든 사랑하는 사람이든 간에. 내가 뒤로 물러나지 않는다면 그들이 평정심을 찾아가는 길을 방해할 것이다. 나의 일은 내가 아끼고 사랑하는 사람들의 성장을 지켜보는 것이다. 깨진 마음을 가진 전사로서 사랑, 안전, 소속감, 그리고 평정심으로 가는 길을 찾으려는 사람과 어깨를 나란히 하고 함께 있어주는 것이다.

당신의 자리에 앉으라. 심장이 부서진 채로 열려 있도록 하라. 사랑, 안전, 소속감을 느끼기 위한 모든 분투의 과정을 받아들여라. 그리고 그 분투를 떠나보내라. 평정심을 얻을 방법들을 탐색해보라.

자신의 자리를 찾는다는 것

늦은 오후가 되면서 콜로라도의 태양은 더욱 눈부시고 뜨거워졌다. 나는 차양을 내려서 타는 듯한 태양을 가렸다. 나는 친구 브래드 펠드와 함께 그의 집 뒤쪽의 베란다에 앉아 있었다. 골든 리트리버들이 우리의 관심을 다투고 있었다. 우리는 크고 작은 일들에 대해 이야기하다 추억에 잠겼다. 20년간 나눠온 우정에 대해 이야기했다. 우리는 현재의 이야기를 나눴다. 인생이 흘러가고 마음이 부서지는 것에 대해,

점점 진정한 자신에 가까워지는 것이 어떤 무게감을 지니는지에 대해 이야기했다.

"나는 너무 열심히 일해." 그의 말에 우리 둘 다 고개를 끄덕였다. 우리 둘 다 그런 경향이 있다. 우리 둘 다 절대로 일을 완전히 그만두지는 않을 것이었다. 우리에게 일이란 생각하는 것, 말하는 것, 관계를 맺는 것, 무언가를 만들어내는 것이다. 그는 쉰 살이 넘은 자신의 나이 이야기를 꺼냈다. "젊었을 때와 달라진 점은 간단해. 나는 더 이상 분투하지 않아."

자신의 자리를 찾았기 때문에 그는 자신이 무엇을 하는 사람인지 규정하려고 노력할 필요가 없다. 자리를 찾았기 때문에 그는 자신과 사랑하는 사람들이 일상에서 겪는 상심을 그냥 스쳐 보낼 수 있다. 자리를 찾았기 때문에 온화하고 열린 마음의 전사가 모습을 드러냈고, 우리는 웃으며 늙어가는 것에 대해 이야기할 수 있었다.

자신의 자리를 찾으면 평정심을 얻게 된다. 자리를 찾는다는 것은 자신의 인생을 정의하는 것이다. 당신이 후회하는 과거의 일들을 인정하는 동시에 당신 앞에 놓인 가능성들을 볼 수 있게 되는 것이다. 자리를 찾으면, 당신의 리더십과 삶 모두를 정의할 수 있게 된다. 아니, 바로 현재의 삶을 정의할 수 있게 된다. 진정한 당신이 되어가는 여정은 멈추지 않고 지속될 것이며, 인생은 계속 펼쳐질 것이기 때문이다. 인생을 산다는 것은 성장하고 변화하는 것이다. 영원한 것은 없다는 시간의 진실은 가슴 아프지만, 그렇기 때문에 내 안의 새로운 나, 내 안의 전사가 나타나기도 한다. 이는 인생이 본래 의도된 대로 흘러가는 방

식이다. 전사인 어른이 되어가는 과정이다. 리더십의 선물이며 성장의
기술이다.

더 나은 인간, 더 나은 리더

성장에 대해 내가 배운 것은 대부분 다른 사람을 어떻게 이끌지 배
우는 과정에서 얻었다.

사실은 나를 찾으려는 노력이 나를 더 나은 리더로 만들어주었다.
리더가 되는 것과 진정한 자신이 되는 일은 서로 엮여 있으며, 서로 영
향을 주고받는다. 더 나은 리더는 더 나은 인간이며, 더 나은 인간이
더 나은 리더다.

가장 극복하기 어려운 신념 체계는 어린 시절에 깃든 망령이 아니
다. 가장 어려운 신념 체계는 '사회적인 통념'이다. 예를 들면, 전사 리더
가 되는 과정에서 어려운 것에 집중하라고 말하는 것이다. 사람들은
모두 아는 듯이 큰 바위부터 깨뜨리라고 말한다. "큰 바위를 먼저 깨뜨
린 후에 작은 바위를 처리하라." 그런데 무엇이 큰 바위이고 무엇이 작
은 바위인지 어떻게 아는가?

게다가 우리가 머리에 불이 붙은 듯한 상황에 처해 있을 때, 까마귀
가 실패할 위험에 대해 쉬지 않고 깍깍거릴 때는 쉬운 일조차 어렵게
느껴진다. 정말 어려운 순간에 사회적 통념은 우리에게 아무런 도움도
주지 않는다. 당신에게 중요한 일일 때는, 마음을 다칠 위험이 너무나
클 때는, 인생에 실패함으로써 사람들의 기대나 자존감을 잃고 부끄러

움과 굴욕감에 시달릴 가능성이 그렇게나 높을 때는 모든 것이 다 큰일이고 모든 것이 다 어렵다. 그러나 내면을 깊이 성찰함으로써 우리는 어렵고 복잡한 것과 어렵고 간단한 일을 구분할 수 있다. 무엇이 쉬운지 어려운지를 생각하지 말고, 무엇이 복잡한지 간단한지 구분하는 법을 배워야 한다.

예를 들어, 사업을 운영하는 것은 간단하다. 우리 할아버지가 말했듯이 아침보다 저녁에 주머니의 돈이 늘어나 있으면 된다. 돈을 충분히 벌면 손자가 사탕이 가득한 통을 보면서 언제나 안전하고 사랑받는다고 느낄 것이다. 간단하지만 어렵다.

하지만 리더가 자신의 일을 회피하는 경우, 어려운 일이 복잡해진다. 해야 할 일을 하지 않는 것은 자신의 성장에 걸림돌이 된다. 성장을 멈추면 우리는 다른 사람들의 발목을 잡고, 회사를 망가뜨린다. 이런 리더는 자신의 실패를 감추고 자기 가슴의 구멍을 메우기 위해 다른 사람들의 성과를 이용한다. 그러고는 기계의 망령에게 지휘권을 넘겨버린다. 해야 할 일을 하지 않으려는 마음이 인생을 복잡하게 만든다. 깊이 들여다보는 삶을 살지 않으려는 마음 말이다.

리더들이 자신을 직시하지 못하면, 자신의 내적 혼란과 인간적 혼란을 외부 탓으로 돌린다. 자신의 공포를 마주 볼 수가 없으므로, 자신의 불안을 공격성으로 포장한다. 내 친구이자 멘토인 파커 파머는 "사람들이 괴로움을 어떻게 다뤄야 할지 모를 때 폭력을 휘두른다"라고 했다. 우리가 내면을 들여다보고 매일의 상심을 돌보지 않으면 세상에 대한 폭력, 공동체에 대한 폭력, 그리고 자신에 대한 폭력이 나타난다.

누군가는 이런 엄격한 과업으로부터 도망칠 피난처를 만들고 싶어한다. 인생의 엄중한 진실을 찾기보다는 영적이고 심리적인 망상으로 도피하기 위해서 물질 만능주의에 스스로를 내던지기도 한다. 우리가 내면의 탐험이 끝났다고 스스로를 속이거나, 우리가 만든 조직이 사랑, 안전, 소속감을 주는 피난처라고 주장하면서도 자신의 주장이 틀렸을지 모른다는 두려움에 차마 돌아보지 못할 때면 이러한 피난처들이 제멋대로 생겨난다.

우리는 이런 망상을 부수기 위해 엄중한 경계를 늦추지 않아야 한다. 제임스 볼드윈(James Baldwin)은 이런 피난처들이 "큰 대가"를 치르게 한다며 경계했다. 우리가 시험받지 않는 망상적인 삶을 살게 한다는 것이다. 볼드윈은 "시험받지 않는 삶은 가치 없는 삶이다. 나는 자기 망상이 어떤 것인지 안다. 그러려는 이유가 크든 작든 간에 작가가 치러야 할 대가가 너무 크다"라고 썼다. 어떤 작가, 리더, 어른도 치를 수 없을 만큼 큰 대가다. 볼드윈의 말을 빌리자면, 리더의 과제는 "자기 자신과 세계를 있는 그대로 들여다보기 위해 있는 힘을 모두 짜내는" 것이다.

자신과 세계를 있는 그대로 보는 것은 훌륭한 리더십과 성숙한 삶의 주춧돌이 된다. 나는 선승의 비유를 내 나름대로 바꿔서 클라이언트에게 던지곤 한다. 세상이 이러하다면, 당신은 어떡할 것인가?

자기 망상의 피난처를 거부하고는 내가 누구이고 어떡할 것인가를 예리하게 자각함으로써 성숙해져라. 그러면 우리는 모순적이고, 혼란스럽고, 양립되는 감정을 지닌 채로 살아갈 자유와 위엄을 얻을 것이다. 세이레스 박사는 건강한 정신은 서로 모순되는 감정을 수용할 수 있다고 가르쳐주었다. 우리가 모순을 가지고 있음을, 우리가 하나의 대상에 대해 사랑과 증오를 동시에 품을 수 있음을 인정해야 우리는 뼛속까지 우리 자신을 받아들일 수 있게 된다.

모순과 양면적 감정은 우리가 실패했다는 증거가 아니다. 우리는 위선자라는 이름이 붙는 것을 두려워하기 때문에 다른 사람들이 나의 모순을 보지 못하게 가면을 쓴다. 어른이자 인간인 우리가 사랑하는 동시에 증오할 수 있는 것처럼, 리더이자 인간인 우리는 미래에 대해 두려워하는 동시에 흥분할 수 있다.

리더들은 실패를 두려워하면서도 팀의 잠재력을 믿는다. 부모들은 아이들의 다친 무릎과 마음에 괴로워하면서도 그들이 부모에게서 독립한, 한 명의 개인으로 자라나고 있는 것을 축하한다. 배우자는 관계에서 사랑과 두려움을 모두 수용하고는 그들의 연약함과 진정한 자아가 가져온 비합리적이고 혼란스러운 부분조차도 온전히, 한결같이, 사랑스럽게 받아들여질 거라고 믿는다. 그렇게 자신을 받아들임으로써, 그들은 함께하는 사람들 역시 자신의 엉망진창인 부분까지 받아들여 줄 거라고 믿을 수 있는 진정한 피난처를 만들어낸다.

망상의 피난처에 숨지 않고 리더로서 살아간다면 우리는 관계 속에서, 가족 안에서, 회사 안에서 가장 잘 돌보는 사람, 가장 평온한 목소리를 가진 사람이 될 수 있다.

나의 공동 창업자인 알리 슐츠는 말들의 지혜를 가르쳐주었다. 말은 변연신경계를 사용하여 진실을 알아차린다고 한다. 말들은 리더를 고를 때 강인함이나 지적인 능력을 기준으로 삼지 않는다. 누가 포식자 늑대로부터 무리를 제일 안전하게 지킬지를 보는 것도 아니다. 전체 무리와 가장 잘 공감하고 무리를 가장 잘 돌보는 말이 리더가 된다. 전체 무리를 안정시키고 돌보는 말(대개는 암말이다)이 리더가 된다. 리더는 자기가 봉사하고 이끌 무리의 내적인 요구와 외적인 요구를 조화롭게 조율하는 능력을 지녀야 한다.

만약 리더가 엉망으로 깨져 열린 마음의 진실을 바라본다면, 그들이 바라는 현실이 아니라 삶의 현실 그대로 치열하게 존재할 품위를 허용한다면, 조직 안의 개인들은 실패하거나 실망할 두려움에서 벗어나 해야 할 일에 집중할 수 있게 된다. 이 때 해야 할 일이란 의미 있는 공동 작업일 수도 있고 각자의 잠재력을 최대한 발휘시킬 개인적인 작업일 수도 있다. 현실 안에서 치열하게 존재하기 위해서는 자신에게 세 가지 도전적인 질문을 던질 용기가 필요하다.

- 말했어야 하는데 하지 않은 말이 무엇인가?
- 내가 (목소리로 혹은 행동으로) 말했지만 상대에게 들리지 않은 것은 무엇인가?
- 누군가 말했음에도 내가 듣지 않은 것은 무엇인가?

세이레스 박사가 신경성 편두통에 시달리는 나에게 알려준 질문들이다. 나뿐만 아니라 내가 함께 일해온 모든 사람들에게 프라즈나(지혜, 반야라는 의미의 불교 용어-옮긴이)의 선물을 준 셈이다.

나의 뉴욕 사무실은 차분한 푸른빛을 띠고 있다. 그리고 내가 다녀온 멋진 곳들에서 찍은 사진들로 장식되어 있다. 내가 코칭을 위해 앉는 의자는 2000년 월드 시리즈(내가 사랑하는 양키스가 메츠를 이겼던 해다)에서 찍은 사진 아래, 클라이언트의 안락의자와 마주 보고 있다. 덕분에 나는 안락의자에 앉은 클라이언트들을 코칭하는 동안 그들을 감정적으로 지지해줄 수 있다. 클라이언트의 시야에서는 벗어났지만 내 쪽에서는 잘 보이는 곳에는 불교의 가장 오래된 보살 중 하나인 만주스리(문수보살)의 상이 놓여 있다. 금색 만주스리 상은 무지, 이중성, 망상을 끊어내는 초월적인 지혜를 상징하는 불꽃 칼을 들고 있다.

내가 말하지 않고 있는 것은 무엇인가? 진짜로 무슨 일이 벌어지고 있는가? 혼란스럽고 모순된 감정이 앞으로 나아가기 위한 통찰과 지혜를 막고 있지는 않은가? 혼란스럽고 모순된 감정의 우울한 기운을 가장 잘 끊어내고 질문에 가장 잘 답할 수 있는 리더, 조직이 겪어온 성공과 분투를 직시할 수 있는 리더가 구성원들을 안심시키고 보살필 수 있다. 그러나 불꽃의 칼을 휘두르기 위해서는 우리가 해야 할 일부터 해야 한다. 지금도, 그리고 앞으로도 영원히.

자신의 길을 찾기

"나는 난파선을 탐색하러 내려왔다네." 시인 에이드리언 리치의 시집 《난파선 속으로 잠수하기(Diving into the Wreck)》에 나오는 구절이다.

난파선에 대한 이야기가 아니라

그것을 둘러싼 신화가 아니라,

바로 그 배를.

우리는 보물을 찾기 위해 난파선으로 잠수하고 동굴 안쪽으로 나아간다. 리치가 말하듯, 우리는 언어를, 목적을 향한 지도로 사용한다. 근본적 자아 성찰을 위한 질문은 길을 내는 삽이다. 리더의 일은 바다 밑바닥의 진창을 뒤엎어 길을 찾는 것이다.

세이레스 박사의 질문 덕분에 나는 두려워하는 나를 존중하면서도 목적과 길을 찾아갈 용기를 얻었다. 여기에 당신의 삽이 있다. 당신의 리더십을 리부팅하고 성장의 여정으로 나아가기 위해 스스로에게 던져야 할 질문 말이다.

- 내가 나임을 기억한다면, 나는 어떻게 행동할 것인가?
- 내가 언제나 말해야 하는 것을 말했다면, 나는 어떤 선택을 하고 어떤 행동을 했을까?
- 내 말의 전부가 온전히, 완전히 들리게 하려면 나는 어떤 사람이 되어야 하는가?
- 내 삶에서 중요한 사람들이 나에 대해 이해해줬으면 하는 것은 무엇인가?
- 내가 사랑, 안전, 소속감을 추구하기 위해 지어낸 허구의 이야기들을 뺀다면 나는 어떤 사람일까?

먼저 진창을 엎은 다음, 우리는 희망과 꿈을 담은 조직, 공동체, 사회를 만든다. 나는 미션, 가치, 목표에 대한 대화를 이끌어내달라는 요청을 자주 받는다. 그러나 중요한 질문은 오직 우리가 누구이며 누가 되고 싶은가를 보여주는 질문들뿐이다.

- 말로든 행동으로든 들어야 할 말들을 모두 듣게 된다면, 우리 조직은 어떻게 반응할 것인가?
- 우리 조직의 리더가 된다는 것은 어떤 의미인가?
- 완전히 자란 어른, 자아를 모두 실현한 어른이라는 것은 무슨 의미인가?
- 우리가 만든 회사나 우리가 이끄는 팀에서 우리 아이들이 일하게 된다면 우리는 어떤 기분일까?
- 우리에게 일어났던 일의 '정리되지 않은 가방'은 우리를 어떤 리더로 만들었는가?
- 우리의 직원이나 동료가 회사를 떠난다면, 우리가 함께했던 시간에 대해 어떻게 말하기를 바라는가?
- 이 세상에서 무엇이 진실이라고 믿는가?
- 같은 목표를 가진 공동체로서, 우리는 세상에 무엇이 필요하다고 믿는가?

우리가 스스로에게 들려주는 가짜 신화 대신 진실을 말해보자. 우리는 정말 어떤 회사와 조직을 만들고 있는가?

우리는 우리가 바라는 인간이 되고 있는가? 이 질문의 답을 찾도록 도와주기 위해 또 하나의 질문을 던져보겠다. 내 아이들이 어떤 어른이 되기를 원하는가? 그게 어떤 사람이든, 우리 자신이 바로 그 어른이 되어야 한다. 그 어른으로 성장한 우리의 여정을 지도 위에 그려둔다면, 아이들이 해야 할 일을 하고 자신들의 보물을 찾아내는 데 도움이 될 것이다.

언젠가 파커와 멋진 대화를 나눈 적이 있다. 말뿐 아니라 웃음도 많이 나눈 대화였다. 우리는 "내 인생에 의미가 있을까?"라는 존재론적 질문에 대한 대답은 또 다른 질문일 뿐이라는 것을 깨달았다. "나는 어떤 방식으로 용기를 발휘했는가?" 그리고 "나는 얼마나 친절했던가?" 같은 질문 말이다.

가만히 멈춰 서서 스스로에게 이러한 질문을 던지고 답을 들을 때에만 우리는 우리 안의 전사 리더를 발견할 수 있다. 그럴 때만 우리는 성장하여 어른이 될 수 있다. 그것이 우리가 태어날 때부터의 권리이자 책임이다. 가만히 멈춰 섰을 때 듣게 되는 것이 마음에 들지 않을 수도 있다. 우리 영혼이 들려주는 말에 두려워질지도 모른다. 나는 CEO를 하기 싫어. 나는 이 삶이 싫어. 나는 다른 일을 하거나 다른 사람을 만날 운명이야. 스스로에게 열린, 정직한 질문을 하려면 용기가 필요하다. 질문의 답이 우리를 두렵게 만들 수도 있고 지금의 가치관에 도전할 수도 있기 때문이다. 만약 그 대답이 우리를 놀라게 하고, 혼란스럽게 하고, 화나게 한다면, 우리는 더욱 두려운 다음 질문을 던져야 한다. "이제 나는 뭘 해야 하지?"

미주리스타퀼트 사(Missouri Star Quilt Company)의 공동 창업자인 내 친구 앨 도언은, 진창을 헤집어본 후에 CEO직을 그만두기로 결심했다. 몇 달 후 그는 드레아를 만났고, 둘은 1년 후에 결혼했다.

옥상에서 맥주로 건배한 지 몇 달 후에 채드와 나는 가만히 마주 앉았다. 우리의 대화 사이사이에 흐르는 침묵은 사랑스럽고 깊고 충만했다. 우리는 나란히 앉아서 그의 어린 아들이 브루클린의 놀이터에 있는 모래 언덕에서 장난감 불도저로 땅을 뒤엎는 것을 바라보았다. 롤러코스터 같은 CEO 일을 하면서 토할 일이 줄었다는 이야기에 우리는 같이 웃었다. 또한 CEO 이후의 삶을 지레 두려워했던 것을 떠올리며 웃었다. 그가 편안해졌다는 사실에 더해 비스듬한 빛과 비 냄새와 아이가 지르는 소리(아이는 마법 같은 발견의 순간, 기쁨에 넘쳐서 "여기 좀 보세요, 아빠! 여기 보세요!"라고 외쳤다)를 감사히 누리게 되었다는 사실을 함께 기뻐했다. 채드는 자신의 아들이 내 손을 가상의 공사장 모래에 파묻는 동안 조용히 생각에 잠겼다. 그는 CEO에서 은퇴한 삶이 정말 어떤 것인가를 이해하고는 나에게 몸을 돌렸다. "그런데 한번 리더는 영원한 리더더군요. 방법이 없어요. 주워 담을 수도 없고요." 그가 빙그레 웃으며 고개를 흔들었다.

"그리고 한번 전사는 영원한 전사겠죠." 나도 웃으며 말을 받았다. "당신은 언제나 전사일 겁니다. 이것도 다른 방법이 없어요."

이 글을 쓰고 있는 동안 채드가 문자 메시지를 보내왔다. 그의 가족은 오래전부터 꿈꿨던 국토 횡단 여행에 나서는 길이었다. "새로운 삶의 인프라가 제대로 작동하고 있어요." 그가 썼다. "잘 자고 있고, 훌륭한 의사도 만났고, 재정적으로도 괜찮고요. 기분 좋습니다. 사랑을 보내며."

"인생이 그래야죠." 내가 답을 보냈다. "아들이 아빠에게 원하는 게

리부트

그런 거죠. 즐기세요." 한번 어른이면 언제까지나 어른이다. 언제나 그렇게 행동하지는 않더라도.

나는 친구 스티브 케인과 오래된 기억을 나눴다. "게임스빌을 상장하지 않은 걸 후회한 적이 있어?"

그는 그렇지 않다고 대답했다. "공동 창업자들과 내가 바란 것은 우리와 팀이 좋은 자극을 받으며 즐길 수 있는 훌륭한 사업과 멋진 삶이었어." 그는 올바른 이유로 훌륭한 일을 멋지게 해냈다.

"우리는 '창업가'가 외롭고 두렵고 별난 존재이던 시절에 창업을 했지." 스티브가 말했다. "다른 사람들은 성공과 부를 위해 열심히 일했지. 다양한 사다리를 오르면서도 야심차고 위험한 아이디어에 전부를 걸지는 않았어." 그리고 그는 이렇게 덧붙였다. "우리는 그저 스스로 보스가 되어서 멋지게 살고 싶었을 뿐이었어."

우리 대부분은 무언가 일을 하며 인생의 시간을 쓴다. 다행히도 우리는 대부분 건강하기 때문에 나이가 들어가도록 시간이 있다. 이 두 가지 사실은 우리에게 거대한 기회를 준다. 우리가 안전하기 위해 해야 하는 일을 통해 진정한 어른으로 성장할 기회 말이다. 리더십이 우리에게 주는 최고의 선물은 우리 자신이 누구인지 기억해내도록 도전과제를 던져주는 것, 그리고 진정한 자기 자신으로 성장할 기회를 주는 것이다.

내가 되어야 할 사람

내게는 일상에 언어를 통합하는 것이 바로 예술이다. 나는 언어가 자유롭게 하는 힘을 이해할 운명이었다. 이 깨달음은 성장이 시작되던 무렵에 왔다. 혼자 긴 시간을 보내던 때, 그러니까 학교가 있는 브루클린에서 집이 있는 퀸즈까지 지하철을 타고 다니던 고등학교 시절이었다. 고등학교에 입학할 때는 브루클린에 살았지만 9학년 중간에 부모님이 심하게 싸우면서 나와 엄마는 퀸즈로 옮겨가고 아버지와 동생들은 브루클린에 남게 되었다. 내 고등학교는 브루클린 아이들만 들어갈 수 있는 학군에 속해 있었으니까 엄격하게는 학칙 위반이었다.

하지만 부모님이 헤어지면서 이미 일상이 혼란스러워졌는데 학교까지 옮기고 싶지는 않았다. 부모님들의 별거가 얼마나 계속될지도 확실치 않았다. 많은 일들이 그랬듯이 그에 대해 진지한 대화가 오간 적도 없었다. 몇 달 후에 아버지와 내 형제들이 엄마와 내가 살던 집으로 이사하는 것으로 별거는 끝났다.

이 이사가 내 인생을 바꾸었다. 나는 하루에 세 시간씩을 길 위에서 보내기 시작했고, 거의 항상 혼자였다. 시간을 때우기 위해 지하철에서 숙제를 하고 책을 읽었다. 《반지의 제왕》을 처음 읽기 시작한 것도 레퍼트 대로에서 브루클린 중심가의 제이 가까지 가는 지하철 A 트레인 안에서였다. 답답한 집과 긴 통학 시간의 스트레스에서 벗어나 중간계에서 도피처를 찾은 것이다.

나는 다른 세계에서 위안을 얻었다. 독서에 몰입한 나는 하나의 사실을 깨달았다. 모든 작가들은 같은 이야기를 한다는 것이었다. 모르도르의 문 앞에서 부서지고 열린 마음의 전사로 깨어난 프로도에 대한 책이든, 어린 아들의 죽음을 맞은 그리스인 조르바가 심장이 더는 울부짖지 않을 때까지 춤을 추며 슬픔과 하나가 되는 장면이든, 할렘 가에서 뜨거운 버터를 바른 고구마를 맛있게 먹는 투명 인간의 이야기든, 아니면 "아기 터쿠라고 불리던 작은 소년이" 스티븐 디덜러스라는 이름의 예술가로 성장하는 이야기든, 모두가 자기 자신의 이야기를 하고 있었다. 다른 사람들의 글을 읽으면서 나는 나의 이야기를 찾기 시작했다.

흔들리는 A트레인 기둥에 기대어 《죄와 벌》의 라스콜리니코프와 스비드리가일로프 사이에 펼쳐지는 복잡한 관계를 읽던 순간을 기억한다. 라스콜리니코프가 죄책감에 짓눌린 채 그의 적에 대한 불타는 증오로 괴로워하는 모습에 구역질이 났다. 구역질이 너무 심해서 제일 먼저 빈자리에 얼른 앉아야 했다. 나는 책을 옆으로 밀어놓고, 흰색과 검은색의 얼룩무늬 공책을 꺼내 글을 쓰기 시작했다. 이후 평생 써온 일기를 처음으로 쓴 순간이었다. 나의 언어를 찾는 일의 시작이기도 했다.

다른 사람들의 언어와 나의 언어 사이에서의 춤은 몇 년간 점점 깊어졌다. 통학을 시작한 지 얼마 지나지 않아 나는 지름길을 찾았다. 제이 가에서 A트레인을 하차한 다음 지상으로 올라가 몇 블럭을 걷다가 로렌스 가에서 M트레인을 타면 20분 정도를 줄일 수 있었다. 나는 학생용 공짜 지하철 패스를 들고 코니아일랜드행 M트레인으로 갈아탔다. M트레인은 학교에서 가장 가까운 지하철역까지 나를 데려다주었다.

지하철 패스는 학교 앞의 역과 집 앞의 역에서만 사용하게 되어 있었기 때문에 나는 규정을 위반하는 셈이었다. 하지만 규칙대로 하려면 A트레인을 타고 맨해튼까지 가서 지하에서 그대로 M트레인으로 갈아타야 했다. 작은 지름길을 찾아낸 덕분에 나는 또 다른 소행성을 만날 수 있었다.

매일 제이 역에서 로렌스 역으로 가는 길에 빈킨즈 서점을 지났다. 하루는 도저히 그냥 지나치지 못하고 서점 안으로 들어갔다. 서점 주인인 빈킨 씨는 쌕쌕 숨소리를 내며 현금출납기와 책더기 뒤에 앉아 있었다. 서점 안에는 어디에나 책이 쌓여 있었다. 먼지 쌓이고, 냄새 나는 책더미가 가득했다. 나는 천국에 있었다. 또 하나의 피난처를 찾은 것이다.

나는 매일 빈킨즈 서점에 가서 통로 사이를 돌아다녔다. 이따금 누군가 들어와 빈킨 씨에게 책을 찾으면 쌕쌕거리는 숨소리 사이로 으르렁거리는 소리가 돌아왔다. "몰라! 가서 직접 찾아보슈." 대부분의 손님들은 그대로 나가버렸다.

어느 날 나는 가방을 발치에 내려놓고 서점 구석에 앉았다. 박스에 담긴 《아이반호》를 무릎에 올려놓고 공책에 무언가 휘갈겨 쓰고 있었다. 그때 갑자기 빈킨 씨가 카운터 뒤에서 나왔다. 그는 코를 훌쩍이고 숨을 쌕쌕거리며 육중한 몸을 이끌고는 퀴퀴한 냄새가 나는 책 더미 옆을 비집고 지나갔다. 그러고는 책 한 권을 내 무릎 위에 던져주었다.

"자, 마음에 들 거다."

그동안 우리는 기껏해야 한두 마디를 나눠봤을 뿐이었다. 보통은 내가 카운터로 너덜너덜한 책을 가져가면 빈킨 씨가 책값이 얼마인지 말해주는 정도였다. 그에게서 가장 자주 들었던 말은 "50센트"였을 것이다. 나는 무릎을 내려다보았다. 너덜너덜한 책은 헨리 로스의 《잠이라 부르자(Call It Sleep)》였다.

아무리 공감하려고 해도 내가 주인공 데이비드 셜이 될 수 없다는 것은 이미 알고 있었다. 인생을 둘러싼 환경이 너무나 달랐으니까. 하지만 우리가 인생에서 느끼는 감정은 거울에 비춘 듯이 유사했다. 어른이 되고서야 로스의 이야기를 이해할 수 있었다. 어느 문학 비평가가 팔리지 않은 책들 사이에서 이 소설을 발견할 때까지 수십 년간 잊혔었다는 슬프고 가슴 아픈 이야기도 알게 되었다. 로스는 작가로 사는 대신 메인주에서 벌목과 오리농장 일을 하며 한참을 살고 나서야 자신이 누구인지를 기억해냈다. 비로소 그는 언어를 다시 찾았고, 언어가 없던 세계를 극복할 수 있었다.

빈킨즈 서점과 《잠이라 부르자》. 이 두 개의 운석이 나의 언어를 찾도록 도와주었다. 어린 시절에는 다른 사람들에게 할 말이 없다고 생각했다. 언어가 없는 세상은 나를, 삶을 끝내려는 시도로까지 몰아갔다. 열여덟 살의 자살 시도는 해야만 할 말을 하려는 필사적인 노력이었다.

내 리더십의 여정은 언어를 찾는 법을 배우는 여정이었는지도 모른다. 기자로 일하던 시절에는 내가 경험하는 세상에서 무엇이 말해져야 하는지를 찾았다. 나중에 투자자가 되어 경제적으로 성공하고 인정받았던 것은 새로이 떠오르는 세상과 창업자들 안의 전사를 볼 수 있는 능력 덕분이었다.

글을 쓰고, 코칭을 하고, 누군가를 가르치고, 현재에 머물고, 사람들을 돕는 것. 이것이 내가 살아가는 이유다. 나는 내가 되어야 할 사람이 되었다. 내가 이 진실에 따라 사는 것에 실패할 때는 (사실은 자주 일어나는 일이다) 충실한 병사들의 오래된 경고에 귀를 기울이고 그림자에 따라 살아가게 된다. 여기까지 오는 여정의 일부는 나의 약점과 단점처럼 보고 싶지 않은 나의 일면을 가리려는 수많은 술수들을 받아들이는 법을 배우는 과정이기도 했다. 시인 테리 템페스트 윌리엄스는 말했다. "글을 쓰려면 무엇이 자신의 뼈를 갉아대고 있는지를 찾아내고 밝혀내는 뼈 아픈 호기심이 필요하다."

이러한 나의 일면들을 찾아내고, 무엇이 내 뼈를 갉아대고 있는지 드러낸 덕분에 나는 힘과 지혜, 창조성의 원천을 발견할 수 있었다. 나의 어떤 부분이 부끄러움을 느끼는지 인식하게 되자, 최고의 열망대로 살아가려는 과정에서 거듭 실패한다는 것을 순순히 받아들이게 되었다. 그리고 그 결과 내 영혼을 인식하고 자신을 가치 있게 여기는 마음이 자라났다. 나의 위대한 길잡이가 되어준 시인 존 오도나휴가 일깨워주듯 말이다. "우리는 우리 인생의 예술가다. 우리가 보다 온전한 자신이 되고, 보다 정확히 인지할수록 우리의 삶은 보다 독창적이고 창조적인 것이 된다."

나에게 어떤 독창성과 창조성이 있든, 내가 어떤 리더십과 어른의 지혜를 깨달았든, 모든 것은 나보다 앞서 살았던 사람들로부터 배운 것이다. 책을 읽을 때면 저자가 발견한 진실을 발견한다. 일기를 쓸 때면 나의 진실을 발견한다. 글을 쓸 때면 다른 사람들의 진실과 내 자신의 진실을 종합한 진실에 대해 이야기한다. 좋은 리더가 되기 위해 나는 최대한 정직해지는 법을, 수치심을 일으키는 까마귀의 까악 소리를 제압하는 법을 배웠다. 좋은 리더와 좋은 작가가 되려면 망상에 홀리지 않는, 정직한 어른이 되어야 한다. 좋은 작가가 되기 위해 나는 정직한 사람이 되어야만 한다.

당신은 어떤 리더인가

한 번도 있는 모습 그대로 살아본 적이 없었음을 깨달으며 죽는 것보다 더 슬픈 일이 있을까. 진정한 자아로, 자신이 아는 한 최선의 방식으로 여기에 존재했으며, 현실에 치열했기 때문에 자유롭게, 그리고 사랑으로 삶을 영위했음을 깨달으며 죽는 것보다 더 은혜로운 일이 있을까.

–파커 J. 파머 지음, 김찬호·정하린 옮김, 《모든 것의 가장자리에서》, 글항아리, 2018, 241쪽

"좋은 사람이 되는 일에 왜 그렇게 집착해요?" 알리가 물었다. 목소리에 두려움과 짜증이 섞여 있었다. 그녀는 내가 단단히 서지 못하는 모습에 지쳐 있었다. 그녀는 내가 가지고 있지만 보지 못하는 것들을 볼 수 있었는지도 모른다. 그래서 내가 나에 대해 하는 이야기와 스스로를 괴롭히는 질문들에 화가 났는지도 모른다.

좋은 사람이란 뭐지? 나는 좋은 아빠였나? 내가 무슨 대단한 능력이 있었던가? 나는 까마귀가 말하는 대로 그냥 사기꾼일 뿐인가? 나는 이런 질문들을 계속해서 생각했다.

좋은 사람은 다른 사람을 돌보지. 머릿속의 목소리가 말했다. 우리 아버지의 목소리, 아니면 귀도 할아버지의 목소리일까? 좋은 사람은 성을 쌓고 용을 무찌른다. 만약 가슴을 열었다면, 추운 밤에 사랑하는 사람들이 따뜻하고 안전하고 행복할 수 있도록 불을 피우고 화로를 돌볼 것이다. 손으로 성을 쌓고 직접 용을 죽여서 사랑하는 사람들이 안전할 수 있고, 소속될 수 있게 한다.

나는 선물 같은 캘리포니아의 자연 속을 산책했다. 마린 지역의 언덕이었다. 그러다 시간과 병과 바람에 쓰러진 태고의 나무와 마주쳤다. 나는 멈추어 섰다. 여기에 멋진 사람이 잠들어 있다는 것을 깨달았다. 내가 삶의 마지막을 맞이해 나를 낳아준 땅으로 돌아갈 때, 이 오래된 나무처럼 당당하게 땅에 누울 수 있다면, 나는 인간됨을 이루었음을 알게 될 것이다. 나무의 몸통은 상처로 엉망이었다. 그 상처를 얻은 과정은 자랑할 만한 것이 아닐지도 모르지만, 50년, 60년, 100년이 넘는 긴 시간 동안 목적에 충실하게 살아왔다는 것을 보여주었다. 나무는 다른 동물들이 내리쬐는 태양, 거센 바람, 변덕스러운 날씨로부터 한숨 돌릴 피난처가 되어주었을 것이다. 내린 결정과 내리지 않은 결정들로 인해 옹이 지고 뒤틀리고, 이기심으로 인해 상처받고, 친절하고 관대하고 부드러운 행동들로 가지를 뻗은 모습. 나도 언덕 한 켠에 몸을 펴고 누워서, 조급한 마음과 육신이 땅의 양분으로 느리게 돌아가는 것을 반가이 받아들이며 생을 마감할 수 있기를.

가장 내밀한 자아를 탐색한 나는 나의 목적을 맹렬히 구현하는 길을 찾아냈다. 다른 사람들이 진정한 자기 자신이 되도록 돕는 일이었다.

그 일을 하기 위해, 나는 스승들의 거대한 발걸음을 따라 발을 내딛었다. 스승들은 나에게 질문하되, 말하지 않는 법을 가르쳤다. 좋은 질문에는 형언할 수 없는 힘이 있다. 열린 질문, 정직한 질문을 던지면, 클라이언트들은 영혼에서 우러난 대답을 한다.

클라이언트들이 어떻게 더 나은 리더가 될 수 있느냐고 물으면, 나는 그들에게 남을 잘 이끈다는 것이 어떤 의미인지 묻는다. "어떻게 회사를 만들어야 하나요?"라는 질문은 "어떤 회사에서 일하고 싶어요?"라는 질문을 만난다.

클라이언트들은 불만스러울 것이다. 페마 초드론 스님이 '길 없는 길'을 따르라고 조언했을 때 내가 그랬듯. 나는 그들이 답을 원한다는 것을 안다. 그러나 내가 할 수 있는 일은 나 자신의 여정에서 본 것과 내가 깨달은 것을 나누는 것, 질문을 건네는 것뿐이다.

당신은 어떤 리더인가? 말해달라. 스승들이 당신을 도울 것이다. 당신이 일치감을 느끼며 다른 사람들을 이끌었던 때를 회고해보라. 나는 말의 힘에 기대는 리더다. 말을 통해 의미와 목적을 전달하고, 팀이 뭉쳐서 함께 일하도록 공감대를 찾는다.

성공과 실패가 당신에게 어떤 의미인지를 말해달라. 스승들은 당신의 대답을 들으며 앞으로 가야 할 여정을 그릴 것이다. 당신의 아이가 당신이 만든 회사에서 일하는 것을 상상해보라. 그리고 어떤 기분이

드는지 말해달라. 부끄러운지, 괴로운지, 자랑스러운지. 당신이 만들고 있는 회사가 가치 있는 곳인지 대답해주겠다.

세상이 어떤 곳이라고 믿는가? 서로가 서로를 물어뜯는 위험한 곳 이라고 믿는가? 아니면 수많은 오류가 있다 해도 신이 내린 선물이라 믿는가? 사람들에 대해서는 어떻게 생각하는가? 그들이 자기만을 위해 최적화된 존재라고 생각하는가? 아니면 그들이 자신의 망령에 붙들려 있으면서도 자신을 전사로 성장시키고 자아를 완전히 실현시켜 줄 누군가를 기다리고 있다고 믿는가?

마린의 언덕에 있던 나무는 어린 시절에 쓰러진 나의 친구이자 피난처였던 밤나무의 기억을 불러왔다. 나는 두 나무를 비교하며 눈물을 흘렸다. 이 비틀린 오크 나무는 내 친구가 나무토막과 톱밥 더미가 되는 동안에도 살아남았다. 땅에서 뜯겨 나온 거대한 뿌리 근처에 붓꽃이 싹을 틔우고 있었다.

좋은 사람, 좋은 리더, 전사, 어른은 자신의 포부를 자랑스럽게 여긴다. 만약 포부를 이루지 못한다 해도 자신이 가치 없거나 사랑받을 수 없는 사람이라고 생각하지 않는다. 그는 또한 자녀, 동반자, 친구, 동료 등 자신이 만나는 모든 사람들에게 이를 전한다.

나는 아버지가 쓰던 파커 펜을 떠올린다. 〈데일리뉴스〉의 퍼즐을 풀 때나 신문의 오자를 고칠 때마다 쓰던, 한시도 떼어놓지 않았던 펜을. 나도 그 펜을 좋아했다. 아버지는 좋은 사람이 되기 위해 그 펜을 도구로 썼기 때문이었다. 어린 시절에 버려져서 다른 집에 입양되었던 아버지도 엄마처럼 최선을 다했다. 나는 엄마가 크리스마스를 위해 매주 돈을 저금하던 것을 기억한다. 여기서 1달러, 저기서 5달러를 모으고 또 모아서, 크리스마스가 오면 우리가 비명을 지르며 좋아할 장난감들을 사주었다. 내 인생에서 가장 즐겁고 달콤했던 순간은 내 형제들인 돔, 존과 함께 앉아서 똑같은 알루미늄 가방 모양의 상자에 들어 있던 장난감 세트를 열었던 때였다. 돔의 상자에는 바이킹 세트, 존의 상자에는 개척자 요새, 내 상자에는 작은 우주 왕복선 발사 센터가 들어 있었다. 우주인들을 태워서 달과 운석과 별똥별을 탐험할 수 있는 '진짜' 로켓이 들어 있었던 것이다.

부모님은 당연히 나이와 질병에 무너졌다. 그들의 몸과 심장, 마음엔 인생에서 겪은 온갖 사건들이 흉터를 남겼다. 두 분 모두 두려움과 버려졌던 경험, 그리고 선대로부터 전해진 분노에 갉아 먹히고 뒤틀려 있었을 것이다. 그러나 그들의 사지는 친절함, 관대함, 용기, 의지(자식들과 손자들에게 옳은 일을 하려는 의지)로 곧게 뻗어 있었다.

나는 아들 마이클이 스물한 살이 되기 몇 주 전에 그와 테이블에 마주 앉았다. 그는 자신과 동생 샘 그리고 여동생 에마가 자란 집의 뒷마당을 찬찬히 바라보았다. 우리는 인생의 두려운 가능성에 대해 이야기했다. 대학을 졸업하고 인생을 막 시작하려는 시기에 미래를 상상하면서 마주하게 되는 두렵거나 경이로운 가능성들에 대해. 내가 파커의 신간 제목이 《모든 것의 가장자리에서》라고 말하자 그가 웃었다. "바로 그거예요! 제가 지금 느끼는 게 바로 그거라고요!" 칠십 대 후반의 파커가 인생에 대해 관조적으로 쓴 책이 이십 대 초반 젊은이의 마음에 가 닿은 것이다. 모든 것의 가장자리에서 미래를 바라보는 것. 두려움과 강인함과 흥분과 호기심으로 미래를 바라보는 것.

우리는 이렇게 성장한다. 세상에 기여하다가 품위 있게 세상과 작별하고, 안식을 취하는 현명한 나무의 뿌리에서 붓꽃이 싹을 틔운다.

삶을 리부트하는 일

나는 레몬 사탕과 모노폴리의 돈을 추구한 덕분에 부를 얻었지만 내면은 공허했다. 그라운드 제로의 악취 속에서 연기 나는 구멍 주위를 걸어 다닐 때, 나는 어린 시절의 망령을 떠나보내지 못했었다. 내 주머니에 돈이 들어 있는데도 대학 시절에 느꼈던 부끄러움과 죄의식은 가시지 않았다. 당시 내가 등록금에 대해 이야기하자 아버지는 빈 지갑을 훅 부는 시늉을 했었다.

얼마나 성공했건, 얼마나 많은 헤드라인을 장식했건, 어린 시절에 생존을 위해 만들어낸 충실한 병사의 잘못된 경고를 잠재울 수는 없었다. 병사는 나에게 어린애 같은 논리를 속삭였다. 나를 구하려면 스스로를 고갈시켜야 한다고. 소속되고, 안전해지고, 사랑받으려면 내가 죽어야 한다고. 나는 이 논리에 사로잡혀 있었다. 내가 가진 것들을 얻으려면 다른 사람에게 나를 계속 주는 수밖에 없다고 생각했다. 동화에 나오는 진저브레드맨(사람 모양의 생강 쿠키-옮긴이)이 여우에게 먹히는 것처럼 말이다. "내가 조금 사라졌네……. 내 절반이 사라졌네……. 거의 사라졌네……. 나 완전히 사라졌어!"

그러나 내 망령을 걷어내고 내 시스템을 리부팅하고 나니, 세상이

리부트

우리를 잡아먹는 여우가 아니라는 것을 이해할 수 있었다. 세상은 사실 우리에게 해를 끼치고 싶어 하지 않는다. 그저 우리가 태어난 목적이 아닌 다른 무언가로 만들려고 한다. 세상은 리더가 되는 법에 대한 빈약한 매뉴얼을 준다. 우리가 되길 바란 모습과 다른 모습이 되었음을 알아차리기 힘들 정도로 약한 신호를 보내거나 엄청나게 큰 신호를 보내기도 한다. 하지만 우리를 잡아먹는 존재는 아니다. 세상은 그저 우리가 세상의 구멍을 채워주길 바랄 뿐이다.

우리가 그렇듯, 우리의 동료, 사랑하는 사람들, 친구들도 모두 사랑과 안전, 소속감을 원한다. 그들은 우리에게서 무의식적으로 자신들의 바람을 채워줄 가능성을 찾는다. 그래서 우리는 그들이 그림자를 비추는, 투사의 대상이 된다. 우리는 소속감을 갖기 위해 협조한다. 우리는 회사 직원들에게 그들을 못마땅해하는 부모, 그들의 연극을 돋보이게 해줄 분장, 그들이 보고 싶은 것을 비춰주는 도깨비집의 거울, 그들이 성장하기 위해 싸워야 하는 배우자가 된다. 우리는 그들의 '비이성적인 타인'이 되어, 그들을 넘어뜨리고 무릎을 까지게 하며 그들의 길을 찾게 한다. 이런 식으로 세상은 우리 자신이 조금씩 사라질 때까지 더 많이 주라고 한다. 우리는 함께 춤춘 것에 대한 보상으로 레몬 사탕과 다른 사람들의 부러운 시선을 얻는다.

세상은 나더러 더 많이 주라고 한다. 진저브레드맨이 될 때까지 주고 또 주라고 한다. 나는 소속되고 싶어서 그렇게 계속 주었다. 하지만 더 많이 줄수록 더 많이 잃었다. 내가 누구인지도 더 많이 잊어버렸다.

그럼에도 우리는 망령 그 이상의 존재다. 우리는 가만히 멈춰 서서 전원을 내리고 시스템을 리부트하여 기존 프로그램을 망가뜨릴 수 있다. 진실되게 망상을 걷어낼 용기를 가지고 '이렇게 생겨버린' 인생을 받아들여야 한다.

나는 언제나 레몬 사탕과 톱밥, 그리고 언어의 힘에서 벗어나지 못할 것이다. 그것에 감사한다. 그런 고통과 괴로움이 깔린, 내 바다의 진창에서 크고 강한 인간이라는 나무가 자라났다. 나는 어린 시절에 갖지 못했던 언어를 극복했다. 나는 언어를 사랑하는 법을 배움으로써 좋은 사람이 되었다. 처음에는 다른 사람의 언어를, 나중에는 나 자신의 언어를 사랑함으로써. 나는 처음에는 글을 읽는 것을 통해, 나중에는 글을 쓰는 것을 통해 내가 태어난 목적대로의 사람이 되었다. 나는 잘 쓰인 삶은 잘 살아온 삶이라는 것을 배웠다. 나는 좋은 리더가 되었고 여전히 좋은 사람이 되는 중이다. 이것이 나의 유산이다. 좋은 사람이 되기 위한 행동이 무엇인지를 아는 지혜가 좋은 사람이라는 목적지에 이르는 것보다 중요하다는 것. 비로소 나는 성장의 기술을 익히기 시작했다.

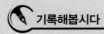

기록해봅시다

● 나의 일이 완수되었음을 어떻게 알게 될까?

가벼운 마음으로 오래 살기

이 책이 만들어지는 동안에도 인생이라는 롤러코스터는 여전히 위아래로 크게 궤적을 그리며 달리고 있다. 집필을 시작하고 1년 남짓, 한 친구는 평생의 사랑과 결혼을 했고 두 친구는 이혼을 했다. 많은 친구들의 부모, 조부모, 친구들, 배우자들이 질병이나 죽음으로 고통받았다.

우선 형 비토가 고통스러운 성대암으로 한동안 말을 못하게 되었다. 어린 시절 형은 나와 존과 돔에게 곰돌이 푸를 소개해주었다. 형이 푸가 머리를 부딪치면서 계단을 하나하나 올라가고 내려가는 대목을 읽는 동안 우리는 형의 무릎으로 올라가 웃음을 터트렸다. 우리는 형의 무릎에서 사랑, 안전, 소속감에 감싸인 채 꼬물대며 웃었다. 그리고 몇십 년 만에, 그러니까 이 글을 쓰고 있는 선뜻한 9월 아침에 형은 다시 자신의 말을 찾았다. 그는 가족에게 이메일을 보내서 "암이 완치되었대"라고 선언했다. 2018년 3월에 나는 캘리포니아로 날아갔다. 비행기가 착륙하자 휴대전화의 진동이 울리면서 내가 1년간 걱정하던 소식이 전해졌다. 세이레스 박사가 사망했다는 것이다. 비행기가 활주로에서 게이트로 이동하는 동안, 다른 승객들이 짐을 챙기는 동안, 나는 가만히 앉아서 울었다. 슬픔이 나를 덮쳤다. 그녀의 존재가 이 책을 쓰는 내내 나와 함께한다고 생각했는데, 그녀는 이 책이 완성된 것을 보지 못했다.

얼마 지나지 않아 나는 의사의 진료실에 앉아 있었다. 젊은 인턴이 들어와서 내 심장의 스캔 이미지를 보여주었다. 그의 목울대가 움직였다. "제가 환자분이라면, 심장 스텐트를 하겠어요. 최대한 빨리요." 그 충격에서 여전히 벗어나지 못한 채 학교에 다니는 아들 마이클과 주말을 보내기 위해 프로비던스로 날아갔다. 비행 내내 의사의 말이 나를 괴롭혔다. '저라면 심장 스텐트를 하겠어요.'

다음날, 마이클과 나는 사일러 거리를 걷다가 브라운 대학 서점에 들렀다. 나는 여전히 충격, 슬픔, 두려움으로 막막했다. 계산대에서 마리 퐁소의 최신 시선집과 마이클을 위한 《젊은 예술가의 초상》을 계산하다가 흰 바탕에 검은 글씨로 "가벼운 마음을 가진 사람이 더 오래 산다"라고 쓰인 작은 배지에 눈길을 빼앗겼다. 나는 내 어른됨을 위한 치열한 소명의 근원인 내 아이 옆에 서서 또 한 번 울었다. 이번에는 인생의 멋진 공시성 때문에 운 것이었다.

이 책을 쓰기 위해 나 자신을 드러내고, 리더십을 위한 관계와 어른됨을 위한 행동들을 고민하면서, 내 마음은 몇 번이나 무너졌다.

심장전문의와 상담한 결과 스텐트는 하지 않기로 했다. 내 글이 스텐트가 되어, 내 부서진 심장의 동맥을 확장시켜주었다. 내 언어는 내 피처럼 자유롭게 흘렀다. 오래 사는 가벼운 마음이란 무엇일까. 인생이란 그저 계속될 뿐이라는 사실을 깨닫고 롤러코스터에 감사할 줄 아는 것이다. 언젠가 우리 아버지는 계속되지 않는 인생의 대안은 "별게 없다"라는 농담을 던졌었다.

마치 인생이 나를 시험하는 듯했다. 내가 인생과 리더십에 대한 내 주장을 정말로 믿고 있는지 말이다. 더 나은 인간이 더 나은 리더라는 나의 믿음. 이를 시험하는 방법으로 더 나은 인간이 되기 위한 상심과 도전을 주는 것보다 더 나은 것이 있을까?

내 엉덩이가 차이고 내 마음이 무너지더라도 나는 가만히 서서 모든 것을 드러내야 한다.

"자신의 실연에 대해 밝히지 않고 그런 말들을 한다면, 어른으로 가는 여정은 그저 텅 비고 공허할 것이다"라고 나는 프롤로그에 썼다. "텅 비고 공허한 것은 충분치 않다." 내 엉덩이가 차이고 마음이 아프더라도 여전히 사실이다.

자비로 유명한 샤론 샐즈버그가 내 엉덩이가 차이는 것을 지켜봐주었다. 훌륭한 스승인 샤론은 이 모든 것이 할 만하다는 것을 깨닫도록 도와주었다. 경험의 모든 부분, 그러니까 롤러코스터의 모든 황홀함과 토할 듯한 낙하는 연습하고 성장할 기회다. 성장의 기술에는 모든 존재들이 기본적으로 선하다는 것을 떠올리는 연습이 포함되어 있음을 기억하면서 그녀의 가르침에 경의를 표한다. 고인이 된 시인 존 오도나휴가 어른의 리더십을 구성하는 핵심 요소에 대해 말했다.

누군가 실패하거나 당신을 실망시킨다면

감사함으로 대하라

새로이 태어나고 다듬어지기 위한 계단이 되어주라.

모든 것은 해볼 만하다. 롤러코스터의 모든 상승과 낙하, 인생의 모든 상심과 사건들은 내면을 향한 깊은 성찰의 기회다. 우리는 이러한 경험을 리더가 되고 어른이 되기 위한 여정으로 바꾼다. 오도나휴가 말하듯이 이 길 위에서 리더십은 "성장을 위한 진짜 모험"이 된다.

이 책의 목적은 당신에게 좋은 코칭 세션과 같은 역할을 하는 것이다. 단순한 답변보다 좀 더 나은 뭔가를 주는 것 말이다. 인생의 밑바닥에서 솟아나는 질문, 모호함, 의심들에 맞설 능력을 주는 것이다. 당신 스스로 해답에 도달할 수 있음을 알려주는 것이다. 우리 모두가 그랬듯이, 당신도 어느 순간엔가 의심이 솟아오를 것이다. 어느 순간엔 내가 성장의 진짜 모험을 해낼 능력이 있기는 한지 자문할 것이다. 그에 대한 대답은 더할 나위 없이 '그렇다'다. 그러나 주의할 점이 있다. 당신이 악마의 쩍 벌린 입에 머리를 갖다 넣을 마음이 있을 때만 대답이 '그렇다'라는 것이다. 악마는 남을 이끌 능력에 대한 불신에서 온다. 악마의 이빨은 힘센 질문이며, 그에 대한 대답은 당신을 겁먹게 하고 흔들어서 당신의 성장을 이끌어낼 것이다.

리더십의 길은 이런 두려운 질문에 흔들림 없이 답할 것을 요구한다. 이런 질문에 대해 우리는 다시 좋은 질문을 던지고, 판단하지 않으며, 떠오르는 질문에 대한 스스로의 대답을 지켜본다. 이렇게 탐구해 들어가는 것을 혹자는 자기중심적 집착이라 경계한다. 그러나 이는 성장하겠다는 결심으로 내딛는 두려움 가득한 첫 걸음이다. 그 안에 리더십을 성장시킬 기회가 숨어 있다. 내 안을 들여다보고 싶어 하지 않는 것이 내 인생의 방어적인 패턴과 무슨 관련이 있을까? 이런 침묵이 우리 조직을 어떻게 만들까? 다양한 대안을 탐색하는 능력에는 어떤 영향을 끼칠까? 내 기계의 망령이 나 자신을 여는 것에 따르는 위험이나, 남들이 스스로를 열도록 도와주는 것에 대해 어떤 경고를 주던가? 이 망령은 무슨 말을 들어야 영원히 잠들 것인가?

불교에는 우리의 수행에 따르는 모든 공로를 봉헌하는 전통이 있다. 봉헌을 통해 모든 행동이 다른 사람들에게 베푸는 행동이 된다고 한다. 이런 전통에 따라 나의 모든 행동으로 만들어진 공은 당신에게 베풀어진다. 당신이 당신의 인생과 리더십에 대해 강력하고, 열려 있으며, 정직한 질문들을 찾기 위해 들였던 모든 공은 당신이 이끌고자 하는 사람들에게 베풀어진다. 만일 더 나은 인간이 더 나은 리더라는 내 말에 당신이 설득당했다면, 당신이 던질 열린 질문은 간단하다. "더 나은 인간이 되기 위해 무슨 일을 해야 할까?", "나는 어떤 리더인가?" 그리고 마지막으로, "나는 어떤 어른이 되기 위해 태어났는가?"

기억의 불완전함에 건배. 시인 파드리그 오투아마가 "진실보다도 더 잘 설명하기 위하여"라고 말한 것처럼, 우리가 인생을 각색하고 꾸며내는 방식에 건배. 이 일을 완수하기 위하여, 이것이 공허하고 무의미하지 않다는 것을 보여주기 위하여, 나는 불완전하고 각색된 기억의 우물을 건드려야 했다.

어린 시절 롤러스케이트를 타고 집의 계단을 내려오다가 넘어지는 바람에 정수리를 몇 바늘이나 꿰맸던가? 정수리의 피부 위를 바늘이 지나간 것이 여섯 번이던가 열여섯 번이던가? 내가 여덟 살에 첫 영성체를 받으며 선물받은 자전거가 빨간색이던가 보라색이던가?

지나간 일에 대한 기억이 불완전한 것은 그것이 각색되고 윤색될 필요가 있기 때문이다. 나는 이 필요에 따라 실제의 이름을 재구성했다. 친애하는 파드리그는 말했다. 잘 산다는 것은 "현명한 눈으로 바라본다는 것이고, 현명한 눈으로 바라본다는 것은 이야기를 하는 것이다"라고.

그렇게 어떤 사람들의 이야기는 위장되었고 어떤 이야기는 빠져버렸다. 여기에 등장한 사람보다 등장하지 않은 사람들이 더 많다. 이 이야기에 빠진 수많은 파트너, 공동 창업자, 가족들의 사연은 악의로 누락한 것이 아니라 최선의 판단에 의해 생략된 것이다. 어떤 일이 일어난 시간과 시기는 메시지를 더 분명히 하기 위해, 그리고 "진실보다 더 잘" 말하기 위해 변경되었다.

그 결과는 내 불완전한 기억과 관찰이 본능적으로 구성해낸 이야기들의 모음이다. 나는 어쨌든 가슴의 이야기들을 담는 사람이고, 우리는 불가에 모여 부조리한 세상을 이해하기 위해 이야기를 나누는 전사의 부족이다.

당연히 내가 이야기에 담아낸 사람들 중에는 느낀 것과 관찰한 것과 받아들인 것이 나와 다른 분들도 있다. 이런 다른 관점들이 나의 관점보다 덜 진실하거나 덜 믿을 만한 것은 아니다. 어떤 사실에 대한 기억이 서로 다르다고 해도 우리의 감정은 비슷하고 아마도 진실보다 더 옳을 것이다. 내 삶에서 만난 현자들은 내가 나의 감정과 사실을 존중하는 것처럼 다른 사람의 감정과 사실도 존중할 수 있도록 이끌어주었다.

나는 내가 발견한 나의 진실을 통해 세계를 더 잘 이해하려고 노력했다. 나는 우리들 하나하나가 완전한 진실을 나눠야 한다는 책임에서 벗어나, 자신의 이야기를 하면서도 진실을 이야기해야 한다고 믿는다.

그러니까, 도움이 될지는 모르겠지만 그 자전거는 자주색이었고 멋진 바나나 안장이 달려 있었다.

많은 작가들이 책을 현실로 만들기까지 도움을 주었던 사람들을 길게 나열한다. 그들의 도움이 없었다면 이 책은 존재할 수 없었을 거라는 표현을 읽을 때마다 나는 그저 듣기 좋은 수사일 뿐이라고 생각했었다. 그러나 내가 직접 책을 내고 보니 다른 작가들이 어떻게 느꼈는지 이해된다. 예를 들어, 이 책은 알리 슐츠의 조력과 인내로 탄생했다.

알리, 당신은 내가 초고의 한 단어 한 단어를 고르도록 도와주었고 내가 한 문장 한 문장 읽는 것을 참을성 있게 들어주었고 즉석에서 그걸 고치도록 격려해주었지요. 내가 일요일 저녁 식사 때마다 그 주에 목표로 했던 만큼 글을 쓰지 못했다고 불평하면서 나는 게을러서 절대로 집필을 끝내지 못할 거라는 둥, 책을 낼 마음을 먹은 것이 미친 짓이라는 둥, 계약금을 돌려보내야겠다는 둥 떠들면 당신은 나를 노려보면서 말도 안 되는 소리를 끊어버렸었지요. 당신은 내 까마귀가 제일 높은 목소리로 떠들어댈 때조차 나를 앞으로 밀어주었어요. 정말이지, 당신은 내게서 오직 좋은 것만 봐주었습니다. 내 두려움이 내 실패밖에 보지 못하게 하는 순간에조차도요.

오늘도 당신은 나를 말뚝에 묶어, 나의 본질과 나의 선한 행위에 발을 딛게 해주었고, 내가 길을 잃어 나무 틈으로 사라져버리고 싶어 할 때도 집으로 가는 길을 보여주었습니다. 내 지도와 닻이 되어주어서 감사합니다.

샘, 에마, 마이클. 내가 인생에서 했던 모든 일은 너희의 아버지가 된 경험에 비할 수가 없단다. 아버지가 된다는 것은 매일 깊이와 의미가 더해지는 선물이지. 나는 너희가 얼마나 멋진 어른으로 자랐는지 경탄하고 있어. 내가 너희의 부모가 될 수 있었던 영광에 영원히 감사할 거야.

형제자매들에게. 내 버전의 이야기를 공유하게 해줘서 고마워. 이건 물론 나의 버전이지. 그렇지만 모두가 나를 사랑하고 지지한다는 것을 알기 때문에 과거의 난파선으로 뛰어드는 것이 더 쉬웠어.

비토 형, 크리스토퍼 로빈과 테디 베어 이야기 고마워. 그리고 우리에게 글과 음악을 가르쳐줌으로써 우리가 부서진 영혼들이 아닌 더 나은 존재가 되게 해줘서 더욱 고마워. 그리고 아버지가 형만큼 재즈를 좋아하게 하려고 노력해준 것도 고마워. (아버지가 "이 음악은 모르겠구나. 시작도 중간도 끝도 없잖나"라고 했을 때 형은 "바로 그거예요"라며 웃었지.)

메리 누나, 너무 어린 나이에 형제자매들을 돌보는 역할을 맡게 되었지. 우리 모두의 말을 들어주고 각자 자신의 목소리를 찾게 해줘서 고마워. 매들린과 코끼리의 왕 바바를 주고 시의 세계에 눈을 뜨게 해주었지. 누나는 겁 많고 말 없는 작은 아이 안에서 언어에 대한 열망과 사랑을 찾아주었어.

니키, 날카롭고 사랑스러운 누이. 누나의 결단성과 정의감 덕분에 나는 세상의 정의에 깊은 경의를 품을 수 있게 되었어. 누나는 그렇게 나를 안전하게 지켜주고, 내가 사랑받고 있음을 느끼게 하고, 내가 속해 있음을 계속 알려주었지.

애니, 아주 일찍부터 "매일 조금씩 써"라고 말해준 사람. 페마 초드론 스님과 파커 파머를 소개해줘서 고마워. 누나는 내 심장이 부서져 열리고 그 위에 얹혀 있던 말이 떨어지려는 순간에 그 두 사람의 언어를 선물해주었어. 그리고 내 첫 단편소설 〈번데기 깨지다〉를 읽어주고 내가 계속 언어를 탐색해가도록 격려해줬던 것도 고마워.

돔, 한번도 세상에 대해, 그리고 왜 세상이 지금보다 더 나은 상태가 아닌지에 대해 질문을 멈춘 적이 없지. 그렇게 형은 내게 지혜와 탐색의 힘을 가르쳐주었어. 그보다, 형은 한밤중에 갓 튀긴 팝콘을 먹으면서 흑백 TV로 오래된 영화를 보거나 양키스 게임을 보는 멋진 시간을 만들어주었어. 양키스 팬이 되는 것이 메츠 팬이 되는 것보다 더 똑똑한 일이라고 가르쳐줘서 고마워.

존, 너는 수많은 멋진 기억들에 등장하지. 더운 여름날에 학교 라커를 함께 수리하고 내 엄지손가락에서 망가진 드릴 조각을 꺼내주었지. 퀸즈칼리지의 미술 강의 때문에 함께 브루클린 미술관에 가서 로마 시대의 오리 모자이크를 스케치했고, 할아버지의 와인 창고에 암실을 만들었지. 언제나, 언제나 등 뒤에 있어줘서 고마워.

할아버지 할머니, 증조할아버지 증조할머니. 내 피의 혈족. 희생해주신 것에 감사드립니다. 우리들을 위해 당신들이 포기하신 것에 경의를 표합니다. 내 아버지의 생모께는 아버지에게 생명을 주신 것에 감사드립니다.

친애하는 샤론 셀즈버그. 이 책을 여는 친절한 말을 써주신 것에 감사드립니다. 그리고, 무엇보다, 나의 친구이자 스승이 되어주셔서 감사합니다. 나는 매일 다른 사람들이 나아지도록 돕고 자비심에 따라 살아감으로써 당신이 베풀어준 것들에 존경을 표현할 것입니다.

리부트의 동료들에게. 우리가 클라이언트에게 가르치는 대로 살아가는 삶을 구현하는 회사를 만들었다는 기쁨을 어떻게 표현해야 할까요. 칼리드 할림, 댄 퍼트, 내가 "저기, 내가 아이디어가 있는데……"라고 말할 때 나를 믿어줘서 고맙습니다. 앤디 크리싱거, 자인 알트맨, 크리스 반덴브링크, 코트니 조이스, 앨버트 리. 사랑, 영혼, 마법을 회사 안에 들여오려는 혁명적인 전사들의 무리에 참가해줘서 고맙습니다.

슈퍼파워를 실제 구현해낸 마거릿 핸드릭스에게도.

짐 마스덴. 과거와 미래의 나의 길잡이, 당신의 친절, 현명함, 관대함에 감사합니다. 많은 사랑을 드립니다. 영원히.

또한 리부트에서 함께 일하는 영광을 베풀어준 모든 코치들에게 깊고 변치 않는 감사를 드립니다. 리더들을 성장시키기 위한 모두의 신성한 노력에 감사합니다.

지난 몇십 년간, 내 곁에는 세상을 가르쳐준 멋진 친구들이 있었다. 어린 시절 처음으로 가족 이외의 세상을 탐색하기 시작했을 때, 필 레비, 대니 조고트, 제프 오펜하임이 함께해주었다. 몇 년 후에야 우리는 서로 공통점이 얼마나 많은지 알게 되었다. 그 후의 인생에는 제프 워커, 트레이시 더닝, 젠 매크래, 캐리와 커스틴 배리, (투자자를 그만둔 후에 유배당한 듯한 인생에서 빠져나오라고 해주었던) 앤 마할과 세스 고딘이 있었다. 세스는 수십 년간의 우정에서 수많은 것을 가르쳐주었다. 페이지에 "일부러 비워두었음"이라고 쓰라고 한 것은 그중 한 가지 일화일 뿐이다.

나를 티베트로 데려가 내 영혼이 태어난 땅을 밟게 해준 탐딘 왕두. 조부모님이 태어났던 땅인 팔로델콜레로 데려가준 리에나 파살러와 알레시오 산토. 프레드 윌슨에게로 데려가서 그의 파트너가 되어보라고 설득해준 마크 핀커스. 지난 20년간 내 영혼의 남매가 되어준 캐리 라첼린은 내 우울이 나의 최선을 끌어낼 때 나를 보살펴주었다. 벤 손더스는 종종 내가 용기의 깊이와 꿈의 가능성을 이해하도록 도와주었다.

무엇보다도 프레드 윌슨과 브래드 펠드. 프레드는 벤처 투자 사업보다 훨씬 많은 것을 가르쳐주었다. 그는 꾸준함과 안목과 가치 기반의 리더십에 대해서, 특히 판단의 결과가 고통스러울 때 가치를 지키는 것에 대해서 가르쳐주었다. 브래드, 당신은 내게 산책의 가치를 알려주었죠. 그리고 에이미 제첼러와 결혼함으로써 지혜의 가치를 증명했고요. 당신 집 현관에 앉아서 석양을 다시 봐야겠어요.

이 책은 클라이언트로서, 팟캐스트 출연자로서, 부트캠프와 워크숍 참가자로서 나에게 자신들의 이야기를 담도록 허락해준 수백 명의 사랑과 신뢰 없이는 나오지 못했을 것이다. 트레이시 로렌스, 알 돈, 켄트 카벤더-바레스, 제프 올로우스키, 브라이스 로버츠, 비잔 사벳, 얀세이 스트릭틀러, 에이미 넬슨, 버지니아 바우먼, 케 히, 나탈리 맥그라스, 패티 매코드, 세밀 샤, 타리크 코룰라, 바비 브래니건, 맷 타라, 벤 루빈, 벤 해리스, 낸시 루블린, 아디 마시아, 샐리 스펜서-토머스, 아디시 아그라왈, 대렉 플란츠리히, 에린 프레이와 티 자오, 이언 호가스, 주드 브루어, 니콜 글라로스, 멜리사 파스칼, 샐리 프랜시스, 리버랜드 미셸 아널드 로랜즈, 레오니 아키드노, 시몬 캔트, 맷 문손, 캣 호크, 제임스 홀리스, 앨릭스 블룸버그, 맷 리버, 아이작 오츠, 세라 웨일러, 아미르 샐리헤펜딕, 콘다 맨슨, 니컬러스 러셀, 존 귀돈, 데이브 쯔이백, 메리 래머, 팀 라이언, 패트릭 캠벨, 리처드 휴스 존스, 헨리 메이, 크리스 막스, 예브게니 샤드치네브, 조 웨인트롭, 조앤 도메니코니와 줄스 피에리, 휴 맥로드, 셔먼 리, 빌 모리슨, 트리샤 로빈슨, 니겔 샤프, 데이브 오튼, 제로엔 위저링, 브라이언 리프킨, 빈스 혼, 데렉 베렛, 베스 맥컨, 블레인 베스, 랜드 피시킨, 캄 헌트레스, 조 츄라, 조 베셋, 던컨 모리스.

심장 일부를 담을 영광을 준 그대들 한 명 한 명에게 감사를 보냅니다.

그 외에 여기까지 오는 길에 도움을 주었던 애덤 그랜트, 데이비드 코헨, (오래전에 나와 프레드 윌슨이 좀 더 나은 투자를 할 수 있게 도와준) 제임스 칼라카니스, 제프 로슨, (몇몇 사람들에게 창업자들을 울리는 남자에 대해 이야기해준) 제시 헴필, 커트 앤더슨, 맷 스틴크롬, 스콧 크리스와 팀 패리스, 모두 고마워요.

오랫동안, 수요일 아침은 언제나 특별한 시간이었다. 나는 함께 웃고 울면서 내면을 탐색하는 무리에 속해 있었다. 우리는 세이레스 박사가 우리에게 부여했던 "어른이 되라"는 숙제를 함께 살아나갔다. 고맙습니다. 내가 마침내 성장하는 동안 나를 지켜봐준 스티브 파드닉, 로리 로스먼, 린다 팰츠, 조안 허츠, 피비 스노챗, 사랑합니다.

내가 다른 사람과 나누는 지혜는 내가 받은 가르침을 겨우 옮기는 정도였다. 나는 이미 파커 파머에 대해서 이야기했지만, 스승으로서 그 가르침의 중대함에 대해 다시 기록해둔다. 파커, 당신은 이 세상에서 어른으로 사는 수많은 방법을 보여줍니다. 고맙습니다.

샤론 샐즈버그와 페마 스님 외에도 로시 조앤 헬리팩스와 제리 룰을 비롯한 다른 스승들이 가르침을 주었다. 제리 룰, 우리가 현실에서 만나기 오래전부터 너무나 중요한 가르침을 전해준 멋지고 친절한 사람. 제리, 당신의 책 《내 그림자에게 말 걸기》와 《충만함(Contentment)》은 내 인생의 전환점이었습니다. 그 책들을 써주신 것과 당신의 존재에 감사드립니다.

또한 훌륭한 사색가이자 작가인 데이브 화이트, 마리 올리버, 제임스 홀리스, 데이비드 리쵸, 존 웰우드의 작업에 대해서도 감사를 보낸다. 이런 작가이자 스승들은 우리 인생의 궤적을 영원히 바꾸는 운석이 되기도 한다.

이런 운석 중에 제프 레빗스키가 있다. 고등학생 시절 내게 니코스 카잔차키스, 표도르 도스토옙스키와 랠프 엘리슨을 소개해주었다. 엘리슨은 썼다. "내가 누구인지 알게 되면 나는 자유로워질 것이다." 레빗스키, 내가 누구인지 발견하고, 그로 인해 자유로워질 수 있게 해주어서 감사합니다.

퀸즈칼리지에 남을 수 있도록 장학금을 주신 로버트 그린버그 교수님, 그리고 장학금을 준 릴로 리즈와 남편 제리에게. 장학금을 주신 것과 이후에 마음을 연 리더십을 보여주신 것에 감사드립니다. 릴로는 내가 만난 최고의 보스였다.

책을 만드는 것은 공동 작업이라는 점을 밝혀두고 싶다. 홀리스 하임부크만큼 훌륭한 동료는 없을 것이다. 홀리스, 당신의 존재는 많은 작가들에게 선물이에요. 내 에이전트인 짐 르바인은 굳건하고 친절한 영혼으로서, 내 작가의 영혼이 계속 써나가기에 딱 알맞은 만큼의 말을 들려주었다. 하퍼 콜린스의 모든 분들께 감사를 보낸다. 출판이라는 일을 보존하고 사람들을 바꾸는 책을 꾸준히 출간하기 위해 하는 모든 일들에 깊은 경의를 표한다.

공동 작업이란 당연히 편집자와 작가 관계 밖에서도 진행된다. 크리스타 티펫, 브래드 펠드, 스티브 케인, 채드 디커슨은 (앤 라모트가 쓰레기 같은 첫 작업이라고 부른) 초고에서 어디를 다듬고, 어디를 붙이고, 어디를 빼야 할지를 깨달아가도록 도와주었다. 당신들의 의견이 쓰레기 같은 첫 작업을 나아지게 해주었습니다. 고마워요.

의심의 여지없이 내가 여기에 기록해야 할 수십 명의 사람들이 아직 남아 있다. 여기서 누락된 것은 단지 내가 정신이 없었기 때문이지 악의에서 비롯된 것이 아니라는 사실을 알아주기 바란다.

마지막으로, 내 인생의 사람들 중에 이 책에 언급하지 말아달라고 특별히 부탁한 분들이 있다. 당신들의 부탁은 존중받아 마땅하다. 당신들이 나뿐만 아니라 내가 사랑하는 사람들을 위해 그랬다는 것을 기억하고 영원히 감사할 것이다.

다음에 내가 책을 사게 된다면 '도움을 준 분들'부터 읽을 생각이다. 이걸 쓰기가 얼마나 어려운지 알았기 때문이다.

C Program은 어린이들을 위한 놀이 공간과 환경을 만드는 사람들, 그리고 새로운 배움의 실험을 진행하는 사람들을 지원한다. 지원하는 비영리단체, 미션을 가진 기업, 반짝이는 아이디어와 재능으로 사회에 기여하고자 하는 창작자들과 일하는 동안 리더십의 문제는 경영 서적 속의 언어가 아닌 현실의 치열한 고민이 되어 다가왔다. 이루고자 하는 미션에 대한 강한 의지와 현실의 벽 사이에서, 언제나 부족한 자원과 원대한 희망 사이에서 훌륭한 팀을 모으고 격려하며 함께 앞으로 나아가는 일에는 강력하고 현명한 리더십이 필요했다. 리더들과 대화를 나눌 때면 존경의 마음과 도움이 되고 싶다는 마음 한편으로 막막함이 함께 몰려왔다.

그럴 때 에누마의 이수인 대표와 대화를 나누고 나면 목표를 이루기 위해 무엇까지 시도해볼 수 있는지에 대한 시야가 넓어졌다. '항상 한 발 앞서 나가 있는 담대한 CEO'가 내 눈에 비친 이수인 대표였다. 그런 이수인 대표도 창업 초기 CEO로서의 자신감을 잃고 우울증에 가까운 시기를 지났고, 그때 제리 콜로나라는 코치의 부트캠프에 다녀온 것이 큰 도움이 되었다는 이야기를 들었다. 그 이후 제리의 이름은 우리의 대화에 제법 자주 오르내리게 되었다. 도대체 어떤 프로그램이기에, 어떤 사람이기에 그랬던 걸까, 내내 궁금했었다.

2018년 연말, 이수인 대표가 연락을 해왔다. 제리의 책이 2019년 초 미국에서 출간될 예정인데, 우리말로 같이 번역해보자는 제안이었다. 나는 두 번 생각하지 않고 동의했다. 그리고 평소 관심 있는 분야의 책을 펴내던 출판사 어크로스에 연락을 드렸다. 기대하며 받아든 책을 번역하는 동안 '의외'라는 단어가 머릿속을 몇 번이나 스쳐갔을까. 이 책은 상상한 것과는 달랐다. 제리의 목소리도, 메시지도 달랐다. 냉철하게 정제된 언어를 기대했는데, 개인적이고 감정적인 목소리 사이에 심지어 비속어까지 종종 등장했다. 상상 이상으로 솔직하고 거칠었고, 무엇보다 장르가 달랐다. 경영 서적이 아니라 에세이 같기도, 고백록 같기도, 심리나 영성에 대한 책 같기도 했다.

하지만 책을 우리말로 옮기는 사이, 제리가 전하려는 메시지를 마침내 이해하게 되었다. '근본적인 자아 성찰'이라고 점잖게 번역했지만, '근본적인' 성찰은 결코 우아한 행위가 아닐 것이다. '리더십의 출발은 나를 이해하는 것'이라는 말은 이미 흔히 듣는 것이 되었지만 나를 어디까지 들여다보는가, 얼마나 끝까지, 가장 날것이 나올 때까지 밀고 가는가에 따라 나를 이해하는 일은 격한 감정적 활동이 될 수 있다. 가장 안쪽에 묻어두었던 어린 나를 만나야, 가장 원초적인 바람과 불안을 드러내야 비로소 보지 않으려고 밀쳐두었던 그림자와 끌고 다니던 무거운 짐까지 이해하게 된다는 것. 당연한 이야기로 흘러갈 수 있는 메시지를 반드시 전하고 싶었기에 저자가 책에서 그토록 여러 차례 거듭거듭 강조한 것임을.

가장 와 닿았던 것은, 안전하고, 사랑받고, 소속되고자 하는 어린 시

리부트

절의 강렬한 열망이 얼마나 오랫동안 지속되는가 하는 것이었다. 어려운 의사결정을 내리며 팀과 회사를 성장시키는, 강하고 유능한 리더의 내면에도 레몬 사탕을 더 많이 모으고 싶고 밤나무의 그늘이 그리운 어린아이가, 자라는 동안 끌고 다니던 그림자가, 정리하지 못한 짐이 있다는 것. 매일 만나는 리더들을 항상 완벽한 의사결정을 내리고 조직을 이끌어가야 하는 사람, 책임지는 어른으로만 바라볼 것인가, 때로는 그 안의 외로운 어린아이의 존재를 인정하고, 그러므로 우리와 같은 사람임을 인정할 것인가에 따라 우리는 전혀 다른 대화를 나눌 수 있을 것이다. 좋은 사람이 좋은 리더가 된다는 저자의 말은, 우리 모두 불완전한 사람임을, 우리 안에 아직 자라지 못한 아이와 아직 정리하지 못한 짐이 존재한다는 것을 인정하고 가만히 바라보는 것에서 좋은 리더로의 성장이 시작된다는 의미이리라. 그리고 이 모든 것은 가만히 멈춰 서는 것, 자신에게 끝까지 솔직해지는 것에서 시작된다. 주위의 기대에 부응하기 위해 가면을 쓰고 살아가는 우리, 만들어낸 서사를 스스로도 믿고 있는 우리에게는 가장 어려운 일이기도 하다. 나 역시, 각 장의 마지막에 등장하는 질문들에 아직 끝까지 답하지 못했다.

제리의 방법이 모두에게 만병통치약은 아닐 것이다. 이 책에 등장하는 제리의 클라이언트들은 스타트업의 CEO들이다. 열정을 쏟아부은 대상이 있고, 설득해야 하는 투자자와 자본시장이 있는, 그리고 그 사이에서 한 치도 흔들려선 안 되는 자리에 있는 사람들이다. 그렇기에, 그 자리의 두려움과 외로움을 누구보다도 잘 이해하는 제리와의 대화가 더욱 소중했을 것이다. 하지만 중요한 것은, 제리라는 존재, 코치라는 존재가 곁에 있었다는 것이 아닐까. 가장 약한 나를 내보일 수 있고, 그럴 수 있도록 끝까지 질문을 던져주는 사람. 따라할 매뉴얼을 주는 대신 나를 들여다보도록 도와주는 사람.

책을 읽는 동안, 지난 몇 년 동안 만나온 리더들을 떠올렸다. 새로운 학교를 만드는 데 인생을 건 리더에게, 어린이 미술관을 지키기 위해 인생의 빛나는 10년을 바친 대표에게, 창작자로서의 자아와 조직을 이끄는 책임감 사이에서 깊이 고민하던 CEO들에게 제리와 같은 역할을 해줄 코치가 있었다면 어땠을까. 이야기를 들어주고, 어려운 질문을 끝까지 던져주는 사람이 있었다면.

이 책과 책이 던지는 질문이 독자 여러분의 '근본적인 자아 성찰'의 첫 단계를 도와줄 수 있기를 바란다. 그리고 CEO와 리더들에게 조언이나 답이 아닌 질문을 던져주는 사람의 필요성이 새롭게 조명되는 기회가 된다면 더욱 좋겠다. 공동 번역의 기회를 주신 이수인 대표님과 어크로스에, 그리고 한 해 동안 즐겁게 같이 작업한 박민지 편집자에게 감사드린다.

엄윤미(C Program 대표)

리부트

초판 1쇄 발행 2020년 2월 7일
초판 2쇄 발행 2020년 8월 31일

지은이 제리 콜로나
옮긴이 이수인, 엄윤미
발행인 김형보
편집 최윤경, 박민지, 강태영, 이환희, 최승리, 이경란
마케팅 이연실, 김사룡, 이하영
경영지원 최윤영

발행처 어크로스출판그룹(주)
출판신고 2018년 12월 20일 제 2018-000339호
주소 서울시 마포구 양화로10길 50 마이빌딩 3층
전화 070-8724-0876(편집) 070-8724-5877(영업) 팩스 | 02-6085-7676
e-mail across@acrossbook.com

한국어판 출판권 ⓒ 어크로스출판그룹(주) 2020

ISBN 979-11-90030-33-5 03320

이 도서의 국립중앙도서관 출판예정도서목록(CIP)은
서지정보유통지원시스템 홈페이지(http://seoji.nl.go.kr)와
국가자료공동목록시스템(http://www.nl.go.kr/kolisnet)에서 이용하실 수 있습니다.
(CIP제어번호 : CIP2020000842)

만든 사람들

편집 박민지
교정교열 윤정숙
디자인 sso